PETER DYCKHOFF

Sonnenuntergänge

Inhalt

Vorwort:
Der Tod gehört zum Leben

Einer Wirklichkeit kann niemand ausweichen: dem Tod. *Heute noch reckt er sich hoch empor, morgen schon ist er verschwunden; denn er ist wieder zu Staub geworden und mit seinen Plänen ist es aus* (1 Makkabäer 2,63). Leben und Tod sind unlösbar miteinander verbunden.

Viele Menschen verdrängen diese Wirklichkeit, sie denken ans Heute und übersehen das Morgen. Wir leben in der Gegenwart und wissen, dass sie durch unsere Vergangenheit geprägt ist. So wird auch unsere Zukunft zu einem großen Teil durch unser gegenwärtiges Tun und Lassen entschieden. Diese weitreichenden Zusammenhänge können wir noch klarer einsehen, wenn unser Glaube durch Gebet und Empfang der Sakramente lebendig ist. Wir machen die Erfahrung, dass während des Betens die Zeit fast aufgehoben scheint. Nach dieser Stille jedoch verfügen wir über einen größeren Überblick: Wichtige Details unseres vergangenen Lebens werden uns bewusster, der Blickwinkel für Gegenwärtiges wird größer und Ahnungen, wie unser künftiges Leben weitergehen wird, werden mehr und mehr zur Gewissheit. Der Tod als Übergang in eine neue Lebensform wird von uns nicht mehr als schrecklich und angstbeladen erlebt.

So können wir aus Erfahrung dem Wort des Aristoteles widersprechen: «Das Schrecklichste aber ist der Tod; er ist nämlich das Ende, und es scheint, dass es nach diesem für die Toten nichts Gutes und nichts Schlechtes mehr gibt» (Nikomachische Ethik, 1115a). Der Tod und die Angst vor dem Tod sind in den meisten Kulturen ein zentrales Thema. Im Christentum dürfen wir erleben, dass das Heil des Menschen nicht allein von seiner philosophischen Einstellung und einer entsprechenden Lebensführung abhängt, sondern auf der Heilstat Jesu Christi beruht.

Es ist wichtig, unser Leben so zu gestalten, dass es auf das zu erwartende kommende Leben keine Schatten wirft. Unsere Seele hat den Wunsch, leicht zu sterben.

> Der Gerechte aber, kommt auch sein Ende früh, geht in Gottes Ruhe ein. Denn ehrenvolles Alter besteht nicht in einem langen Leben und wird nicht an der Zahl der Jahre gemessen (Weisheit 4,7–8).

Was hilft es lange zu leben, wenn wir doch nicht die Chance ergreifen, unser Leben zum Besseren zu verändern und liebevoller zu werden? Das Älterwerden hat den eigentlichen Sinn, dem Ältesten, Gott, immer ähnlicher zu werden. Doch manche Menschen sehen das nicht. Sie laden durch Unzufriedenheit, mangelnde Einsicht und Eigenwilligkeit neuen unnötigen Ballast auf sich. Daher ist es umso wichtiger, dass der älter werdende Mensch liebevolle und religiöse Zuwendung erfährt, um den Sinn seines Lebens tiefer einzusehen. Das Sterben gehört zum Leben. Jedes Sterben ist wie jedes Leben etwas ganz Besonderes und Einmaliges, von dem man für das eigene Leben und Sterben lernen kann. Denjenigen, die schon einmal einen Sterbenden begleitet und dabei intensiv an den eigenen Tod gedacht haben, hilft diese Erfahrung, wesentlicher zu leben und selbst ruhiger sterben zu können.

In alten Anweisungen über die «Kunst des Sterbens» («ars moriendi») steht: «Wenn der Morgen kommt, so stelle dir vor, du würdest vielleicht den Abend nicht mehr erleben. Und am Abend versprich dir den kommenden Morgen nicht unbedingt.» Das heißt, wir werden gebeten, immer bereit zu sein und so zu leben, dass der Tod uns nicht unvorbereitet antrifft. Viele Menschen sterben plötzlich und unerwartet.

> Haltet auch ihr euch bereit! Denn der Menschensohn
> kommt zu einer Stunde, in der ihr es nicht erwartet
> (Lukas 12,40).

Wenn die letzte Stunde kommt, werden wir unser ganzes vergangenes Leben in einem anderen Licht sehen. Wir schauen uns selbst zu, wie wir gehandelt haben und sehen die Zusammenhänge klarer.

Es ist klug, sein Leben so einzurichten wie man im Tod angetroffen werden möchte. Die Unruhe vor dem Tod schwindet, und die Angst wird wesentlich geringer, wenn wir rechtzeitig

— Unerledigtes aufarbeiten,
— den Menschen, mit denen wir in Spannung leben, Versöhnung anbieten,
— schlechtes Reden über andere einstellen,
— lernen, Unabänderliches anzunehmen und geduldig zu ertragen,
— die Worte der Bergpredigt auf unser Leben beziehen und uns nach ihnen richten,
— durch lebenswahrhaftiges Beten empfänglicher werden für den göttlichen Willen und ihn zu unserem eigenen Willen machen,
— durch ein Testament den Nachlass gerecht verteilen.

Solange wir gesund sind, können wir viel Gutes wirken. Sind wir jedoch krank, wissen wir nicht, was wir noch vermögen. Nutzen wir daher die gegenwärtige Stunde, denn sie ist überaus kostbar. Jetzt sind die Tage des Heils, jetzt ist die Zeit der Gnade. Viele Sterbende erleben den Augenblick, in dem sie das Verlangen haben, auch nur einen Tag oder nur eine einzige Stunde länger zu leben, um noch etwas in sich selbst oder in der Welt in Ordnung zu bringen.

Jede Stunde unseres Lebens ist kostbar. Daher sollten wir lernen, jetzt zu leben und so zu leben, dass uns nichts beschwert, dass wir nicht in Auseinandersetzungen verwickelt sind und unsere Seele bereit ist, unseren Körper zu verlassen, wenn wir zurückgerufen werden. Die «Sonnenuntergänge» möchten einerseits mit der unausweichlichen Gewissheit konfrontieren, dass wir alle einmal sterben müssen, und andererseits die Angst vor dem Sterben verringern, Mut machen und die Hoffnung auf das ewige Leben stärken. Lernen wir inmitten dieser Welt mit Christi Botschaft zu leben, werden wir eines Tages für immer bei ihm sein.

> Sind wir nun mit Christus gestorben, so glauben wir, dass wir auch mit ihm leben werden (Römerbrief 6,8).

Viele zählten auf ein langes Leben und täuschten sich, indem sie unerwartet abberufen wurden: durch einen Unfall, durch eine plötzlich auftretende Krankheit, durch Naturkatastrophen, durch Alkohol oder Rauschgift, durch Verbrechen, durch psychische Belastung, durch Krieg … Das Ende aller ist der Tod – und das Leben zieht so schnell wie ein Schatten vorüber.

Aus meiner priesterlichen Tätigkeit weiß ich, dass das Interesse bei vielen Menschen für das Phänomen des Todes und für das Weiterleben groß ist. Daher drängte es mich, meine Erfahrungen mit Sterbenden und dem Tod aufzuschreiben, um sie anderen zugänglich zu machen. Die Texte möchten dazu beitragen, eine positive Einstellung zum Tod als Übergang zu einem gewandelten Dasein zu schaffen und das Geheimnis des Todes mit der Auferstehung Jesu Christi in Einklang zu bringen.

Da mich auch der Tod von Tieren berührt, habe ich einige Erlebnisse mit sterbenden Tieren hinzugenommen, um sie einmal mit in das Schöpfungsganze einzubeziehen, und zum anderen den Leser darüber nachdenken zu lassen, welche Verantwortung wir tragen, wenn die Geschöpfe, die sich uns anvertrauen, leiden und sterben müssen.

Bei der Erinnerung an die «Sonnenuntergänge», die ich miterleben durfte, wurde mir noch einmal deutlich, wie außerordentlich wichtig es ist, für die verstorbenen Menschen, die wir gekannt haben und die uns etwas bedeuteten, zu beten. Beim Schreiben stellte ich erschreckt fest, wie schnell wir wesentliche Begegnungen in unserem Leben vergessen und die täglichen Ereignisse und die rasende Entwicklung nach außen hin uns in ihren Bann ziehen. Wir bedürfen immer wieder der Erinnerung, um das, was in unserem Leben an Gutem geschah, nicht zu vergessen und erneut wertzuschätzen. Dazu gehören auch unsere Eltern und Menschen, die uns Vorbild waren und unser Leben mitgeprägt haben.

Eine Empfehlung möchte ich noch aussprechen. Sie sollten die fünfunddreißig «Sonnenuntergänge» nicht zu schnell und nicht unbedingt nacheinander lesen. Lassen Sie sich viel Zeit und suchen sich die Kapitel aus, die Sie jeweils ansprechen. Legen Sie das Buch gegebenenfalls einige Zeit zur Seite und lesen wieder darin, wenn Sie spüren, dass es Sie nicht belastet, sondern Ihnen etwas gibt. Beim Schreiben der «Abschiede aus dieser Welt» gab es Zeiten, in denen ich mich diesen Themen nicht zuwenden konnte. Ich habe mich dann zu nichts gezwungen, sondern diese Arbeit ruhen lassen, bis sie von selbst wieder auf mich zukam.

Ich bitte um Verständnis, dass ich bei diesem Thema nur meine eigenen Erfahrungen einbringen konnte, um das auszudrücken, was mir am Herzen liegt: das Geheimnis des Todes und der Auferstehung spürbar werden zu lassen.

Am Ende des Buches sind in den «Merksätzen» die wesentlichen Aussagen aller beschriebenen «Sonnenuntergänge» zusammengefasst.

1 Der Tod klopft an

Nicht der Tod ist es, den ich fürchte ...

Als mein Großvater sechs oder sieben Jahre alt war – es muss um 1869 gewesen sein –, nahm er teil an der Beerdigung eines Onkels. Ob diese Beerdigung in Haren oder in Rheine auf dem Friedhof an der Salzbergener Straße, wo es ein großes Familiengrab gibt, stattfand, vermag ich nicht zu sagen. Als Großvater immer älter und ich erwachsener wurde, nahm mein Vater mich eines Tages zur Seite und erzählte mir, was bei dieser Beerdigung geschah. Als der Sarg mit dem verstorbenen Onkel heruntergelassen und auf dem Boden des Grabes abgesenkt wurde, vernahm die umstehende Trauergesellschaft seltsame und unerklärliche Geräusche, die vom Sarg her zu kommen schienen.

Auf Geheiß des Pfarrers zogen die Träger den Sarg wieder hinauf und man machte sich daran, ihn zu öffnen. In der Aufregung und Erwartung dessen, was nun geschehen sollte, dachte niemand daran, den kleinen Heinrich Josef außer Sichtweite zu bringen. So wurde er unwillkürlich Zeuge dieses außergewöhnlichen Geschehens der Rettung und Wiederbelebung seines scheintoten Onkels, der nach

13

dem Schock des vermeintlichen Todes noch einige Jahre leben durfte.

Das Entsetzen der Umstehenden und natürlich das Ereignis selbst müssen bei meinem Großvater einen so tiefgreifenden Eindruck und Angst vor dem Tod hinterlassen haben, dass er Zeit seines Lebens nicht mehr davon los kam. Er selbst hat später in seiner eigenen Familie niemals mehr darüber gesprochen, aber gewusst haben es alle.

Ich habe Großvater als alten vornehmen Herrn, als Patriarchen erlebt, dessen Tagesablauf und Leben sich nach ganz bestimmten wiederkehrenden Rhythmen vollzog. Er hatte in der Familie alles in der Hand und bestimmte sogar, wer wie viele Walnüsse bekam, wenn sie im Oktober reif waren und vom hohen Baum hinter dem Haus herabfielen und mit einem Knall auf den Boden schlugen. Obwohl meine Eltern mit meiner Schwester und mir fünf Jahre nach dem Krieg im gleichen Haus mit den Großeltern lebten, hat Großvater selten mit mir gesprochen. Da er mir so mächtig schien, bin ich ihm allerdings aus dem Weg gegangen und ausgewichen, wenn ich ihn sah. Bei meiner um fünf Jahre jüngeren Schwester war die Beziehung zu ihrem Großvater eine völlig andere. Sie besuchte ihn fast täglich in seinem Zimmer. Und für sie unterbrach er sogar all seine Tätigkeiten, die er gerade ausführte, wenn sie unangemeldet zu ihm kam. Er gab seinen Mittagsschlaf auf oder unterbrach ihn, er legte die Zeitung oder ein Buch zur Seite, ebenso die Geschäftsbücher, die er bis in sein hohes Alter eigenhändig führte, und die Bilanzen, die er monatlich und dann für das entsprechende ganze Geschäftsjahr erstellte. Selbst die schwierigen und komplizierten Integral- und Differenzialaufgaben, die er dicken schwarzen Mathematikbüchern entnahm, um sie mit Ehrgeiz und Leidenschaft zu lösen, ließ Großvater liegen, wenn meine Schwester sein Zimmer betrat. Freudestrahlend und immer mit ein wenig Gewinn kam sie zurück in unsere obere Wohnung.

Wenn sie auch nur selten die Schokolade oder die Pfennige mit mir teilte, war ich niemals eifersüchtig oder neidisch. Ich gönnte ihr dieses und weitaus mehr – wahrscheinlich aus einem Schuldgefühl, das ich hatte, weil ich diesem für mich übergroßen Mann jedes Mal auswich, wenn ich ihn nur kommen hörte oder sah.

Vier Jahre nachdem wir ausgezogen waren – Vater hatte ein eigenes Haus gebaut und somit Verwandten im Haus meiner Großeltern Platz gemacht – hieß es, Großvater wolle sterben. Ich wunderte mich über diese seltsame Ausdrucksweise, die durchaus nicht zum Leben meines Großvaters passte. Wie mir Mutter in einem vertrauten Gespräch sagte – sie hatte gleich meiner Schwester einen vertrauten Zugang zum Herzen meines Großvaters –, sei es ihm schon mehrmals in seinem Leben gelungen, den bei ihm anklopfenden Tod barsch und energisch zurückzuweisen. Doch jetzt, da er schon über neunzig Jahre alt sei, habe er dazu weder die Kraft noch sei er willens. Ihm bliebe jetzt nichts anderes übrig, als seinen eigenen Tod bejahend anzunehmen.

Täglich, oft sogar zweimal und auch nachts, ging Mutter in das Haus meiner Großeltern, um Großvater in seinem harten, unerbittlichen und überaus angstbesetzten Todeskampf beizustehen. Für diese liebende Nähe von Mutter – in ihrer Liebe verströmenden Offenheit war sie eine Meisterin – drückte Großvater, bevor sein Kampf mit dem Tod noch extremere Ausmaße annahm, Mutter als Dank einen Scheck in die Hand, der – ich habe es niemals genau erfahren – eine größere Summe auswies. Doch erinnere ich mich genau daran, wie Mutter zu Hause vor den entsetzten Blicken meines Vaters, der sie daran hindern wollte, es aber so schnell nicht vermochte, den Scheck in kleine, ja, kleinste Stückchen zerriss.

Großvater musste Anfang Februar 1954 entsetzlich leiden, psychisch, und das dauerte ungefähr eine ganze Woche. Ich habe ihn nicht mehr gesehen und gehört, denn Kinder sollten jetzt nicht mehr in das so belastete Haus meiner Großeltern kommen. Obwohl er keine akuten körperlichen Schmerzen hatte, wehrte sich Großvater mit all seinen aufbegehrenden Kräften gegen das Herannahen seines Todes. Nachdem Vater sich von seinem Vater verabschiedet hatte, sagte er nicht viel, sondern hielt sich zurück. Mutter hingegen stand ihrem so äußerst schwer sterbenden Schwiegervater sowohl psychisch als auch durch ihre Anwesenheit bis zu seinem letzten Atemzug bei und noch darüber hinaus.

Obwohl Mutter keine gelernte Krankenschwester war, hatte sie sich doch während des zweiten Weltkriegs dem Deutschen Roten Kreuz zur Verfügung gestellt, vornehmlich kranken und sterbenden Soldaten, die im Mathias-Spital lagen, seelisch beizustehen und wenn möglich, ihre letzten Wünsche zu erfüllen. Sie hatte bei ihrem Dienst von schwersten und traurigen Schicksalen erfahren, mitgelitten und Todeskämpfe mit ansehen und mit tragen müssen. Doch sagte sie später, eine solche Abwehr gegen den Tod und eine solch unendlich überwältigende Angst, wie sie sie bei Großvater erlebt habe, sei ihr bei ihrer gesamten Sterbebegleitung bisher nicht begegnet.

Infolge des sein gesamtes Leben bestimmenden Scheintod-Erlebnisses in seiner frühen Jugend hat Großvater zwar zeitweilig Gedanken an den eigenen Tod verdrängen können und seine wahre tiefgreifende Angst nicht wahrhaben wollen, doch am Ende seines Lebens wurde er gezwungen, die maßlose Angst auszuhalten und über sich ergehen zu lassen und im langsamen Sterben den Tod anzunehmen.

Nach dem 16. Februar, dem Tag von Großvaters Abschied aus diesem Leben, trat tiefe Stille, dankbares Aufatmen und unsagbarer Friede in das Haus meiner Großeltern ein. Großmutter war völlig erschöpft von all der Anstrengung, die auch sie durchmachen musste. Als ich das Haus wieder betreten durfte, um zusammen mit meinen Eltern in Ruhe und betend Abschied von Großvater zu nehmen, sah sie in ihrem schwarzen Kleid befremdend und um Jahre gealtert aus. Großvater lag aufgebahrt in seinem Arbeitszimmer, das ich früher nur selten betreten hatte. Es wirkte jetzt auf mich hell und überdimensioniert groß. Und in seiner stillen Mitte das friedliche und schlafende Gesicht von Großvater, die Augen waren geschlossen und Sanftmut ging von ihm aus, ein ruhiger und beruhigender Friede, der es mir leicht machte, zu verweilen und zu schauen.

Und plötzlich entdeckte ich an ihm etwas Sonderbares: Über den gefalteten Händen – Großvater praktizierte lebenslang sein katholisches Christsein – sah ich, dass seine beiden Handgelenke mit Binden umwickelt waren.

Später, im Auto oder zu Hause, als wir wieder unter uns sprechen konnten, fragte ich Vater nach dieser meiner sonderbaren Beobachtung. «Du weißt doch, Großvater hatte sein ganzes Leben lang entsetzliche Angst, nicht vor dem Sterben und gar dem Tod, sondern davor, lebend beerdigt zu werden. Um sicher zu gehen und die Möglichkeit eines Scheintodes auszuschließen, traf er sowohl testamentarisch als auch praktisch Vorsorge und verfügte, dass ein Arzt ihm nach seinem Tod beide Pulsadern öffne, um festzustellen, dass Blut und Wasser aus ihnen fließe. Dieses sichere Zeichen des eingetretenen Todes musste

Großvater aus dem Johannesevangelium bekannt sein, in dem es heißt, dass die Soldaten in die Seite Jesu stießen und seinen endgültigen Tod bestätigt sahen, als Blut und Wasser aus der Seite Christi flossen.

Du weißt doch, dass einmal in der Woche Großvaters Freund zu ihm kam, Dr. Valentin Dumpert, der Chirurg und Chefarzt vom Mathias-Spital. Sie haben bei einem Glas Wein dringende Angelegenheiten des Krankenhauses besprochen und sich darüber hinaus auch als Freunde persönlich unterhalten. Dr. Dumpert wusste, was er nach Großvaters Tod zu tun hatte, und als aus den Pulsadern Blut und Wasser floss, trat nach diesen entsetzlichen Todeskämpfen in das Haus und bei uns allen tiefer Friede und Erlösung ein.»

Vater hatte eine dringende berufliche Reise nach Manchester, um dort Textilmaschinen auf einer Messe zu kaufen, wegen des Todes von Großvater aufgeschoben. Jetzt nach seinem Tod und seiner Beerdigung auf dem Friedhof auf der Salzbergener Straße musste er sie dringend antreten. Er wollte fliegen, um schneller wieder zu Hause zu sein. Ich war sechzehn Jahre alt und er nahm mich mit. Vorher sprach er mit meinem Klassenlehrer und ich bekam – wahrscheinlich infolge der familiären Ereignisse – zwei Tage schulfrei. Es war für mich wie ein Aufstieg ins Leben, als die viermotorige Propellermaschine vom Boden abhob.

Manchmal denke ich darüber nach, warum Großvater für sich und seine Familie eine Grabstätte errichtete, die ausgemauert und durch eine Treppe begehbar ist, warum er vierzig Jahre lang die Bücher für das Mathias-Spital ehrenamtlich führte und bis zu seinem Tod Mitglied im Kuratorium war und den Chefarzt, einen Chirurgen, zum Freund hatte. Sollte auch ich einmal den Weg durch die enge und ebenso für mich angstbesetzte Pforte, den Tod, hinter mir haben und Großvater in der kommenden Welt wiedersehen, werden wir uns bestimmt viel zu sagen haben.

Das «Wunder
vom Roten Meer»

Seit dieser Gruppenreise habe ich an keiner weiteren teilgenommen. Obwohl Reinhold Jackels, Leiter der Volkshochschule «Wasserburg Rindern» bei Kleve am Niederrhein, die Studienreise nach Jordanien und Israel ausgeschrieben hatte und auch selbst mitfuhr, fühlte ich als geistlicher Begleiter eine starke Mitverantwortung. Am Ende unserer Reise, als etwas Unglaubliches geschah, nahm mich dieses tragische Ereignis derart in Anspruch, dass weder Zeit noch innerer Raum für etwas anderes vorhanden war. Die Spuren sind so intensiv und nachhaltig eingraviert, dass ich bisher jede weitere Gruppenreise abgelehnt habe. Als wir am 2. März 1986 mit sechsundzwanzig Personen zu dieser Studienreise aufbrachen und in Frankfurt das Flugzeug nach Tel Aviv bestiegen, ahnte ich noch nicht, dass ich am Roten Meer ein Wunder erleben würde.

Doch will ich der Reihe nach erzählen. Unsere Reisegruppe setzte sich aus den unterschiedlichsten Personen aller Altersstufen zusammen: dem Heilpraktiker Klaus Reinold mit seiner Frau, zwei Kindergärtnerinnen, einem Versicherungskaufmann aus Südtirol, drei Lehrern, der Zahnärztin Dr. Sigrid Kratzmann aus Rheine, zwei Ordensfrauen vom Marienhospital in Kevelaer, meiner Schwester Ingeborg Weber aus Bielefeld. Else Stienen besaß ein Café in Kevelaer, ihre Freundin Dr. Hannelore Michele aus Goch war

Kinderärztin … Das jüngste Mitglied unserer Gruppe war Manfred Algrang, ein Schauspieler aus München, und die älteste Teilnehmerin hieß Helene Lieske – sie war 72 Jahre alt und kam aus Kempen bei Krefeld.

Der Reiseplan, den Reinold Jackels hervorragend ausgearbeitet hatte, führte uns in den letzten Tagen der Reise vom Flughafen Ben Gurion in Tel Aviv über Amman nach Akaba in Jordanien. Hier wohnten wir in einer großzügigen Wohnanlage direkt am Roten Meer. Der Golf von Akaba, der sich über 160 Kilometer ausbreitet, bildet die nordöstliche Bucht des Roten Meeres und trennt Arabien von der Halbinsel Sinai. Die breiteste Stelle des Golfes beträgt 29 Kilometer. Akaba ist die einzige Hafenstadt Jordaniens und gleichzeitig ein beliebter Ferienort wegen des warmen Klimas. Das Rote Meer ist ein Paradies für Schnorchler und Taucher, da es reich an einer Vielzahl verschiedener Korallen und anderer Meeresbewohner ist. Für die Touristen wurden Glasboote entwickelt, die durch den gläsernen Schiffsboden den Blick in das kristallklare blaugrüne Wasser auf eine Fülle bunter Fische und Korallen freigeben. Auch von unserer Gruppe unternahmen einige eine Fahrt mit so einem Glasboot und waren von der Unterwasserwelt mit ihren bunten Fischschwärmen und den unterschiedlichsten Korallenriffen begeistert. Sie berichteten von einer Riesenschildkröte, die genau unter ihrem Boot schwamm.

Als Höhepunkt der letzten Tage unserer Reise wurde von Akaba aus ein Tagesausflug nach Petra, der verlassenen Felsenstadt, angeboten. Petra im heutigen Jordanien war in der Antike die Hauptstadt des Reiches der Nabatäer. Die Monumentalfassaden der Grabtempel wurden direkt aus dem anstehenden Fels gemeißelt. Zur verlassenen Felsenstadt Petra gelangt man nur über den Siq, eine schmale sehr lange Schlucht. Am Eingang der Schlucht stehen zu mietende Pferde, die die Besucher in die Stadt bringen. Da ich mit siebzehn Jahren einen Reitunfall hatte und Rückenprobleme die Folge waren, musste ich leider auf diesen vielversprechenden Tagesausflug nach Petra verzichten. Ebenso blieben an diesem Tag die beiden Ordensschwestern und einige ältere Personen aus unserer Gruppe in Akaba. Unabhängig voneinander genossen wir diesen herrlichen Sonnentag am weiten Strand des Roten Meeres. Ich hatte den Eindruck, jeder wollte gern für sich allein sein, um es sich so bequem wie möglich zu machen. Außer uns waren keine Fremden am Strand. Erst zum gemeinsamen Abendessen hatten wir uns zusammen mit der Petra-Gruppe wieder verabredet.

Nach den vielen Besichtigungen in Israel und den vielen damit verbundenen Eindrücken tat mir jetzt die Ruhe am Meer außerordentlich gut – sie hatte etwas Abrundendes und Vertiefendes, aber auch körperlich Erholsames. Da ich ja nie ohne Buch sein kann, hatte ich mir den Koran mit ans Meer genommen, eine Übersetzung ins Deutsche, die ich mir aus aktuellen Gründen in Jerusalem gekauft hatte. Ich lag in einem Liegestuhl, den man sich kostenlos leihen konnte, und las. Zwischendurch ging ich zum Schwimmen ins Rote Meer. Weit draußen, so erfuhr ich, war ein Netz gespannt, das das Eindringen unliebsamer Meeresbesucher verhindern sollte. Bis zur Mittagszeit schwamm ich mehrere Male bis zu diesem Netz und wieder zurück. Innerhalb kürzester Zeit war die Badehose getrocknet, so dass ich mich die ganze Zeit am Strand aufhalten konnte.

Auf einmal hörte ich ein Rufen und dann ein Schreien, das die mittägliche Stille durchdrang. Hildegard Röken kam zu mir gelaufen und wies mit dem Arm aufs Meer. «Da, schauen Sie, schwimmt ein Mensch regungslos mit dem Rücken nach oben!» Ich sprang auf und sah etwas, das von den Wellen hin und her geschaukelt wurde. Sofort sprang ich ins Wasser und schwamm in die eingeschlagene Richtung, obwohl ich vom Wasser aus den Körper nicht mehr sehen konnte, da er bereits unterzugehen drohte. Ohne einen Gedanken daran, was mich erwarten würde, erreichte ich die fixierte Stelle und sah einen menschlichen Körper, dessen Kopf, Arme und Beine leblos im Wasser nach unten hingen – nur der Rücken bewegte sich im Rhythmus der Wellen noch an der Wasseroberfläche. Im Schwimmen riss ich den Kopf der ertrunkenen Person ruckartig hoch und erkannte Frau Lieske, das älteste Mitglied unserer Gruppe. Ihr Gesicht war bereits dunkelblau gefärbt. Ich griff ihr unter die Arme, zog sie an mich und im Rückenschwimmen versuchte ich sie an Land zu ziehen.

In diesen Sekunden durchzuckte es mich: «Es darf nicht wahr sein, dass einer von uns während dieser Studienreise ertrunken ist! Ertrunken ... tot!» Mit großer Kraftanstrengung erreichte ich den Strand, wo mir bereits im Wasser Helfer entgegenkamen, die Frau Lieske ans Ufer zogen. Im Nu waren wohl alle zur Stelle, die nicht mit nach Petra gefahren waren. Erschöpft ließ ich mich in den Sand fallen und sah, wie Frau Dr. Michele bei Frau Lieske Wiederbelebungsversuche machte. Kurz darauf war schon der Notarzt da, der noch intensiver versuchte, zu reanimieren. Es kam zwar viel geschlucktes Wasser aus dem Mund, doch gab Frau Lieske kein Lebenszeichen von sich. Ich hatte den Eindruck, dass der Notarzt sie bereits aufgeben wollte. Da sprang ich auf und sagte höchst eindringlich zu ihm auf Englisch, er müsse unbedingt Frau Lieske retten. Wir könnten nicht mit einer Verstorbenen von einer Pilgerreise nach Deutschland zurückkommen. Der Notarzt winkte die Sanitäter des Ambulanzwagens zu sich und gemeinsam hoben sie den Körper auf eine Trage, die sie in den Wagen schoben. Ohne zu denken, ohne mir Schuhe an- und ein Hemd überzuziehen, stieg ich mit in den Wagen und setzte mich auf den freien Platz neben Frau Lieske.

Alles vollzog sich so schnell, dass ich auch während der Fahrt keinen klaren Gedanken denken konnte. Ich sah mich nackt, nur mit einer nassen Badehose bekleidet, neben einer Toten sitzen …

In rasender Fahrt – niemand sprach ein Wort – fuhr der Wagen zum nahe gelegenen Militär-Hospital von Akaba. Bis zum Operationssaal konnte ich die Trage begleiten, musste dann aber hier vor der Tür warten. Barfüßig und unbekleidet wie ich war, wurde ich von allen Vorbeigehenden akzeptiert. Ich schloss die Augen und begann zu beten, innerlich, ohne die Lippen zu bewegen. Sollten es die Ärzte schaffen, Frau Lieske wieder ins Leben zu rufen, so wäre dies ein Wunder. Doch daran glaubte ich nicht; es dauerte und dauerte und nichts geschah. Als endlich die Tür aufging und die Liege aus dem Operationssaal geschoben wurde, schüttelte der Arzt verneinend den Kopf und sah mich dabei fast hilflos an. Er sagte, dass er auf der Intensivstation noch einen Versuch starten wolle. Frau Lieske wurde an verschiedene Apparate angeschlossen. Von meiner Tätigkeit als Krankenhausseelsorger in Kevelaer kannte ich die Herz-Lungen-Maschine. Und wieder saß ich an der Seite von Frau Lieske und wartete und betete und wartete und betete.

Die dunkelblaue Farbe ihres Gesichtes ging langsam in ein Blassgelb über. Da sie beatmet wurde und sich dabei der Brustkorb senkte und wieder erhob, hatte ich das Gefühl von Leben – ein Hoffnungsschimmer, der aber trügerisch war. Stunden vergingen und ich saß immer noch, nur mit meiner Badehose bekleidet, neben ihr, wartend auf das Leben, das bisher nicht zurückgekommen war. Zwischendurch stand ich auf und segnete Helene Lieske, indem ich ihr ein Kreuzzeichen auf die Stirn, die Herzgegend und die Hände machte. Immerhin, so dachte ich, mussten die Ärzte Hoffnung haben – hätten sie sonst einen solchen Aufwand mit einer Verstorbenen getroffen?

Es wurde mir zunehmend unangenehmer, unbekleidet und barfüßig neben dem Bett zu sitzen und auf ein Lebenszeichen zu warten. So gut ich es verstand, erklärte mir der Arzt in gebrochenem Englisch, dass sich keine Hirnströme zeigten und kein Herzschlag festgestellt wurde. Ich stellte mir vor, dass ich unmöglich mit der Gruppe am übernächsten Tag abreisen könne. Wie würde es weitergehen und was sollte ich tun? Ihren Mann anrufen und mit ihm über eine mögliche Überführung sprechen?

Doch dann kam mir der Gedanke, erst einmal Kontakt mit der Gruppe aufzunehmen und jemanden zu bitten, mir Hemd, Hose und Schuhe zu bringen. Das erste Mal entfernte ich mich von Frau Lieske, um zu telefonieren. Man schickte mir per Taxi in einer Plastiktüte meine Kleidung. Persönlich war niemand gekommen. Wie ich später erfuhr, wollte der kleine Rest der Gruppe, der nicht mit in Petra war, zusammenbleiben und gemeinsam beten.

Nach Stunden zeigten sich auf dem Bildschirm des Elektroenzephalogramms und auf dem Elektrokardiogramm leichte Bewegungen, die aber schon bald wieder erloschen. Gab es tatsächlich noch Hoffnung? Wenn ja, müsste ein Wunder geschehen. Inzwischen war es später Nachmittag. Der jetzt diensthabende Arzt sprach kein Englisch, so dass wir uns kaum verständigen konnten. Es gab ja auch ohnehin keine neuen Informationen. Obgleich der tragische Zustand andauerte, fühlte ich mich jetzt durch meine Kleidung wesentlich wohler und freier. Besonders unangenehm war es, vorher mit bloßen Füßen über die Flure des Krankenhauses gehen zu müssen.

Gegen Abend geschah dann wirklich das Wunder! Bei Helene Lieske meldeten sich die ersten Lebenszeichen, die sich allmählich stabilisierten. Vor Freude und Dankbarkeit war ich außer mir – innerlich. Es kamen mehrere Ärzte – und soweit ich es am Rande mitbekam, staunten sie über dies unglaubliche Ereignis. Eine unbeschreibliche Belastung fiel von mir ab, obwohl Frau Lieske sich in tiefer Bewusstlosigkeit befand.

Am späten Abend verließ ich das Militär-Hospital. Die Gruppe, die inzwischen wieder vollständig war, empfing mich sehr liebevoll und konnte es kaum fassen, als ich berichtete, dass nach so vielen Stunden ein für tot erklärter Mensch das Leben neu empfangen hatte. Nachdem ich mich gestärkt und geduscht hatte, bildeten wir zusammen mit den beiden Clemensschwestern, Schwester Marolda Kempkes und Schwester Otfriedis Uhlending, bis spät in die Nacht einen kleinen Gebetskreis. Die Schwestern sagten mir, dass sie, seitdem ich Helene Lieske aus dem Wasser geholt hatte, ununterbrochen zu ihrer heiligmäßigen Mitschwester Euthymia gebetet hätten. Dieses intensive Bittgebet setzten wir jetzt gemeinsam fort.

Erschöpft schlief ich für einige Stunden ein, um dann in aller Frühe wieder im Krankenhaus zu sein. Der Zustand von Frau Lieske war unverändert: Ihr Herz schlug aus eigener Kraft, aber sie war nach wie vor bewusstlos. Am übernächsten Tag sollte die Rückreise stattfinden. Ich befürchtete, mit Helene Lieske bis zu ihrer Entlassung in Akaba bleiben zu müssen.

Und dann – gegen Abend geschah ein zweites Wunder: Sie erwachte und erlangte relativ schnell ihr Bewusstsein zurück. Nur langsam und vorsichtig konnte ich ihr berichten, was geschehen war, doch konnte sie sich weder daran erinnern, dass sie allein zum Schwimmen gegangen war, noch an das, was mit ihr passierte. Ich erfuhr – und das wusste niemand von uns vorher –, dass sie zuckerkrank war. An diesem besagten Tag hatte sie vergessen, sich zu spritzen. Für diese Information waren die Ärzte dankbar, denn jetzt konnten sie gezielter vorgehen.

Soweit ich Frau Lieske während unserer Studienreise kennengelernt hatte, verfügte sie über einen durchaus starken Willen, der jetzt alles übertraf: Sie entschloss sich, unter allen Umständen die Rückreise zusammen mit der Gruppe anzutreten. Obwohl es ihr die Ärzte streng untersagten, setzte sie sich durch und darüber hinweg und ließ sich am Abreisetag rechtzeitig zum Flughafen bringen. Man kann sich kaum vorstellen, mit welchen Schwierigkeiten ich zu kämpfen hatte, damit ihr sowohl in Akaba als auch beim Umsteigen in Amman und nach der Landung in Frankfurt ein Rollstuhl zur Verfügung gestellt wurde. In der Gewissheit, dass sie sich auch weiterhin auf der Seite des Lebens befinden würde, schob ich sie über die langen Flure und Korridore der Flughäfen. Die Stoßgebete, die ich zum Himmel schickte, konnte ich nicht zählen. Aber immer, wenn ich den Blicken der Schwestern und einiger anderer Teilnehmer begegnete, wusste ich, dass sie das Gleiche taten.

In Frankfurt – ich empfand eine unsagbare Erleichterung und Entlastung, als ich wieder deutschen Boden unter meinen Füßen wusste – wurde Helene Lieske von ihrem Mann abgeholt. Sie war erschöpft, ihr weißes Gesicht wirkte erschreckend. Sie konnte nicht allein gehen, aber eine tiefe Dankbarkeit erfüllte beim Abschiednehmen ihre Worte, und Freude strahlte sie aus.

Ungefähr ein Jahr später, nachdem sie wieder vollends gesund war, besuchte sie mich zusammen mit ihrem Mann im Haus Cassian, einem bischöflichen Bildungshaus im Weserbergland. Ihren starken Lebenswillen hatte sie immer noch, ebenso ihre Durchsetzungskraft, unter der ihr Mann wohl manches Mal zu leiden hatte.

Da ich lange Zeit benötigte, um von diesem einschneidenden Ereignis Abstand zu nehmen und um innerlich und für mich allein mit dem Schock des Todes und dem Schock der Auferstehung fertig zu werden, habe ich den Kontakt zu Lieskes nicht sonderlich gepflegt. Ich erfuhr, dass Helene Lieske noch wunderbare Lebensjahre genießen durfte und mit über achtzig Jahren einen sanften Herztod starb.

Noch im gleichen Jahr des «Wunders vom Roten Meer» – so nannte sich Frau Lieske in ihren Briefen selbst – baten die Clemensschwestern Frau Lieske und mich, jeweils einen Erfahrungsbericht zu schreiben und ihn an das Bischöfliche Generalvikariat Münster als wichtiges Dokument zur Seligsprechung von Schwester Euthymia zu schicken.

Gottes Vorsehung?

Man sagt, dass allen entscheidenden Ereignissen Zeichen vorausgehen, an denen man Kommendes erahnen oder gar erkennen kann. Ist es ein Entgegenkommen der Liebe Gottes, die uns im Voraus und sanft auf etwas aufmerksam machen möchte, das unabdingbar auf uns zukommt und unser Leben verändert? Möchte Gott im Vorhinein uns innerlich dahingehend stabilisieren, dass er uns Boten schickt, die das Fundament bereiten für etwas, unter dem wir sonst völlig zusammenbrechen würden?

Wenn ich auch oftmals die vorausgehenden und Tragisches ankündigenden Zeichen nicht oder zu spät wahrgenommen habe, so kann ich doch aus meiner Erfahrung die obigen Fragen eindeutig mit Ja beantworten. Gott, dessen Sehnsucht und Liebe der Mensch ist, möchte nicht, dass wir an Schicksalsschlägen, die unsere Tragfähigkeit überschreiten, zu Grunde gehen. Daher lässt er uns rechtzeitig Kräfte zukommen, die ein völliges Zusammenbrechen verhindern und uns darüber hinaus oftmals auch den Sinn einer tragischen Veränderung erahnen lassen.

In der Zeit des Abiturs und in den Jahren danach hatte ich schwere Auseinandersetzungen mit meinem Vater, der aus mir einen Betriebswirt machen wollte. All sein Hoffen ging dahin, dass ich einmal seinen mittelständischen Textilbetrieb übernehmen würde. Doch ich hatte andere Pläne, die zur Entzweiung und dadurch bei mir auch zu einer schweren Krankheit führten. Als ich auf dem Weg der Besserung war, kam mir Vater entgegen und er stimmte zu, dass ich Psychologie studieren könne. Ja, er interessierte sich sogar für die Themen und Ergebnisse meiner Klausuren und Semesterarbeiten. Auf einmal strahlte dieser für mich verhärtete Mann ein wunderbares Entgegenkommen und Liebe aus. Ich fühlte mich in seiner Nähe wohl und suchte sie. All die heftigen Auseinandersetzungen und gegenseitigen Verletzungen waren vergessen und an ihre Stelle traten Zuneigung und Liebe.

Vaters Familie, das heißt, sein Großvater, kam aus Haren, einer Seefahrerstadt an der Ems. Obwohl Vater sich ganz in seinem Beruf als Textilingenieur und Leiter der von ihm gegründeten Weberei engagierte, steckte immer noch ein wenig Seefahrerblut in seinen Adern. Und so erlaubte er es sich eines Tages – er war schon über fünfzig Jahre alt –, ein Schiff anzuschaffen, das er in den Niederlanden kaufte und «Charly» nannte. Mutter hieß Marie-Charlotte, und er hat sie unendlich geliebt. Auch sein nächstes Schiff, es war entschieden größer und seetüchtig, wurde von ihm auf «Charly II» getauft.

Ich war in jenem Herbst siebenundzwanzig Jahre alt und fast am Ende meiner Studien als Vater mich einlud, zwei Wochen Herbstferien zusammen mit ihm auf seinem Boot zu verbringen. In diesem Jahr lag die «Charly II» im Hafen von Travemünde am Priwall an der Travemündung. Gegenüber der Viermastbark «Passat», die gegenüber von unserem Anleger ihren Liegeplatz hatte, wirkte unser Schiff wie eine Nussschale. Wie glücklich war Vater jedes Mal, wenn ich mich für Nautik interessierte und ihn fragte. Ich erfuhr von ihm die bewegte Geschichte der «Passat», die 1911 gebaut und nach dem Passatwind benannt wurde. Sie diente als Getreidefrachtschiff und wurde 1952 zum Segelschulschiff umgebaut, das zwischen Europa und Südamerikas Ostküste eingesetzt wurde. Als ich die «Passat» zum ersten Mal sah, war sie bereits außer Dienst gestellt und diente als Schulstätte für die Schleswig-Holsteinische Seemannsschule.

Vater fuhr leidenschaftlich gern zur See und genoss alles, was uns zu Wasser begegnete – und waren es die Sterne, die am Nachthimmel über dem Hafen funkelten. Es waren sonnige Tage auf der Ostsee, aber auch in unseren Herzen. Bei einigermaßen ruhiger See warf er den Anker und angelte Makrelen, die er als Mittagessen für uns beide wundervoll in Butter gebraten zubereitete. Ich hatte eine Reiseschreibmaschine mitgenommen und schrieb an meiner Diplomarbeit. Selten habe ich mit Vater so gute Gespräche geführt – tags an Deck in der milden Herbstsonne oder abends beim Schein der Petroleumlampe in der Kajüte. Vater war zeitlebens ein aktiver Mann, der nach der Zerstörung durch den Krieg viel auf die Beine gestellt hatte. Jetzt aber war genügend Zeit da für uns beide …

Die «Charly II» hatte zwei Schlafkajüten – weit getrennt voneinander; in der einen schlief Vater, in der anderen ich. Unsere wunderbare gemeinsame Zeit, in der sich eine unsagbar tiefe Männerfreundschaft angebahnt hatte, ging langsam zu Ende. Eines Nachts sehe und höre ich eine Pendeluhr. Sie hängt an der Wand und das Pendel geht seinen gewohnten Rhythmus. Auf einmal wird die Uhr größer und größer und kommt auf mich zu. Das Pendel schlägt schneller und schneller und das Geräusch des Schlagens wird immer lauter und eindringlicher – unerträglich laut, hektisch und schrill. Alles geschieht außerordentlich schnell – bis ganz plötzlich das Pendel mit einem ohrenbetäubenden Lärm aufhört zu schlagen. Ich muss entsetzlich aufgeschrien haben vor Schreck, denn Vater saß kurz darauf auf meinem Bettrand und hielt meine Hände und beruhigte mich. Es dauerte eine Weile, bis ich zu mir kam und durch Vaters liebevolle Art wahrnahm, dass ja gar nichts, absolut gar nichts Schlimmes und Aufregendes geschehen war.

Ich hatte ihm nicht viel zu erzählen, nur von der Uhr, die plötzlich vor mir war und mich so entsetzlich aufgeschreckt hatte. Doch dann wurde mir plötzlich bewusst, dass Mutter etwas passiert sein müsse. Sie blieb lieber zu Hause, als auf einem engen Boot Tag und Nacht zu verbringen. So freute sie sich, dass Vater und ich zur Ostsee gefahren waren. Jetzt jedoch war ich auf einmal so unruhig und machte mir Sorgen um sie, da das Pendel – ich dachte an ihr Herz – stehen geblieben war. Vater versprach mir, gleich in der Frühe Travemünde anzulaufen und mit Mutter zu telefonieren, um sich nach ihrem Befinden zu erkundigen. Er beruhigte mich, fuhr mir über die Stirn und mahnte, nicht zu viel Psychologie auf einmal zu betreiben.

Als ich am nächsten Morgen Mutters fröhliche Stimme am Telefon hörte, erzählte ich ihr nichts von der vergangenen Nacht und der Uhr. Ich musste Vaters Bedenken Recht geben. Es folgten noch letzte erholsame Tage an Bord unter strahlender Sonne auf bewegter See und kühle Nächte unter sternklarem Himmel. Ich war jung, und wahrscheinlich gehört es dazu, dass man Unangenehmes schnell vergisst.

Nur kurze Zeit nach unserer wunderbaren Bootsreise – wir waren uns beide ein wesentliches Stück innerlich nähergekommen – schellte es mittags. Es war Sonnabend, der 10. Oktober, gegen 14 Uhr. Vater war schon in der Frühe zur Ems zum Fischen gefahren und ich verbrachte, wenn es vom Studium her eben möglich war, die Wochenenden zu Hause. An der Tür stand mein Onkel, der uns die Nachricht von Vaters Unfalltod brachte. Auf der Rückfahrt – niemand hat es gesehen – ist er mit seinem Auto in einer leichten Rechtskurve vor einen Baum gefahren. Er muss sofort tot gewesen sein – vielleicht war es ein Herzschlag, den er während der Fahrt erlitten hatte.

Nach einem kurzen Schock habe ich mich erstaunlich schnell wieder gefangen, um meiner Schwester und meiner Mutter die Botschaft von Vaters plötzlichem Tod zu bringen. Wir gingen zu ihm und standen fassungslos an seiner Bahre. Es war mir, als ob der Boden unter meinen Füßen weggezogen und ich versinken würde. Wir saßen die ganze Nacht beieinander, um uns gegenseitig so gut wie möglich Halt zu geben. Ich besuchte um sechs Uhr die Frühmesse, setzte mich in die letzte Bank und konnte endlich weinen. Dabei offenbarte sich ein Gefühl von ganz tief innen, als ob ich all das, was jetzt durch Vaters plötzlichen Tod auf mich zukam, schon einmal durchlitten hätte. Ich konnte mich auf diesen Grund fallen lassen und spürte mich trotz der übergroßen Traurigkeit ein wenig getragen. Hat Gott, der liebende Vater, mich tatsächlich im Voraus gestärkt, um die Wirklichkeit ertragen zu können? Ich bin fest davon überzeugt, dass es so war, wenngleich die Stärkung mir den Schmerz über den Verlust von Vater in keiner Weise genommen hat.

Jenseits der Grenze

Meine Mutter hatte zu ihren Eltern eine tief innerliche Beziehung. Da sie so lange wie möglich inmitten ihrer Familie leben wollte, verließ sie vorerst ihre Heimatstadt am Wiehengebirge nicht. Hier fand sie in einem kleinen Konfektionshaus eine Stelle und wurde nach der Lehre übernommen. In einem Brief an mich, den sie nie abschickte, aber in ihr Tagebuch schrieb, heißt es: «Wie bei vielen wertvollen Dingen in unserem Leben vermögen wir den wahren Wert unserer Mutter erst dann wirklich zu schätzen, wenn wir sie verloren haben. Abends kam sie auf leisen Zehen an mein Bett, um zu schauen, ob ich eingeschlafen sei. Sie war Stärke und Schutz für mich – sorgenvoll auf mich horchend. Ich werde meine Mutter niemals vergessen, denn sie pflanzte und nährte den Keim des Guten in mir. Selbst als ich schon älter war, beruflich auf eigenen Füßen stand und eine eigene Familie besaß, erlebte ich, besonders in Krisenzeiten, dass mein schönster und unverlierbarer Platz sich im Herzen meiner Mutter befand. Gott konnte nicht überall sein, darum schuf er Mütter.»

Einige Jahre später schrieb meine Mutter noch einmal einige Zeilen über ihre Mutter.

«Über meine Mutter zu sprechen und die richtigen Worte zu finden, fällt mir schwer. Sie war für mich zeitlebens die Sonne meines Daseins. Eine wunderbare innere Ruhe und gleichzeitig eine lebhafte Beweglichkeit zeichneten sie aus. Ihre schöne und hohe, von vollem Haar eingerahmte Stirn spiegelte die Klarheit ihrer Gedanken wider. Mutter war ein Bild vollendeter Weiblichkeit, großer Mütterlichkeit und hoher Menschlichkeit. Sie besaß eine starke Durchsetzungskraft, die mit Anmut gepaart war. Jeder konnte ihrer Teilnahme gewiss sein; sie riet und half wo sie nur konnte. Sie war nachsichtig gegenüber Schwächen und großmütig im Verzeihen. Dies war meine geliebte Mutter. Das Wort ‹Mutter› löst noch immer bei mir ein gewisses Heimweh aus.»

Und noch einmal kommt an anderer Stelle in den Aufzeichnungen meiner Mutter die Liebe zu ihren Eltern durch: «Die Liebe ist wie ein Wunder: geheimnisvoll, zerbrechlich und stark zugleich. Jede Belastung hält sie aus und ist trotzdem zart und verwundbar. Dass man Liebe in einem einzigen unglückseligen Augenblick töten kann, haben schon viele Menschen erfahren. Durch das Vorbild meiner Eltern bin ich in Liebe und Freiheit aufgewachsen. Es war eine Liebe, die an nichts Äußeres, sondern nur an die Liebe selbst gebunden war. Liebe darf man nicht an Ketten legen, sonst stirbt sie.»

Das war also meine Großmutter wie sie mit wenigen Worten von meiner Mutter beschrieben wurde. In den 57 Jahren, in denen mir meine Mutter geschenkt war, sprach diese sehr häufig und immer wieder von ihrer eigenen Mutter und von dem, was sie alles durch sie gelernt hatte. Meine Großmutter lebte die letzten Jahre bei ihrer jüngsten Tochter in Hannover und war nicht zu bewegen, zu uns nach Rheine zu ziehen. Sie glaubte, für ihre Tochter in Hannover da sein zu müssen, da sie meinte, sie sei im Leben zu kurz gekommen. Wenn Großmutter uns – und das kam selten vor – für einige Tage besuchte, wurde sie nach zwei oder drei Tagen bereits unruhig und wollte zurück nach Hannover.

Vater gab mir sein Auto, um sie nach Hause zu bringen. Wir genossen die zweieinhalbstündige Fahrt: Großmutter, weil Hannover immer näher rückte, und ich, weil ich mit einem großen Auto über die Autobahn und schnell fahren konnte. Wir unterhielten uns über die schöne Landschaft, durch die wir fuhren. Hinter Osnabrück begann das Wiehengebirge und wir fuhren an Melle vorbei, wo meine Großmutter geboren wurde und die meiste Zeit ihres Lebens verbrachte. Hinter Bad Oeynhausen sah man auf der linken Seite die Porta Westfalica und dann ging es hinauf ins Weserbergland. Im Frühling und Sommer konnte ich mit Großmutter die herrlichen und weiten Ausblicke genießen; im Winter dagegen musste ich mehr auf die Straße achten. Aber immer war es für mich ein ereignisreicher Ferientag, wenn ich Großmutter nach Hannover bringen durfte.

Jahre später war es ihr zu mühsam und zu umständlich, zu verreisen, und sie blieb lieber zu Hause. Daher besuchte meine Mutter sie häufiger, und wenn es mir beruflich möglich war, fuhr ich mit. Vater lebte nicht mehr; ich hatte seinen Textilbetrieb übernommen und war eher an Wochenenden abkömmlich. Mutter genoss es dann, Beifahrerin zu sein und betrachtete aufmerksam die Landschaft, besonders die, in der sie groß geworden war.

Eines Tages erfuhr ich, dass Großmutter an einer Grippe erkrankt war, die trotz guter ärztlicher Behandlung nicht ausheilen wollte. Ganz schnell entwickelte sich daraus eine Lungenentzündung. Als Mutters Schwester uns anrief und sagte, dass es nicht gut um Großmutter stünde, bat Mutter mich, sie doch so schnell wie möglich nach Hannover zu fahren. Es war für mich selbstverständlich, dass ich alles stehen und liegen ließ, um sofort zu starten. Während der Fahrt sprachen wir nicht viel. Von meinen Vorstellungen – Großmutter war Ende achtzig – mochte ich zu Mutter nicht reden. Vielleicht erging es ihr ähnlich mir gegenüber. Wir waren bereits durch den Engpass «Oeynhausen» gefahren und hatten damit schon die Hälfte der Fahrt hinter uns. Mutter mahnte mich mehrmals, nicht zu schnell zu fahren. Ungefähr auf der Höhe der Porta Westfalica bat sie mich, auf dem nächsten Parkplatz Halt zu machen. Mutters Hände waren gelblich-weiß und ihr Gesicht ganz fahl. Ihr war übel, aber mehr seelisch als körperlich – wie sie sagte. Wir hielten an und ich ließ frische Luft in den Wagen.

«Ich habe gesehen: Soeben ist Omi gestorben; sie ist ganz ruhig eingeschlafen», sagte Mutter mit ganz leiser Stimme, «wir kommen zu spät. Ich kann mich nun nicht mehr von ihr verabschieden.» Ich schwieg und schrieb Mutter eine nervliche Überbelastung zu, denn woher sollte sie den Tod von Omi so genau wissen! Es war kurz nach ein Uhr mittags. Schweigend, und ich ungläubig ob dieser Aussage von Mutter, fuhren wir weiter. Obwohl ich mich stark auf den Straßenverkehr, besonders in Hannover, konzentrieren musste, spürte ich wie traurig Mutter war. «Wären wir doch nur eher von zu Hause weggefahren! Wenn wir gleich ankommen: Sie lebt nicht mehr.» Daran zweifelte ich, doch sagte ich nichts.

Als wir ankamen, empfing uns Mutters Schwester bereits im Treppenhaus; sie weinte und sagte: «Mutter ist gestorben!» Ich konnte es im ersten Augenblick nicht glauben. Wir gingen in Großmutters Schlafzimmer und sahen sie friedlich eingeschlafen mit entspannten Gesichtszügen in ihrem Bett liegen. Lange verweilten wir bei ihr – schweigend und betend. Wir verließen ihr Zimmer erst, als der

Bestatter kam, um sie abzuholen. Alles ging sehr schnell, vielleicht zu schnell. Mutter weinte.

Als wir später beisammensaßen, um notwendige Dinge zu besprechen, fragte ich meine Tante, wann genau Großmutter eingeschlafen sei. Sie sagte: «Zehn Minuten nach eins. Während sie schlief oder vielleicht schon bewusstlos war, setzte die Atmung aus. Ich habe sofort den Arzt gerufen. Er stellte ihren Tod fest und füllte gleich die notwendigen Papiere aus. Dass sich der Abschied so schnell vollziehen würde, damit hatte ich nicht gerechnet, denn am Morgen ging es ihr noch einigermaßen gut.»

Ich schaute Mutter an und sie nickte mir leise zu. Abends auf der Rückfahrt sprachen wir dann darüber, wie es möglich gewesen sei, dass Mutter auf die Minute genau das Sterben und den Tod ihrer Mutter wahrgenommen hatte. «Im Krieg habe ich bei uns im Mathias-Spital viele sterbende Soldaten betreut und ihnen zur Seite gestanden. Wie sehr haben sie sich gewünscht, ein Familienangehöriger möge doch anwesend sein. Im Vollzug des Sterbens, als der Sterbende von allen Schmerzen frei wurde und aufatmete, aber gleichzeitig schon völlig kraftlos war, hatte ich oftmals den Eindruck, dass er sich mit jemandem unterhalten würde, der nicht anwesend war. Es war mehr ein Lesen in den Augen des Soldaten als ein wirkliches Hören. Wenn sich der Übergang ins Zeitlose ankündigt, verliert der Sterbende das Gefühl für Raum und Zeit. Bevor das Jenseitige bei ihm ganz einbricht, kommt es vor, dass der Sterbende – oft über große Entfernungen hinweg – Angehörigen oder Freunden erscheint. Es ist der Augenblick, wo die Seele sich vom Leib löst. Ich weiß von authentischen Berichten von der Front, dass sterbende Soldaten nicht nur als Letztes nach ihrer Mutter riefen, sondern sich auch mit ihr unterhielten. Und viele Mütter zu Hause wussten genau, dass an diesem Tag und um diese Uhrzeit ihr Sohn gefallen war, obwohl sie äußerlich keine Nachricht von seinem Tod erhalten hatten.

Als mir heute Mittag auf der Autobahn ein wenig schlecht wurde und ich dich bat, anzuhalten, muss etwas Ähnliches mit mir passiert sein. In strahlender Lebensfrische stand mir plötzlich Omi vor Augen und verabschiedete sich von mir. Ich war in dem Augenblick so geschockt, dass du es mir angesehen hast. Doch wusste ich ab diesem Moment genau, dass sie aus dieser Welt von uns gegangen ist. Ich hätte es aus den Erfahrungen mit den sterbenden Soldaten und aus den Heimatberichten der Angehörigen wissen sollen, dass es so etwas gibt und eventuell auch mich erreichen würde. Doch meine Tätigkeit beim Roten Kreuz liegt lange zurück und ich hatte es vergessen.»

Obwohl ich gern noch mehr von diesem für mich immer noch seltsamen und schwer zu glaubenden Phänomen gehört hätte, fragte ich auf der Rückfahrt und auch später nicht weiter nach, denn ich sah, wie dringend notwendig Mutter der Ruhe und des Schweigens bedurfte.

Grenzerfahrung

Das «dunkelste Kapitel» begann – wie es oft im Leben ist – mit einem sehr freudigen und lichten Kapitel, das aber dann schlagartig überschattet wurde und mich in die Dunkelheit führte. Ich meine damit auch in die Gottferne. Am Ende meiner Schulzeit spürte ich in mir den starken Wunsch, Priester zu werden, doch wagte ich nicht, darüber zu sprechen. Mein Vater hatte etwas anderes mit mir vor, und das schon, seit ich angekündigt hatte, in diese Welt zu kommen – vorausgesetzt, ich würde ein Junge. Ich sollte den elterlichen Textilbetrieb übernehmen. Hatte ich nicht den Mut, mit meinen Eltern über meinen Berufswunsch zu sprechen oder wollte ich Vater nicht verletzten, weil ich ihn liebte? Ich glaube, Letzteres trifft zu.

Um meine Eltern nicht noch mehr zu enttäuschen, wenn ich zum Studium in ihrer Nähe blieb, entschloss ich mich, weitab von zu Hause an der Philosophisch-Theologischen Hochschule St. Georgen in Frankfurt zu studieren. Eines kam noch hinzu: Wir gehörten zur Diözese Münster. Der damalige Bischof Dr. Michael Keller war ein entfernter Verwandter meines Vaters. Ich hatte Sorge, er könnte auf Vaters Seite stehen, und – wie ich es des Öfteren von Geistlichen schon erfahren hatte – mir das Zwingende des vierten Gebotes vor Augen führen. Als ich nach dem Abitur mich heimlich bei den Jesuiten in Frankfurt vorstellte, musste ich leider erfahren, dass man mich noch nicht aufnehmen könne, da ich noch keine einundzwanzig Jahre alt sei und keine Einwilligungserklärung meiner Eltern vorliege. Enttäuscht fuhr ich zurück.

In den darauffolgenden zwei Jahren kam ich Vaters Wünschen entgegen. Ich absolvierte in Hamburg bei der Commerzbank ein Bankpraktikum – in meinen freien Stunden lernte ich Griechisch, das mir für mein Theologiestudium noch fehlte. Dann folgten einige Monate praktische Arbeit in der Schlosserei von Vaters Betrieb, um den Aufbau und den Umgang mit Webstühlen und Wirkmaschinen zu erlernen. Anschließend begann ich mit dem Studium der Betriebswirtschaft in Münster. Von hier aus konnte ich endlich mit Wissen meiner Eltern die Fäden nach St. Georgen neu knüpfen. Ohne ihre Zustimmung und ohne ihren Segen begann ich im Frühjahr 1960 mit dem Theologiestudium in Frankfurt.

Mit allem und allen fühlte ich mich wie zu Hause, denn ich hatte endlich ein lang anvisiertes Ziel erreicht. Wohl der lichtvollste Abschnitt meines bisherigen Lebens begann. In nichts wollte ich den anderen nachstehen und vor allem keine Schwäche zeigen. Eine frühere Wirbelsäulenverletzung verbot es mir, Fußball zu spielen. Aber ich tat es doch. Bei einem Sprung rutschte ich aus und fiel auf meinen Kopf. Spontan und auch in den nächsten Tagen überspielte ich meine Gehirnerschütterung und die starken Kopfschmerzen. Nach einer Maiandacht blieb ich noch allein in der Kapelle, um zu beten. Ich kniete auf dem Steinfußboden. Mir wurde übel und ich verlor für Momente das Bewusstsein; dann fand ich mich am Boden wieder – mein Kopf war noch einmal aufgeschlagen. Aus Angst, die Hochschule verlassen zu müssen, sagte ich niemandem etwas davon. Ich konnte und wollte mir doch nicht erlauben, gerade jetzt krank zu werden und eventuell das Studium aufgeben zu müssen. Auch wollte ich vor meinen Eltern einen Abbruch nicht zugeben.

Trotz großer Willensanstrengungen – ich hatte damals die Ignatianischen Exerzitien sehr einseitig verstanden – gelang es mir nicht, meine immer stärker werdenden Kopfschmerzen, den Schwindel und die gehäuft auftretenden Absencen zu verbergen. Das, was wie ein innerer Aufstieg zum Licht begonnen hatte, kehrte sich um und es begann stündlich dunkler in mir und um mich herum zu werden. Ein Rachen tat sich auf, der mich verschlingen wollte. Jeder aufflackernde Willensimpuls und jede gute Absicht versanken bereits in ihrem Keim bis ich nichts anderes mehr vermochte, als mich willenlos diesen Chaosmächten auszuliefern. Lichtblicke sagten mir, dass ich im Bett meines Studierzimmers in St. Georgen lag – wie beruhigend, ich konnte bleiben. Doch dann wieder diese entsetzliche angstmachende und alles verschlingende Dunkelheit. Viele Menschen in meinem Zimmer, ein Arzt und Stimmen über Stimmen, die immer lauter wurden ohne dass ich sie verstehen konnte. Dann erlebte ich mich noch einmal in einem Auto, zwei Patres saßen neben mir. Geräusche über Geräusche, ich konnte nicht sprechen und versank wieder in Bewusstlosigkeit, die sich durch keine äußeren Reize mehr unterbrechen ließ.

An die Zeit, in der ich im Koma lag, kann ich mich nicht mehr erinnern. Obwohl ich mein Leben auf Christus ausgerichtet hatte und in dieser Welt für sein Reich mich einsetzen wollte, kamen keine religiösen Bilder oder Botschaften in meine Dunkelheit. Manchmal zog ein heller Streifen am inneren Horizont entlang, aber Tag wurde es nicht. Erst als ich nach Wochen für kurze Augenblicke das Bewusstsein wiedererlangte, bat ich darum, man möge mir doch die heilige Kommunion bringen. Doch als der

Priester zum ersten Mal kam, war ich nicht ansprechbar. Als man mir sagte, ich sei auf der geschlossenen Station der Neurologischen und Psychiatrischen Universitätsklinik in Münster, konnte ich das überhaupt nicht begreifen. Ich erkannte niemanden, auch meine Eltern nicht; ihre sonst so vertrauten und lieben Stimmen waren mir fremd und klangen unwirklich wie aus weiten Fernen.

Wie mir später Mutter einmal sagte, habe Professor Friedrich Mauz und seine Ärzte in dieser Zeit besorgniserregend über meinen Zustand gesprochen und in Aussicht gestellt, dass eventuell eine Schädigung zurückbleiben könnte. Sie versuchten jedoch mit den damaligen Methoden alles, mich ins Wachbewusstsein und zu einer gesunden Wahrnehmung zu führen. Zu dieser Therapie gehörten der Insulin- und der Elektroschock. Beide Therapien wurden über einen längeren Zeitraum gleichzeitig angewandt. Soweit ich sie bewusst erlebt habe, waren sie eine entsetzliche Folter.

Der Insulinschock oder die «Insulin-Koma-Behandlung» wurde 1927 von Manfred Sakel, einem jüdischen Wissenschaftler aus Österreich, entwickelt. Mit hohen Dosen Insulin wurde künstlich eine so starke Unterzuckerung herbeigeführt, die den Patienten ins Koma versetzte. Das aufwändige Verfahren war für alle Betroffenen extrem qualvoll und gefährlich. Hinzu kam – und das war für mich ganz entsetzlich –, dass ich damit den behandelnden Psychiatern völlig ausgeliefert wurde, denn von ihnen hing es ab, ob sie mich «wiedererwecken» würden und ob ich weiterleben durfte. Eine solche Todesangst wurde bewusst und mit Absicht ausgelöst, und die behandelnden Ärzte waren der Überzeugung, dass diese entsetzlichen Qualen und Todesängste bei den Patienten therapeutisch gerechtfertigt seien. Wenn die Insulinspritzen verabreicht wurden, trat nicht nur große Angst auf, sondern auch das massive Gefühl, ertränkt oder untergetaucht zu werden. Über einen bestimmten Zeitraum, der mir nicht mehr in Erinnerung ist, gab es täglich einen solchen Insulinschock.

An das, was während dieser Schocksituation geschah, kann ich mich nur noch schwach erinnern: Es war wie ein verzehrendes Feuer, das großen Durst bei mir hervorrief, Aufregung, Verwirrung und Angst, die sich oft bis zur Panik steigerte. Im darauffolgenden Koma schwanden diese Zustände und es traten märchenhafte Bilder an ihre Stelle. Für mich waren sie in diesem Seinszustand Wirklichkeit. Immer war es ein angenehmes, sattes und wohltuendes Grün der Natur, das mich umgab und mich in sich aufnahm: Wiesenflächen, durch die sich ein Bach schlängelte, aus dem ich lange und erquickend trank. Aus dem angrenzenden Wald traten Rehe, um auf der saftigen und mit vielen bunten und weißen Blumen bewachsenen Wiese zu äsen. Ich schaute ihnen lange zu, und sie hatten keine Angst vor mir. Es war mir, als gehörte ich zu ihnen, zur Wiese und zum Wald und dem darüber sich ausbreitenden blauen Himmel. Aber niemals hatte ich das Gefühl, richtig auf der Erde zu stehen. Ich sah mich selbst nicht, sondern fühlte mich nur. Mein Sein hatte in jedem der vielen Bilder während des Komas immer etwas Schwebendes an sich. Aber dann: Das Zurück-kommen-Müssen auf diese reale Welt war grausam und ich muss mich mit Händen und Füßen und ziemlich laut dagegen gewehrt haben.

Nach ungefähr einer Stunde wurde der Koma-Zustand schließlich durch eine Injektion von Glucagon wieder beendet, das heißt, durch Zucker wurde der Patient wieder «geweckt». In Schweiß getränkt, zitterte ich unkontrollierbar. Ich musste sofort beim Erwachen gewaltsam etliche Gläser mit in Wasser aufgelöstem Traubenzucker nacheinander trinken und anschließend so viel belegte Brote essen wie eben nur möglich. Danach war ich total erschöpft; ich fühlte mich ausgesaugt und vernichtet. Jede flehentliche Bitte, mit diesen grausamen Schocks aufzuhören, überhörten der Arzt und die Pfleger oder sie schrieben sie meiner angeblichen Krankheit zu.

Wenn ich heute daran zurückdenke, muss ich sagen, dass diese Behandlung recht entwürdigend war, denn etliche Körperfunktionen wie quälende Zuckungen, erhöhter Speichelfluss und eine allgemeine Verlangsamung bildeten sich erst ganz langsam zurück. Damals interessierten niemanden meine Gefühle, meine Gedanken und meine Empfindungen bei der Behandlung mit den Insulinschocks.

Bei jeder neuen «Insulin-Koma-Behandlung» überfiel mich eine maßlose Angst, nicht mehr aus dem Koma zu erwachen oder dauerhafte Gehirnschäden davonzutragen. Bei jedem sichtbaren Zögern jedoch ergriffen mich sofort zwei Pfleger und zwangen mich in die notwendige Position. Zustände, die sonst überall in der Medizin vermieden werden, waren beim Insulinschock beabsichtigt. Wenn es mir eben möglich war, sträubte ich mich gegen diese Behandlung, die unabhängig von meinem Befinden und meinen Bitten zwangsweise durchgeführt wurde. Panikartige Angstzustände waren bei mir mit jedem neuen Insulinschock verbunden. Ob meine Eltern über diese so grausamen Therapiemethoden – ich schließe hier den Elektroschock mit ein – informiert wurden und ihr Einverständnis gaben, möchte ich bezweifeln. Vielleicht wurde ein Einverständnis auch nicht für nötig erachtet. Doch werde ich es wohl niemals erfahren. Wie mir ein junger behandelnder Arzt einmal sagte, wurden die Höhe der Insulindosis und die zeitliche Ausdehnung des Komas stark variiert. Sollte die Anwendung eventuell auch gleichzeitig einen experimentellen Charakter gehabt haben? Später, im Rückblick, kam es mir so vor, denn die menschliche Seite und die Bitten und Wünsche des Patienten wurden gänzlich unberücksichtigt gelassen. In wieweit die äußerst leidvollen Insulin- und Elektroschock-Erfahrungen – über mein subjektives Empfinden hinaus – vielleicht doch bei mir von Vorteil waren, kann ich nicht beurteilen.

Während meines späteren Psychologiestudiums besuchte ich gern psychiatrische Vorlesungen, nicht zuletzt auch, um rückblickend ein wenig mehr darüber zu erfahren, was den Sinn und den Erfolg der Therapieschocks ausmachte. In einem 1954 erschienenen Buch «Schockbehandlungen, Psychochirurgie und andere somatische Behandlungsverfahren in der Psychiatrie», das von Lothar B. Kalinowsky herausgegeben wurde, werden die Insulinschocks nachhaltig empfohlen. Ich fand darin einige Anweisungen zur Behandlung, die ich selbst genauso erlebt hatte: Der Lärm, den die unruhigen (gequälten) Patienten während und nach der Behandlung der Schocks verursachen, soll durch laute Musik übertönt werden, da die Behandlung möglichst «angenehm» sein soll. Nach dem Schocken müssen die Patienten unbedingt im Bett bleiben und am besten mit Betttüchern fixiert werden.

Als ich aus der Psychiatrischen Klinik entlassen wurde, habe ich mit niemandem über meine grausamen Erfahrungen gesprochen; meine Eltern wollte ich nicht damit belasten und bei Fremden hatte ich den Eindruck, dass sie mir nicht glaubten.

Der Insulinschock wurde häufig zusammen mit Elektroschocks angewendet. Wie ich später in psychiatrischen Vorlesungen hörte, führte die «Insulin-Koma-Behandlung» häufig zum Tod des Patienten. Aus diesem Grund wird die Insulinschocktherapie medizinisch im psychiatrischen Alltag nicht mehr eingesetzt – allerdings in vielen deutschen Kliniken erst in den 70-er Jahren. Psychopharmaka sind heute an die Stelle der «Insulin-Koma-Behandlung» getreten.

Elektroschocks für psychisch Kranke wurden erstmals in den 30-er Jahren angewandt. Im Gehirn – das Elektroenzephalogramm zeigt es – löst der elektrische Strom erhebliche Krampfpotenziale aus. Diese werden bewusst für eine kurze Zeit aufrechterhalten. Ich erinnere mich, wie ich aus meinem Zimmer, das eher einer Zelle glich, über den Flur in einen Maschinenraum geführt wurde und mich dort auf eine Pritsche legen musste. Jedes Mal – und dieser Assoziation konnte ich mich nicht erwehren – hatte ich das Gefühl, zur Exekution geführt zu werden. Bilder vom elektrischen Stuhl aus Amerika stiegen in mir auf. Es waren Sinuswellengeräte, an die ich dann ohne Betäubung angeschlossen wurde. Nach dem Elektroschock, der nicht nur körperlich, sondern auch innerlich entsetzlich qualvoll war, fühlte ich mich völlig desorientiert, ich konnte mich kaum erinnern, was vorher war oder geschah, und heftige Kopfschmerzen überkamen mich. Mir war übel und ich fühlte mich körperlich total erschöpft – begleitet von Unwohlsein, Hilflosigkeit und wieder dieser maßlosen Angst. Was für den behandelnden Arzt vielleicht als Erfolg erschien, war für mich eine einzige Katastrophe. Grauenvoll, wie rücksichtslos man mit Patienten umging! Die Folgen des Elektroschocks waren für mich so traumatisch und demütigend, dass ich jahrelang nicht darüber reden konnte.

Liegt es nicht nahe, anzunehmen, dass so grausame Therapiemethoden wie der Elektroschock bleibende Hirnschädigungen verursachen können, in jedem Fall aber eine große Zahl von Neuronen abtöten? Durch die vielen

Elektroschocks, die ich bekam, erlebte ich nicht nur eine Hirnfunktionsstörung, sondern merkte zudem, wie ich auf sehr subtile Weise abhängig und beeinflussbar wurde. Ein Pfleger, er war in meinen Augen schon etwas älter, nutzte diese zunehmend größer werdende Offenheit bei mir auf abscheulich krankhafte Weise schamlos aus. Nach einer Serie von Elektroschocks konnte ich nachts kaum oder gar nicht schlafen. Mein natürlicher Rhythmus war gestört und regenerierte erst langsam wieder. Wenn dieser Pfleger Nachtdienst hatte und mein Wachsein und meine Unruhe bemerkte, muss etwas mit ihm vorgegangen sein, das ich kaum in Worte fassen kann. Er hatte Freude daran, mich zu quälen und mir entsetzliche Angst einzujagen. Auf mein Bitten und Flehen öffnete er die Tür meiner Zelle nicht, sondern gab mir eine völlig andere unerwartete Antwort.

Er schob mir Bilder aus einer Illustrierten unter die Tür, auf denen Bergleute zu sehen waren, die durch Erdrutsch in einen Stollen eingeschlossen um ihr Leben kämpften. Der Suchtrupp war zwar zu ihnen vorgerückt, doch wurden die Rettungsmaßnahmen immer wieder durch neue Einbrüche von Geröll verzögert. Ich erinnere mich an Großaufnahmen von Menschen, denen das bloße Entsetzen und eine fürchterliche Angst im Gesicht stand. Mit diesen Eindrücken wurde ich stundenlang allein gelassen. Gegen Morgen nahm der Pfleger die Seiten wieder aus meiner Zelle, versetzte mir – ohne ein Wort zu sagen – einen Stoß und verschwand. Wie oft diese und andere grausame und entwürdigende Szenen vorkamen, vermag ich nicht mehr zu sagen. Jede Äußerung von mir in diese Richtung wurde sowohl von den Ärzten als auch von den Pflegern als krankhaftes Hirngespinst abgetan. In solchen Nächten, die von einer ganz besonderen Dunkelheit der Seele überschattet waren, versuchte ich zu beten, doch spürte ich, wie mein Sehnen und Bitten die Enge und das verängstigte Bewusstsein nicht verlassen und zu Gott dringen konnten. Ich fühlte mich eingeengt, ungehört und verlassen.

Die Elektroschocks gehen auf Ugo Cerletti zurück, einen Professor in Rom, der mit Hunden experimentierte, weil er es noch nicht wagte, Menschen elektrischen Strom durch den Kopf zu leiten. Er hörte 1938, dass im Schlachthaus von Rom Schweine durch elektrischen Schock getötet wurden. Den Tieren wurden große metallene, elektrisch geladene Zangen (125 Volt) an den Schläfen befestigt. Sofort fielen sie bewusstlos um, erstarrten und wurden dann von Krämpfen geschüttelt. Während dieser Zeit der Bewusstlosigkeit, die ein epileptisches Koma darstellt, wurden die Schweine abgestochen und man ließ sie ausbluten. Cerletti hatte den Beweis, dass die Schweine nicht durch den elektrischen Schlag getötet wurden, sondern in ein Koma fielen. Mit einem geringeren Stromstoß von 80 Volt begannen dann die Versuche, Menschen zur Heilung Strom durch den Kopf zu jagen. In der Regel gab es dann 150 bis 200 Volt für ein bis zwei Sekunden.

Psychische Leiden durch Elektroschocks zu behandeln, bedeutet für mich, Macht über den Menschen auszuüben und ihn in diese oder jene Richtung zu manipulieren. Der Schritt zur Gehirnwäsche ist nicht weit. Die Dissidenten sollen unter Elektroschock-Behandlung falschen, kritischen Ansichten abschwören und konforme übernehmen. Das Auslöschen von Erinnerungen ist ein wesentlicher Bestandteil von Gehirnwäschetechniken.

Allzu schmerzhaft habe ich erlebt, wie in der Neurologischen und Psychiatrischen Klinik, in der ich 1960 viele Monate auf der geschlossenen Station Sieben verbringen musste, sowohl Ärzte als auch Pfleger viel Macht über andere Menschen ungut ausnutzten. Vielleicht ist es außerordentlich schwer, der Versuchung zu widerstehen, mögliche und zum Teil sogar erlaubte Macht über Menschen auszuüben. Ich habe erlebt – und das sage ich nach über fünfzigjährigem Schweigen über diese Dinge und dem entsprechenden Abstand –, dass im Zusammenhang mit den Elektroschocks viele Menschen ihre eigenen sadistischen Tendenzen auslebten. Die mit den Elektroschocks verbundene Verwirrung, Unsicherheit und Angst der «behandelten» Menschen gibt ein Terrain frei, in dem sich Sadismus unter Umständen austoben kann.

Ich habe seinerzeit meine schwere Gehirnerschütterung nicht zugegeben – geschweige denn eine hirngeschädigte Störung. Ich habe alles verschwiegen und vertuscht, um ja nicht die Philosophisch-Theologische Hochschule St. Georgen in Frankfurt wieder verlassen zu müssen. Ich habe versucht, nicht über meine entsetzlichen Kopfschmerzen zu klagen und die immer stärker werdenden Ausfälle nicht zuzugeben. Ich wollte die Freude, endlich Priester werden zu dürfen, unter keinen Umständen aufgeben, und so bin ich durch diese Euphorie bewusst gegen die immer größer werdende Apathie angegangen beziehungsweise ihr ausgewichen. Später erfuhr ich, dass euphorische Zustände typische Folgen von Kopfverletzungen sind.

Der durch den Elektroschock künstlich hervorgerufene epileptische Anfall und das damit verbundene Koma sollen bei schweren Depressionen den Transmittermangel ausgleichen und den danniederliegenden Stoffwechsel im Zwischenhirn anregen. Sollte hierdurch Heilung erfolgen, fragt es sich, ob dazu ein so schwerwiegender und Angst auslösender Eingriff notwendig ist, oder ob es andere, sanftere Therapiemethoden gibt. Das elektrisch verursachte Koma führte, wie ich schon sagte, bei mir nach dem Aufwachen immer zu rasenden migräneartigen Kopfschmerzen und zur Desorientierung. Wenn auch einige psychiatrische Symptome verschwanden, so geschieht das aber meines Erachtens mit den Folgen einer Gehirnschädigung. Nach meinen bitteren Erfahrungen ist der Elektroschock eine menschenunwürdige Behandlungsmethode, die als Verletzung der Menschenrechte überall auf der Welt gesetzlich verboten werden sollte.

Nach einigen Wochen erkannte ich meine Eltern wieder, die, wie sie sagten, mich in der schlimmen und abwesenden Zeit oft besucht hatten. Eine große Befreiung bedeutete es für mich, als die Insulin- und Elektroschocks aufhörten und ich auf eine offene Station verlegt wurde. Mehr und mehr entfaltete sich wieder die Erinnerung an mein individuelles Leben. In einem kleinen Aufenthaltsraum, der kaum von jemandem benutzt wurde, stand ein Plattenspieler mit nur einer Schallplatte, die zwar verkratzt aber immerhin noch hörbar die Brandenburgischen Konzerte von J. S. Bach wiedergab.

Es waren die ersten musikalischen Klänge, die ich nach langer Zeit der Abwesenheit und der Behandlungen hörte. Freude kam nicht auf und es war auch kein Genuss, denn ich empfand die Musik eher als schmerzhaft. Noch Jahre später war mir der Zugang zu Bach durch das Hören dieser verkratzten Brandenburgischen Konzerte verstellt.

Und eines Tages geschah ein Wunder. Vater kam in die Klinik, um mich abzuholen – nicht probeweise für ein oder zwei Stunden, sondern, so hieß es, für immer. Er war für mich wie ein Engel, der ein helles Licht mitbrachte, das auch auf mich ein wenig überging. Eine schwere Last fiel von mir ab und ich fühlte einen neuen Himmel in mir.

«Pack all deine Sachen ein», sagte er zu mir, «und vergiss nicht die Bibel.» Um sie hatte ich vor vielen Wochen gebetet, und Vater hatte eine neue Dünndruckausgabe des

Alten und Neuen Testamentes für mich gekauft. Wie ich von ihm später erfuhr, durfte Vater sie mir aber erst überreichen, als der Arzt es erlaubte.

Bei Vater musste immer alles schnell gehen – doch jetzt hatte er viel Zeit und ließ mich gewähren. Was muss in diesen Augenblicken nicht alles durch seinen Kopf und durch sein Herz gegangen sein? Durch die langen Flure und Treppenhäuser folgte ich ihm, ohne zu wissen, dass es Wirklichkeit war.

Die Autofahrt war wie die in einem Karussell auf der Kirmes. Vater sprach nicht viel, doch bemerkte ich, wie er mich und mein Verhalten wiederholt von der Seite aus beobachtete. Zu Hause kam mir alles fremd vor und musste neu entdeckt werden. Manchmal, wenn ich stundenlang auf der Obstwiese auf einer Liege lag und nach tiefem erholsamen Schlaf aufwachte und zum blauen Himmel hinaufblickte, kam es mir vor, als ob ich von den Toten auferstanden sei. Vor mein inneres Auge traten Ikonendarstellungen wie Jesus Christus nach seinem so entsetzlich schmerzhaften Tod am Kreuz als erste Bewegung seiner Auferstehung in die Unterwelt hinabfuhr, um dort die gefesselten Seelen der Menschen zu erlösen. Er entriss sie der Dunkelheit und des Todes und führte sie in sein wunderbares Licht. Er nahm sie mit sich in den Himmel, wo es kein Leid, keine Schmerzen und keine Tränen mehr gibt. Bei dieser Vorstellung hatte ich das Gefühl, zwischen Erde und Himmel zu schweben – unendlich dankbar all den Menschen und meinen Eltern und vor allem dem Schöpfer gegenüber, dass ich neu geboren wurde, um den Weg auf dieser Erde noch einmal beschreiten zu dürfen.

Häufig stellte sich auch ein anderes Bild ein: Ich sah vor mir in Gedanken eine große Uhr, deren Zeiger gerade die zwölf Stunden durchlaufen hatten und nun – zwölf Uhr anzeigend – von Neuem begannen, die Runde zu machen. Ich fragte mich, wie ich die mir geschenkte vor mir liegende Lebenszeit am sinnvollsten nutzen könnte.

2 Sterben ... mit Begleitung

Requiem für Georg,

den der Herr über Leben und Tod
im Alter von 16 Jahren
    zu sich in sein Reich genommen hat

Als wir uns im Krankenhaus von Bruneck kennenlernen, du und ich, hast du so hohes Fieber, dass du nicht einmal mehr sprechen kannst. Du liegst halb sitzend zitternd im Bett und ringst nach Luft. Vater ist bei dir. Vater, der dich so liebevoll, behutsam und rührend umsorgt. Er hält deine Hand, und mit seiner anderen Hand wischt er dir den Schweiß aus dem Gesicht und kühlt deine Stirn mit feuchten Tüchern.

Ich erfahre von Schwester Maria Dolores, die mich zu dir gerufen hat, dass du sechzehn Jahre alt bist und eine schwere Lungenentzündung hast. Wie dankbar bin ich, dass ich nach meiner gerade überstandenen Krankheit mich wieder frei bewegen kann, um Kranke auf der Station für Innere Medizin zu besuchen. Ob du mein Eintreten bemerkt hast, weiß ich nicht. Langsam trete ich an dein Bett und bleibe am Fußende stehen, fassungslos und tief betroffen von dem Leiden, das du ausstrahlst.

Und immer wieder wischt dir Vater den Speichel ab, der mit deinen schweren und röchelnden Atemzügen aus deinem Mund fließt. Deine Augen sind beide geöffnet, groß, als ob du jeden Moment Ihn erwarten würdest, Ihn, den Unbekannten, der vielleicht schon ganz nahe ist. Vater weint leise und still vor sich hin; und als er seine große starke Arbeitshand ganz sanft auf deine bleiche Stirn legt, sagt er immer wieder: «Georg, Georg, mein Junge!»

Manchmal schaust du mich an, der ich noch immer unbeweglich am Fußende deines Bettes stehe. Ich spüre, dass dein Blick durch mich hindurchgeht, in weite Fernen, die ich nicht zu fassen vermag. Vater bereitet dir auf der Marmorfensterbank neben deinem Bett frischen Orangensaft, den er unbeholfen und zitternd aus der viel zu kleinen Saftpresse in eine Tasse schüttet. Er hebt ein wenig deinen Kopf, führt die Tasse an deinen Mund und trotz großer Anstrengung trinkst du begierig. Später, als wir drei etwas vertrauter miteinander sind, nehme ich Vater diese Arbeit ab und presse weitere Apfelsinen aus.

Als wir uns an diesem Nachmittag kennenlernen, bin ich so betroffen und fassungslos, dass ich nicht einmal für dich beten kann. Die Zeit geht dahin, und in Stille beginne ich für dich beim Herrn Fürbitte einzulegen. Mit ausgesprochenen Worten tue ich dir vielleicht in deiner völligen Erschöpfung weh. Aber auch Vater schweigt, und als er mich anschaut, glaube ich zu spüren, dass auch er für dich betet. Mein Gebet für dich wird jedoch von unwiderstehlich drängenden Fragen unterbrochen:

Herr, Jesus Christus, warum muss Georg so entsetzlich leiden?

Warum lässt du diesen unschuldigen Jungen allein im Kampf um sein Leben?

Dem Jüngling von Nain hast du geholfen, zurück ins Leben zu finden. Warum hilfst du dem Georg nicht?

Herr, du kannst doch auch hier unter uns Wunder vollbringen. Wo bleibt deine Barmherzigkeit und deine uns entgegenkommende Liebe?

Georg hat mit seinen sechzehn Jahren kein Leid verursacht. Warum muss er jetzt so viel Leid auf sich nehmen? Zwischen deiner Liebe und dem Kreuz gibt es unsagbare Zusammenhänge. Doch frage ich erneut: Warum, Herr, bürdest du ihm dieses schwere Opfer auf?

Herr, ich flehe zu dir: Nimm Georg diese Last ab und trage sein Kreuz mit ihm, dass es für ihn leichter wird. Dein Wille geschehe zum Leben oder zum Tod des Jungen, doch lass ihn nicht allein in seinem schrecklichen Leid.

Ein junges Leben, das leben möchte, weiß doch nichts vom Lassen und Sterben, um zu bekommen und zu leben!

Wie viele Menschen jedoch, die darum wissen und damit alt geworden sind, warten darauf, dass du sie aus dieser Welt erlöst und zum ewigen Frieden führst. Georg liebt sein Leben und kämpft mit letzter Kraft darum, es behalten zu dürfen. Führe ihn doch in das diesseitige Leben zurück und heile ihn.

Warum müssen wir noch einmal die Ölbergstunden durchleiden und am Kreuz sterben, wenn du, Herr, uns doch vorausgegangen bist und all unsere Schuld auf dich genommen hast?

Was verlangst du von uns noch, wenn wir dir auf dem Weg treu nachfolgen, den du für uns bereitet hast?

Wir stehen an der Grenze alles Menschlichen, und für Georg wird alles getan, was medizinisch möglich ist. Was können wir tun, um seinen Weg zu erleichtern?

Herr, Jesus Christus, ich breite all diese Zweifel meines fragenden Ich vor dir aus und bitte dich, mir zu antworten. Vielleicht hast du mir durch und in Georg bereits die Antwort gegeben, doch ich habe sie noch nicht erkannt. Vielleicht will mir die Liebe und die Geduld des Vaters etwas sagen, doch sehe und spüre ich es nicht. Vielleicht darf ich, wenn auch ich den Weg gehen muss, den Georg jetzt bereits beschritten hat, eine Ahnung von der alles umfassenden Antwort auf all mein Fragen bekommen. Es ist so schwer, die Wirklichkeit allen Leidens mit deiner Barmherzigkeit und göttlichen Liebe in Verbindung zu bringen!

Georg, wir haben niemals vorher ein Wort miteinander sprechen können. Jetzt, wo ich dir zum ersten Mal begegne, bist du mir schon weit voraus. Ob meine Gebete, die ich dir gern schenken möchte, dich noch erreichen?

Vater oder Mutter waren und sind Tag und Nacht bei dir – du bist nicht allein. Sie begleiten dich, seitdem du in diese Welt gekommen bist mit ihrer Güte und Liebe, mit ihrem Gebet und ihrer Fürsorge. Sie versuchen, dir auch hier im Krankenhaus Geborgenheit und Heimat zu geben. Ihre Liebe zu dir ist Gebet. Was sind meine bloßen Worte dagegen? Doch ich will dir meine Begleitung anbieten und bald wieder zu dir kommen. Ich will nicht mehr nach dem Warum und dem Sinn deines Leidens fragen und deinen Kampf mit dem größten Feind des Menschen nicht erschweren. In dem sicheren Gefühl, dass du durch deine Eltern geborgen bist und durch die gütige Schwester Maria Dolores und den Primar alles nur erdenklich Gute für dich getan wird, möchte ich mich von dir verabschieden und das «Salve Regina» leise für dich beten.

Salve, Regina, mater misericordiae;
vita, dulcedo et spes nostra, salve.
Ad te clamamus, exsules filii Evae.

Ad te suspiramus, gementes et flentes
in hac lacrimarum valle.

Eia ergo, advocata nostra,
illos tuos misericordes oculos
ad nos converte.
Et Jesum, benedictum fructum ventris tui,
nobis post hoc exsilium ostende.
O clemens, o pia, o dulcis Virgo Maria.

Am nächsten Tag komme ich wieder ins Krankenhaus und höre von Schwester Maria Dolores, dass es dir noch schlechter geht als zuvor und dein Fieber auf 41 Grad angestiegen ist. Wie mag dein geschwächter Körper diese erneute Belastung aushalten? Ich betrete leise dein Zimmer und lerne deine Mutter kennen. Sie steht an deinem Bett und beugt sich über dich, um deine heißen Hände mit feuchten Tüchern zu kühlen. Eine hagere und liebenswürdige Frau, die einen starken Lebenswillen ausstrahlt. Du liegst völlig erschöpft flach auf dem Rücken und atmest noch schwerer und röchelnder als zuvor. Deine Mutter und ich nennen, ja, beten abwechselnd und immer wieder deinen Namen, doch du schaust an uns vorbei in endlose Weiten: in deine Heimat Terenten, die du so sehr liebst, in die Nacht des Todes, in die Gemeinschaft derer, die uns vorausgegangen sind, in die Welt fiebernder Träume und Fantasien oder gar schon auf das jenseitige Ufer, an dem Jesus Christus auf dich wartet? Wir werden es wohl niemals konkret ergründen, wer und was uns aus der jenseitigen Welt entgegenkommt, wenn wir diese verlassen müssen.

Wie Vater und Mutter mir sagten, hast du niemals gestöhnt, ja, nicht einmal über deine Schmerzen gesprochen und auch nicht über deine Angst. Wir können sie jetzt nur erahnen. Du gibst uns keine Gelegenheit mehr, dich zu fragen, dich zu fragen nach deinen Wünschen. All die vielen Fragen, die ich dir gern stellen würde – sie werden alle unbeantwortet bleiben.

Mutter nimmt das dunkelgrüne Frottiertuch von deiner Stirn. Sie reicht es mir. Es ist trocken und aufgeheizt durch dein Fieber. Lange lasse ich kaltes Wasser darüberlaufen und lege es gekühlt und getränkt wieder auf deine Stirn. Für einen kurzen Augenblick sehe ich die Soldaten mit dem Essigschwamm, den sie dem Herrn reichen. Ich sehe das Kreuz, die Dornenkrone, die Wundmale …

Der Tropfer gibt Sekunde für Sekunde in unaufhaltsamem Takt Tropfen für Tropfen in deine Blutbahn. Die besten Medikamente für dich sind in diesem Leben spendenden Quell enthalten, doch die lindernde und heilende Wirkung bleibt aus. Deine Anstrengung beim Atmen wird größer und größer und bei jedem Atemzug röhrt dein gesamter Brustkorb in einem stetigen Auf und Ab: qualvoll, erbärmlich – einatmen, ausatmen, einatmen, ausatmen …

Ich schaue dich lange an und sehe, wie immer wieder weiße Schatten über dein Gesicht laufen, die für Momente die Röte der Anstrengung gänzlich in sich aufnehmen. Von deinen Augenwinkeln fällt zu beiden Seiten ein dunkler Streifen über deine Wangen. Er bleibt und spricht von der unsagbaren Mühe, die dir jedes Luftholen bereitet. Deine Augenhöhlen färben sich grünlich; du bewegst dich nicht, nur dein Brustkorb geht mit schwerem Atem auf und ab … Was geschieht, wenn deine Atmung jeden Moment aussetzt? Ich werde diese Vorstellung nicht los. Mutter hält krampfhaft ihre ganze Angst in sich zurück, sie weint und flüstert mir leise zu: «Er kann nicht mehr, er muss sterben.»

Die Infusionsflasche geht zu Ende. Eine Schwester bringt eine neue. Mutter hält behutsam deine linke Hand, auf deren Oberfläche die Injektionsnadel mit Leukoplast verklebt ist, damit sie nicht aus der Vene entweichen kann. Die Zeit steht still, nichts geschieht, wir sind wieder allein mit dir im Zimmer. Atemzug um Atemzug, gequält, erschöpft, voller Mühsal. Ich sehe dich auf deinem Kreuzweg, wie du mit jedem Atemzug von einer unsichtbaren Kraft weitergetrieben wirst. Der Gedanke, dass dein Atem jeden Augenblick aussetzt, ist unfassbar.

Der Primar mit seinem Oberarzt und Schwester Maria Dolores kommen herein. Wir – deine Mutter und ich – verlassen das Krankenzimmer. Schweigend sitzen wir uns im Flur gegenüber. Ob ich bete? Ich weiß es nicht. Mutter bittet mich, dich nicht allein zu lassen. Und leise fügt sie hinzu: «Und mich auch nicht.» Wir sehen, wie ein Pfleger eilig über den Flur rennt und dein Zimmer betritt. Dein Atmen echot in mir nach. Ich sehe eine Lokomotive vor mir, die mit schwerer, zu schwerer Last den Berg, den Berg des Lebens erklimmen muss. Unten gähnt ein dunkles Tal; es ist das Tal des Todes.

> Herr, auf dich vertrauen wir.
> In deine Hände legen wir sein Leben.
> Lass über Georg dein Antlitz leuchten
> und hilf ihm in deiner Güte.

Während ich versuche, zu beten, wirst du untersucht und noch einmal punktiert, indem Rückenmarkswasser abgezogen wird. Als wir zurück in dein Zimmer kommen, liegst du zur rechten Seite hin geneigt; dein Gesichtsausdruck ist bewegungslos, als ob nichts geschehen sei. Eine geheimnisvolle Stille geht von dir aus. Als Mutter dich sieht, ruft sie leise, aber unüberhörbar: «Vater muss kommen!» Ohne auch nur einen Blick von dir zu wenden, bittet sie Schwester Elisabeth, die noch im Zimmer ist, darum, die Spuren der letzten Untersuchung zu beseitigen und den Vater in Terenten zu benachrichtigen.

Georg, ob du verstanden hast, worum Mutter gebeten hat? Dein Vater ist auf dem Weg zu dir, dein Vater, dein geliebter Vater, den du noch vor Tagen angefleht hast, dich mit nach Hause zu nehmen. Immer ist Vater oder Mutter bei dir, auch nachts, neben deinem Bett auf der schmalen Liege. In immer kürzeren Abständen kommt Schwester Maria Dolores ins Zimmer; sie weiß, was jetzt geschehen wird. Sie beugt sich über deine Schulter und schaut dich lange an. Mit ihr kommt eine ansteckende geistige Ruhe und liebende Gelassenheit in den Raum, eine Gewissheit, dass niemals das menschliche Leben endet. Sie spricht nicht darüber in frommen Worten, sondern strahlt Hoffnung auf ewiges Leben aus. Sie ist eine gütige Frau, die all den vielen Kranken, die sie betreut, das tiefe sichere Gefühl vermittelt, ganz und immer für sie da zu sein. Sie schaut dich lange an und segnet dich.

Immer wenn ich Schwester Maria Dolores sehe, muss ich an Edith Stein denken. Sie hat Ähnlichkeit mit ihr: die großen wachen Augen und die in der Mitte gescheitelten schwarzen Haare. Leise sagt sie mir, ich möge doch beten. Ich versuche es, vermag aber keinen Laut über meine Lippen zu bringen. Eine sonderbare Angst überfällt mich, durch lautes Beten den Tod auf uns aufmerksam zu machen und damit die Todesstunde einzuleiten. Nein.

Auf deinem Nachttisch steht eine brennende Kerze, deren Docht in der Tiefe durch ihn umgebende Wachswände fast erstickt; daneben eine Schale mit Weihwasser – noch vom Vortage, als du die Krankensalbung empfingst.

Alles ist still, auch dein Atmen ist ruhiger und gleichmäßiger geworden. Ich denke an die Begegnung Jesu mit der Samariterin am Jakobsbrunnen und an die Quelle lebendigen Wassers – hier das Weihwasser und dort die Flasche mit der Infusion, die dein Leben retten soll. Ich sehe die geöffnete Seite Christi, sein Blut, das er für uns vergossen hat: Vergebung der Sünden und Quelle des Heiligen Geistes.

> Herr, du mein Gott und Vater,
> ich danke dir, dass du mir deine Hand reichst,
> und mich gerade jetzt mit deinem Frieden berührst,
> wo bei dem grausamen Kampf
> zwischen Leben und Tod
> mir an der Sinnhaftigkeit des Leidens
> große Zweifel kommen.
>
> Ich danke dir, dass du mir in diesem Augenblick
> im Angesicht des Todes von Georg
> neu zu erkennen gibst,
> dass unsere Nachfolge darin besteht, loszulassen
> und mit dir zu sterben – täglich –,
> um gemeinsam mit dir
> den Tod zu überwinden und aufzuerstehen.

Mutter, die noch immer unbeweglich am Kopfende deines Bettes steht, schiebe ich einen Stuhl zu und heiße sie, sich endlich einmal zu setzen, um sich ein wenig auszuruhen. Wir warten auf Vater, wir warten auf den Frieden, der dich, Georg, erfüllen möge. Wenn er bei dir einkehrt, werden auch wir ihn empfangen. Doch jetzt beginnt dein schweres Atmen wieder und erfüllt den Raum, Anstrengung um Anstrengung. Und auch die langsam hereinbrechende Dämmerung bringt keinen Frieden.

Der Tropfer wird noch einmal gegen einen vollen ausgetauscht. Du scheinst es nicht zu bemerken. Deine Augen sind halb geschlossen. In deine Atmung mischen sich erschreckende Geräusche von röhrender Tiefe. Mutter nimmt in panischer Bewegung ein wenig Weihwasser und bekreuzigt dir damit Stirn, Lippen und Brust. Sie wiederholt es in ihrer Not ein zweites Mal …

Vater kommt ins Zimmer. Er kniet vor deinem Bett in Höhe deines zur Seite geneigten Kopfes nieder, um dir näher zu sein. Soll ich mich ein wenig zurückziehen, in die Kapelle gehen und dort vor dem Allerheiligsten für dich beten? Deine Eltern jedoch geben mir ein Zeichen, nicht zu gehen. Wie angewurzelt bleibe ich, gebannt lauschend auf jeden deiner Atemzüge. Ich nehme deine junge schmale heiße Hand in meine Hände; sie liegt ruhig und unbewegt. Ein Kreis schließt sich, der lange sich zu formieren gesucht hatte.

Vaters Hand ruht auf deiner Stirn oder wischt dir mit einem weißen Tuch den Speichel vom Mund. Mutter steht auf der anderen Seite des Bettes und hält deine linke Hand, in die der Tropfer unermüdlich die letzte Medizin spendet. In meinen Händen unbeweglich, zerbrechlich, sanft deine Rechte. Die Zeit fließt dahin, der Raum weitet sich, aber wir bemerken es nicht. Manchmal höre ich Vater weinen; seine Augen sind rot.

Noch immer beten wir nicht zusammen. Es scheint, dass jeder von uns mit etwas ganz Wichtigem beschäftigt ist und in seiner Welt nicht gestört werden möchte. Innehalten und sich sammeln, um Kräfte zu sammeln für das Kommende, für dich, Georg, Gnade für deine Reise.

Schwester Maria Dolores tritt an dein Bett. Sie greift sanft und behutsam auf deine Schulter und schaut dich mit all ihrer Güte liebevoll an. Ernst ist ihr Ausdruck, und ich glaube, dass sie inständig für dich betet. Als sie meinen fragenden Augen begegnet, hebt sie – nur mir zugewandt – die Bettdecke am Fußende und zeigt mir die großen blauen und dunklen, rot umränderten Flecken an deinen Beinen: «Sie werden nicht mehr durchblutet», flüstert sie mir leise zu.

Georg, sollte es nicht mehr lange dauern, bis du die große Reise endgültig antrittst? Ich schließe meine Augen und fühle den letzten Strom von Leben, der von deiner Hand aus in meinen Körper übergeht. Wogen durchschütteln mich beim Bewusstwerden des so ungleichen Austausches von Leben. Ein meditativer Zustand der inneren Ruhe erfüllt mich und in ihn hinein fallen stammelnde Worte:

Lass mein Gebet, Herr,
durch die Berührung unserer Hände
zu ihm fließen wie eine Infusion der Liebe,
die von dir ausgeht,
die in dich hinein verwandelt und alles
zu dir zurückführt.

Herr, sein Leib ist gesättigt mit Leid,
seine Augen sind trüb vor Elend und seine Seele ist matt.
Sende ihr einen deiner Engel entgegen,
der sie behutsam aufrichtet und zu dir geleitet.

Herr, nun lässt du Georg in Frieden scheiden.
Sei du ihm Schutz bei allem, was ihm begegnet,
damit er Ruhe findet in deinem Frieden.

Georg, halte dich an Christus
mit der ganzen Kraft deiner Seele.
Schau auf ihn, das Licht, das dir entgegenkommt.

Hab keine Angst,
die Dunkelheit um dich wird schwinden
und Christus, der Sieger über den Tod,
wird dich erhellen.
Mache dich auf, geh in das Licht und folge ihm nach.

Herr, lass dein Angesicht über Georg leuchten,
nimm alle Dunkelheit von ihm
und erfülle ihn mit Liebe.
Ergreife seine Hand und zeige ihm den Pfad zum Leben.
Du wirst wunderbar an ihm handeln
und unsere Bitten erhören.

Keine Regung in deiner Hand; sie ruht noch immer bewegungslos in meinen Händen. Ich öffne die Augen, die deinen sind geschlossen. Georg, wie lange noch wirst du durchhalten können? Deine Atmung wird langsamer, ein grüner Schleier legt sich um deine Augen und deine Lippen färben sich blau. Die drückende Last und die äußerste Anstrengung, die ein Mensch ertragen kann, hast du nun hinter dir. Vater ruft dich bei deinem Namen. Er ist fassungslos und jede seiner spärlichen Bewegungen verrät, wie hilflos er ist, dir noch einmal gut zu sein. Doch dann macht auch er dir ein Kreuzzeichen auf deine Stirn, auf deinen Mund und deine Brust. Wir beten gemeinsam das Gebet des Herrn und das Ave Maria: «Heilige Maria, Mutter Gottes, bitte für uns Sünder, jetzt und in der Stunde unseres Todes.»

Schwester Maria Dolores steht noch immer unbeweglich an deinem Bett. Ihr ruhiger, aber ernster Blick gibt mir zu verstehen, wie unerbittlich dieser Augenblick und wie dünn der Lebensfaden ist. Sie hat sich in unseren Kreis betend eingereiht, bereit, das zerspringende Glied unserer Kette «Leben» mit ihrer Liebe aufzufangen.

Ich schließe die Augen, um ganz für Georg da zu sein. «Vater, in deine Hände lege ich sein Leben.» Das Aussetzen des Atems schreckt mich auf. Nein, diese Pause, wenn sie auch ewig währt, hat etwas Heiliges, das unsere Welt nicht zu geben vermag. Georg, die wunderbare Ruhe, die jetzt von dir ausgeht, zieht mich mit in unnennbare Tiefen oder gar Höhen. Die angespannten Züge deines Gesichtes lösen sich in letzte Sanftheit auf. In Eile verfärben sich deine Haut und deine Lippen in einen Zustand, schöner als in deinem gesunden Leben. Augenblicke des Hinübergehens, ewige Augenblicke?

Auf einmal hebst du aus aller Tiefe erneut an, lange auszuatmen. Sollte noch einmal in letzter, in allerletzter Anstrengung dein irdisches Leben den Versuch machen, den nun unsagbar steil gewordenen Berg des Lebens zu erklimmen, bevor du in rasender Fahrt durch das Tal des Todes hinein in das Licht der Ewigkeit gezogen wirst?

Und noch einmal ein aufbegehrender Ausatemzug, der wie ein Seufzer deines jungen Lebens klingt, das sich noch einmal in deinem Herzen zum Abschied versammelt hat.

Schwester Maria Dolores nickt leise mit dem Kopf und gibt uns damit zu verstehen, dass auch das Herz zum Stillstand gekommen sei. Sie bekreuzigt Georg und legt ihm sanft, so zärtlich, als ob sie ihm in keiner Weise weh tun wolle, seine beiden Hände ineinander. Der Tod als großer letzter Bildhauer des Körpers hat seine Arbeit an Georg vollendet.

Wissend, dass in der letzten Phase des Vollzugs des Sterbens der «Verstorbene» nach dem Aussetzen der Atmung und dem Auspendeln des Herzschlags noch in der Lage ist, zu hören, versuche ich, Georg letzte Abschiedsworte mit auf den Weg zu geben, um sie mit hinüberzunehmen in die Welt seines neuen Daseins.

Georg, siehst du das Licht? Halte dich an das Licht! Jesus kommt dir in seiner Fülle der Liebe entgegen. Schau auf ihn und halte dich an ihn. Lass dich nicht durch das Dunkel und die Finsternis beirren. Geh weiter mitten durch sie hindurch auf das Licht zu, das Jesus Christus ist. Lass dich durch nichts aufhalten! Über dir leuchtet bereits sein Antlitz. Schau auf, schau nicht zurück! Wir helfen dir! Geh weiter und bleibe nicht stehen.

Mach dich auf den Weg, Georg, im Namen Gottes des allmächtigen Vaters, der dich erschaffen hat, im Namen Jesu Christi und im Namen des Heiligen Geistes.

Ich empfehle dir, Herr, deinen Sohn Georg
und bitte dich, Heiland der Welt:
Nimm Georg gnädig in die Freude bei dir auf;
auch um seinetwillen bist du in deinem Erbarmen
Mensch geworden.

Kommt, ihr Heiligen Gottes,
eilt ihm entgegen, ihr Engel des Herrn.
Nehmt auf seine Seele und führt sie
vor das Antlitz Gottes.
Christus nehme dich auf, der dich berufen hat,
und in das Himmelreich sollen Engel dich geleiten.

Herr, unser Gott, wir,
Georgs Eltern, Schwester Maria Dolores und ich,
empfehlen dir in ganz besonderer Weise
unseren Bruder Georg.
In den Augen der Welt ist er tot,
doch bei dir wird er ewig leben. Amen.

Das Fenster zum Hof

An diesem Abend schaute ich vor dem Verlassen der Station vom Flur aus lange aus dem Fenster auf die alte Holzbaracke, die im Innenhof des Mutterhauses der Clemensschwestern stand. Schwester Felicia, bei der ich auf der Station sieben in der Raphaelsklinik in Münster ein Krankenpflege-Praktikum machte, hatte mir erzählt, was es mit dieser Baracke auf sich hat und wer darin arbeitete. Mit diesem Wissen wurde mir nicht nur der Platz, an dem ich arbeiten durfte, noch lieber, sondern auch die alte Holzbaracke gewann für mich an Wert.

Die Angst vor dem Tod wurde in meiner Familie zu einer schleichenden, über die nicht gesprochen wurde. Als ich nach Großvaters Tod erfuhr, dass er in seinen frühen Jahren anwesend war als sich sein tot geglaubter Onkel bei der Beerdigung meldete, konnte ich Großvaters lebenslängliche Angst vor dem Tod verstehen. Von Vaters Seite her wurde in unserer Familie alles gemieden, was irgendwie mit dem Sterben und dem Tod zusammenhing. Ich habe mitbekommen, wie Großvater eine Woche lang mit sich und dem Tod gerungen hatte bis er loslassen und den unabdingbaren Schritt annehmen konnte.

Als Großvater starb, war ich sechzehn Jahre alt. Schon vor dem Abitur hatte ich den geheimen Wunsch, Priester zu werden, sagte aber niemandem etwas davon. Bei diesem erfüllenden Gedanken gab es jedoch einen Schatten, der mir

Angst machte. Als Priester würde ich zu Sterbenden gerufen – entweder ins Krankenhaus oder gar an eine Unfallstelle. Und oft – so hörte ich – war der Verunglückte schon gestorben bevor der Priester eintraf. Die Ambulanz durfte den Toten dann nicht mehr befördern, sondern nur noch der Bestatter. Wie sollte ich nur mit all dem umgehen, wenn ich Priester werden würde? Der Wunsch und der innere Anruf jedoch waren so stark, dass ich beschloss, mich als Erstes nach dem Abitur dem Sterben und dem Tod zu stellen.

Ich sprach unter vier Augen mit Kaplan Heinz Löker darüber, der oft zu uns ins Haus kam. Er hatte Verständnis für mich und besorgte mir eine Stelle in der Raphaelsklinik, wo ich für ein knappes Jahr ein Krankenpflege-Praktikum machen konnte. Gegen den Willen meines Vaters – Mutter hielt sich zurück – begann ich auf der Station sieben für Innere Medizin, da hier die meisten Sterbefälle vorkamen. Ich bat Schwester Felicia, die Stationsschwester, eine Ordenfrau von außerordentlicher Güte, mich neben all der anfallenden täglichen Arbeit mit einem sterbenden Menschen vertraut zu machen. Auch sie brachte mir gegenüber ein großes Verständnis und vor allem Geduld auf, denn die Angst, die ich überwinden wollte, stand mir im Gesicht geschrieben. Nach einigen Tagen durfte ich bereits das Essen austeilen, wobei genau darauf geachtet werden musste, welcher Patient welches Essen bekam. Verwechselungen konnten schlimme Folgen haben. Ich war dabei, wenn Verbände gewechselt wurden und sah zum ersten Mal bei einer zuckerkranken Frau den Stumpf nach ihrer Beinamputation; ich half, die Patienten zu waschen, machte die Betten und leerte die Urinflaschen. An all das und mehr hatte ich mich schnell gewöhnt.

Da damals noch drei und mehr Patienten sich ein Zimmer teilten, wurden die Sterbenden in ein Einzelzimmer verlegt, um ihnen individuelle Pflege und Betreuung zu-kommen zu lassen und ihnen so das Sterben leichter zu machen. Die Mitpatienten wurden entlastet und das Sterben und der Tod hatten einen eigenen Raum. Und in diesen «Raum» wurde ich langsam und sehr einfühlsam von Schwester Felicia eingeführt. Ich hatte sie in mein Geheimnis eingeweiht und sie wusste, dass ich nicht Arzt, sondern Priester werden wollte. Obwohl ich gern mehr mit ihr gesprochen hätte, bestand infolge der vielen Arbeit kaum die Möglichkeit dazu.

Eines Tages jedoch nahm sie sich die Zeit und erzählte mir von einer Mitschwester, die heiligmäßig gelebt habe und vor drei Jahren gestorben sei. «Haben Sie den Namen Schwester Euthymia schon einmal gehört?» Ich musste zu-geben: «Nein.» «In Schwester Euthymia hätten Sie einen Menschen erlebt, der immer auf ganz natürliche Weise übernatürlich war. Sie hat zwar Zeit ihres Lebens keine Schlagzeilen gemacht, doch verbreitete sie eine heilende Atmosphäre. 1934 wurde sie bei den Clemensschwestern aufgenommen und machte 1939 ihre Prüfung zur Krankenschwester. 1948 wurde sie unverständlicherweise aus der Krankenpflege herausgenommen und musste die Waschküche für die Raphaelsklinik und das Mutterhaus übernehmen. Der große Wäschereibetrieb der Klinik und des Mutterhauses war durch Bomben völlig zerstört. Die Baracke, auf die Sie von hier oben schauen, und in der Schwester Euthymia sieben Jahre ihre schwere Arbeit in Holzschuhen getan hat, ist heute noch unsere Waschküche.»

Meine Arbeit auf der Station sieben nahm jetzt eine andere Dimension an, da mir Schwester Felicia einen schwer kranken Mann anvertraute, der an Speiseröhrenkrebs erkrankt war. Er lag in einem kleinen Einzelzimmer – und ich wusste Bescheid. Ich durfte jeweils längere Zeit bei ihm verbringen; einen Teil meiner sonstigen Arbeit hatte eine Krankenpflege-Schülerin übernommen. In diesem Zimmer sollte meine erste Begegnung mit einem Sterbenden und seinem Tod sein. Der Mann mittleren Alters – ich habe leider seinen Namen vergessen, ihn dafür aber lieb in Erinnerung – hatte keine Angehörigen. Zumindest kam in all den Wochen seiner schweren Krankheit niemand zu ihm, um ihn zu besuchen.

Als ich mit ihm vertraut wurde, konnte er noch ein wenig sprechen. Ich musste mein Ohr dicht an seinen Mund legen, um zu verstehen und später zu erahnen, was er sagen wollte. Die Luftröhre und der Mund-, Schlund- und Rachenraum waren bereits angegriffen. Täglich wurde er dünner, denn er konnte nichts mehr essen. Doch wenn man täglich mit einem Menschen zusammen ist, bemerkt man seine Veränderung kaum. Er erzählte mir viel aus seinem Leben und ich hatte den Eindruck, dass es ihm gut tat, darüber zu sprechen und jemanden bei sich zu haben, der ihm aufmerksam zuhörte. Außer Schmerzmittel zu verabreichen konnten die Ärzte nichts mehr für ihn tun. Es wurde sehr still in diesem Zimmer, denn mit zunehmender Ausbreitung der Metastasen konnte er eines Tages nicht mehr sprechen. Wenn ich es eben einrichten konnte, war ich bei ihm. Schwester Felicia unterstützte das, denn sie wusste, was der Grund meines Pflegedienstes war.

Das einzige schmale Fenster dieses Raumes war auf den Hof gerichtet, in dem die Waschbaracke stand. In gewissen Abständen stiegen weiße Rauchschwaden auf und verschleierten den Ausblick. Schwester Felicia hatte mir ein kleines broschiertes Buch von Pater Wendelin Meyer gegeben mit dem Titel «Schwester Maria Euthymia», das 1957 im Selbstverlag der Clemensschwestern erschienen war. Wenn der schwerkranke Mann, zu dessen Betreuung ich mehr oder weniger abgestellt war, ein wenig schlief, las ich in dem Buch. Zwischendurch schaute ich auf die letzte Stätte, in der Schwester Euthymia gewirkt hatte: die Waschbaracke. Als gelernte und engagierte Krankenpflegerin unterwarf sie sich gehorsam ihrer Bestimmung als Wäscherin. Sie stand da im blauen Arbeitskittel, in brauner Lederschürze, zog und hob die schweren Wäschewagen, drehte die schweren Maschinen zum Entleeren herunter und transportierte die Wäsche, als ob das alles für sie gar keine besondere Anstrengung bedeutete. Die Devise von Schwester Euthymia lautete: «Zu Ende führen», auch die geringste Aufgabe ganz erfüllen. Manchmal ließen Assistenzärzte oder Krankenpflege-Schülerinnen ihre Füllhalter, Tintenstifte oder sogar Prontisol-Tabletten (Chrom-Quecksilber) in den Taschen ihrer weißen Kittel. Dann färbte sich die Lauge in den Bottichen schwarz, blau oder rot und war verdorben. Sogar das entschuldigte Schwester Euthymia. Allen und allem gegenüber strahlte sie eine nie versiegende Freundlichkeit aus.

Die kurzen Einblicke in das Leben von Schwester Euthymia halfen mir auf wunderbare Weise, meine Aufgabe der Sterbebegleitung auch innerlich anzunehmen und zu verwirklichen. Der schwer kranke Mann konnte nichts mehr essen und wurde künstlich ernährt. Das, was er versuchte mir mit wenigen Worten zu verstehen zu geben, war erschreckend für mich. Er muss entsetzliche Schmerzen gehabt haben, denn die Medikamente brachten keine oder kaum Linderung. Es dauerte lange – und er musste mehrmals neu und mühsam ansetzen – bis ich wirklich verstand, was er mir sagen wollte. Sein sehnlichster Wunsch und seine Bitte bestanden darin, nicht länger leiden und diese entsetzlichen Qualen aushalten zu müssen. Er bat um ein Mittel, das seinem Leben ein Ende setzte. Hilflos, absolut hilflos stand ich da. Ich war zwar ein wenig von der Geschichte des Zweiten Weltkriegs mit einer zwangsweise durchgeführten Euthanasie vertraut, aber dass jetzt in meiner Gegenwart jemand vor lauter Schmerzen freiwillig danach verlangte, war für mich wie ein Schock.

Nach einigem Zögern sprach ich mit der behandelnden Assistenzärztin darüber und staunte nicht wenig, wie offen sie mit diesem Thema umging. Um keine Verwirrung und unnötige Diskussionen zu schaffen, behielt ich ihre Meinung für mich. Bei diesem Patienten mit dieser entsetzlichen und fortschreitenden Krebskrankheit könne sie sich einen solchen Schritt durchaus vorstellen, doch wisse sie um die Unmöglichkeit der Durchführung. Wir sprachen nicht mehr darüber; doch wie sollte ich mit meinen zwanzig Jahren mit einer solchen Problematik umgehen? Einerseits … – andererseits … Im Angesicht eines so furchtbaren Leidens kamen in mir Momente hoch, in denen ich den Eingriff zur Verkürzung dieses Lebens als Erlösung sogar bejahte. Dann wiederum und vom Glauben her war es eine Unmöglichkeit, auf diese «tötende» Weise in das Leben eines Menschen einzugreifen. Ich begann zu spüren, dass Gebete zu Schwester Euthymia für mich zu einem Trost wurden und in mir zu einer klaren Antwort führten, niemanden und unter keinen Umständen zu töten. Aus dieser Überzeugung konnte ich dem Sterbenden in seinem unsagbaren Leid noch liebevoller begegnen. Die Tage zogen sich dahin, aber es geschah immer noch keine Veränderung.

Ich spürte, wie wichtig und beruhigend es für den Kranken war, dass jemand ihn begleitete und oft anwesend war. Sein Sterben als wahrhafte Erlösung erwartend, las ich das kleine Büchlein über Schwester Euthymia zu

Ende. Ich hatte das Gefühl, sie begleitete mich auf diesem schweren Gang in etwas für mich Neues und Ungewisses, das aber nicht mehr mit einem Schrecken beladen und angstbesetzt war. Schwester Euthymia hatte in ihrer Waschbaracke ein kleines Oratorium eingerichtet, damit sie und alle ihre Mitarbeiterinnen unaufhörlich an Christus und die Heiligen im Himmel erinnert würden und um mit ihnen in Verbindung zu treten. Im Juli 1955 erlitt sie einen Schwächeanfall und wurde in die Klinik eingeliefert. Die Diagnose lautete «Krebs» – eine Krebsgeschwulst im Unterleib, die bereits Metastasen in der Leber gebildet hatte. An eine Heilung war nicht mehr zu denken. Am 9. September empfing Schwester Euthymia zum letzten Mal die heilige Kommunion. Es war um sechs Uhr am Morgen. Sie richtete sich in ihrem Todeskampf auf und sagte: «Noch zehn Minuten …» Dann nahm sie ihr Sterbekreuz und erwartete ruhig den Tod.

Mit völlig neuem Bewusstsein las ich das Kapitel über ihr Sterben ein zweites Mal. Es war, als ob Schwester Euthymia mich vorbereitete auf meine Aufgabe, die mir jetzt bevorstand.

Das Thema Sterbehilfe sprach ich bei dem Schwerkranken nur kurz an, indem ich versuchte, ihm meine Einstellung zu vermitteln. Ich sorgte aber bei den Ärzten dafür, dass ihm andere und stärkere Schmerzmittel verabreicht wurden. Die letzten Tage seines Lebens waren nicht mehr von diesen unsagbaren Schmerzen belastet, so dass er in Ruhe und innerem Frieden Abschied nehmen konnte. Eine wunderbare Erfahrung, die ich am Ende seines Lebens machen durfte: Nicht mehr ich und meine Angst vor dem Tod standen im Vordergrund, sondern die Hilfe, die ich dem Sterbenden geben konnte. Mein Gebet begleitete ihn, als er eines Nachmittags die Augen schloss, ein letztes

Mal ausatmete und für immer einschlief. Es war ein wunderbarer Übergang von dieser Welt in eine andere.

Durch Schwester Felicia und Schwester Euthymia wohl vorbereitet und geführt, durfte ich über Wochen einen schwerkranken Mann begleiten und ihm in seinem Sterben nahe sein. Ich glaubte, meine Angst vor dem Tod überwunden zu haben, doch eine Herausforderung kam noch, in der ich fast versagt hätte.

Als der Tote gewaschen und angekleidet wurde, war ich nicht anwesend. Ich hatte darum gebeten. Doch dann rief mich Schwester Felicia und fragte mich, ob ich den Verstorbenen nach unten in den Keller fahren und ihn in den Leichenraum bringen würde. Im ersten Augenblick war es selbstverständlich für mich, diesen Dienst zu tun. Ich schob die Bahre mit dem Verstorbenen, den ein weißes Laken bedeckte, über den Flur und rief den Aufzug, der nicht für Besucher, sondern nur für Krankentransporte bestimmt war. Als sich automatisch die Tür hinter uns schloss und der Aufzug sich ruckartig in Bewegung setzte, kam auf einmal alle Angst in mir wieder hoch: ich allein, eingeschlossen mit einem Toten auf einer Fahrt nach unten … Meine Beine versagten und ich konnte mich nirgends festhalten. Mir wurde schwindlig und übel. Sollte dieser Schrecken das Ergebnis meiner so sanften und langen Annäherung an den Tod sein? Doch ehe ich recht Luft holen und mich besinnen konnte, hielt der Aufzug und ich konnte seine Türen weit öffnen. Diese Bewegung war erlösend und ich folgte der Ausschilderung «Leichenhalle». Bevor ich die Doppeltür öffnete, durchzuckte mich einen Moment lang die bange Frage, was und wer mich drinnen erwarten würde. Zwei Menschen – ähnlich wie mein Verstorbener – lagen unter weißen Tüchern friedlich auf ihrer Bahre. Nichts Fremdes und Erschreckendes rührte mich an. Ich schob den Verstorbenen neben sie, verweilte einen Moment, sprach ein Gebet in den Frieden und die Ruhe dieses Raumes hinein und verabschiedete mich. Ein tiefes Gefühl, getragen zu sein, umgab mich nicht nur, sondern war auch in meinem Inneren.

Schwester Euthymia wurde am 7. Oktober 2001 – 46 Jahre nach ihrem Tod – selig gesprochen. Ich bin sicher, dass der krebskranke Mann, den ich bis zu seinem Tod pflegen durfte und aus dessen Kranken- und Sterbezimmer ich auf die Waschbaracke sehen konnte, zwar nicht durch die Katholische Kirche auf Erden, aber von Gott selig gesprochen wurde. Er hat das Unabänderliche seiner Krankheit, die entsetzlichen Schmerzen und sein langsames Sterben in Geduld angenommen und ist tief in das Geheimnis des Glaubens eingetaucht: in den Tod und die Auferstehung Jesu Christi.

Die bestmögliche Stunde ...

Als Dorfpfarrer in Adlum bei Hildesheim bedeutete es für mich eine faszinierende Herausforderung, in regelmäßigen Abständen eine alte Dame zu besuchen, die allein in einem Herrenhaus ihrer Familie lebte. Sie war schon weit über neunzig Jahre alt und hatte all ihre Angehörigen überlebt. Wenn ich einmal im Monat – oder auf Wunsch des Öfteren – kranken und alten Menschen die heilige Kommunion brachte, kam ich zu dieser alten Dame erst am Ende meiner Besuche. So konnte ich den Nachmittag über bei ihr bleiben. Sie reichte Tee und Gebäck und zündete in den Wintermonaten gern eine Kerze oder mehr Kerzen dazu an. Die größte Freude bereitete es ihr, wenn sie über ihren Lieblingsschriftsteller Fjodor Michailowitsch Dostojewskij sprechen konnte – über seine Werke und über sein Leben. Ich staunte jedes Mal über ihre reichen Kenntnisse und ahnte, dass russisches Blut in ihren Adern floss.

«Wann war Ihre erste Begegnung mit Dostojewskij?», fragte mich sehr interessiert die alte Dame. Ich antwortete: «Als ich ungefähr acht Jahre alt war oder ein wenig älter, begann ich mich für die Bücher zu interessieren, die in unserem Bücherschrank hinter Glastüren wohlgeordnet nebeneinander und übereinander auf Holzböden standen. Diese Faszination, die für mich von Büchern ausgeht, ist bis heute geblieben. Damals sprachen mich zuerst die vielen schönen, aber oft auch rätselhaften Abbildungen in den gewaltigen Bänden des Brockhaus an. Nach und nach begann ich dann, die dazu gehörenden Textspalten zu lesen. Es machte mir Freude, selbst wenn ich oft nur wenig davon verstand. Goethe – es standen acht große rote Bände von ihm im Schrank – interessierte mich damals nicht. Aber neben ihm standen einige Werke von Dostojewskij in unterschiedlichen Größen. Es versteht sich, dass ich heimlich an den Bücherschrank ging, wenn ich ganz sicher war, dass meine Eltern zu einem Besuch oder einer Einladung aus dem Haus gegangen waren.

Ich erinnere mich gut, dass meine Mutter einmal erzählte, wie gern sie schon als junges Mädchen Dostojewskij gelesen habe. So ging von diesen Büchern für mich ein ganz besonderer Reiz aus. Ich sehe die Ausgaben noch heute vor meinen Augen: Mehrere Bände der ‹Brüder Karamasow› in dunkelblauem Leinen, ‹Erniedrigte und Beleidigte› in einem abgegriffenen braunen Ledereinband mit Goldprägung und ‹Aufzeichnungen aus einem Totenhaus›, ein gebundenes Buch in einem Pappumschlag mit schlechtem gelb-braunen Papier. Vor diesem Buch, es lag wohl an seinem Titel, und daran, dass es schwarz war, hatte ich Angst. ‹Die Brüder Karamasow› waren zu umfangreich und so blieb für mich die schöne, etwas kleinere Lederausgabe von ‹Erniedrigte und Beleidigte› übrig. Da Mutters Mädchenname vorn im Buch stand, wusste ich, dass sie es schon lange besaß und bestimmt in sehr jungen Jahren gelesen hatte.

Ja, nun habe ich lange ausgeholt, um Ihre Frage nach meiner ersten Begegnung mit Dostojewskij zu beantworten. Es war jedes Mal so geheimnisvoll und unerlaubt, wenn ich in ‹Erniedrigte und Beleidigte› las. Als ich gleich zu Beginn die Geschichte von dem alten Mann und seinem Hund in der Konditorei von Müller in Petersburg gelesen hatte, kam ich nicht mehr los von diesem Buch. Todkrank im Hospital liegend schreibt der Ich-Erzähler, ein erfolgloser Romanschriftsteller, seine Erinnerungen. Der Hund und der alte Mann sterben. Der zurückgebliebenen Enkelin nimmt sich der Erzähler an, doch seine Zuneigung zu ihr bleibt verhalten. Als sie in jungen Jahren stirbt, erfährt der Schriftsteller, dass sie die Tochter eines Fürsten ist, der ihre Mutter betrog und der Armut preisgab ... Den weiteren Verlauf der Handlung habe ich vergessen, doch erinnere ich mich, wie dieser, mein erster ‹Dostojewskij› mich damals in seinen Bann zog.»

Die alte Dame hatte mir aufmerksam, ja, sogar gespannt zugehört. Bei ‹Dostojewskij›, ihrer großen Liebe, wurde sie trotz ihres hohen Alters jung und konnte nicht genug von ihm hören und lesen. Sie zeigte mir einige Hörbücher, bedauerte aber, dass sie jeweils nur aus einer Textauswahl bestanden. Auch gefiel ihr das schnelle Tempo nicht, mit der Dostojewskij gelesen wurde.

Die Besuche über die nächsten zwei Jahre waren eine große Bereicherung für mich. Doch schon bald – und das muss ich ehrlich gestehen – waren meine Dostojewskij-Kenntnisse erschöpft, so dass ich mich vor jedem weiteren Besuch ein wenig vorbereitete. Als mir dies jedoch aus zeitlichen Gründen wiederholt nicht möglich war, spürte ich, ein welch großes Anliegen es der alten Dame war, ihr literarisches Wissen an mich weiterzugeben. Sie spürte und wusste in ihrem hohen Alter, dass ihre Erwartung an das Leben nur mehr eine begrenzte Zeit ausmachte. Daher begann sie immer häufiger über das Sterben und den Tod zu sprechen. In ihrer klaren und zielbewussten Art hatte sie alles, was nach ihrem Tod geschehen sollte, genau festgelegt. Die Erbangelegenheiten und das Verhältnis zu ihren erbenden Nichten und deren Kinder spielten zum Glück keine Rolle in unseren Gesprächen, die mehr und mehr von der Kraft des Glaubens, der Todüberwindung und der Auferstehung erfüllt waren.

Ich hatte damit gerechnet, als die alte Dame mich eines Tages fragte, ob ich um den Tod Dostojewskijs wisse. Als ich verneinte, fühlte sie sich in ganz besonderer Weise dazu aufgefordert, mir von Dostojewkijs letztem Lebensjahr und seinem Tod zu erzählen. Es wirkte auf mich wie eine Abrundung all unserer Gespräche, und ich musste, während sie sprach, immer wieder an ihren eigenen Tod denken, der sich vielleicht schon durch ihre Worte ankündigte.

Dostojewskij und Turgenjew wurden von der ‹Gesellschaft der Freunde der russischen Literatur› eingeladen, bei der Puschkin-Feier am 8. Juni 1880 in Moskau die Festreden zu halten. Dostojewskij unterbrach die Arbeit an den ‹Brüdern Karamasow›, seinem letzten Werk, um die Festrede sorgfältig vorzubereiten. Es schien, als hätte er geahnt, dass er zum letzten Mal die Gelegenheit hatte, unmittelbar zu so vielen russischen Menschen zu sprechen. Seine Frau begleitete ihn nicht von Petersburg nach Moskau, da sie die Kinder nicht allein lassen konnte. Trotz seines Lungenleidens reiste er freudig und guten Mutes nach Moskau. Als er am Festtag seine Rede beendet hatte, waren seine Zuhörer fasziniert; sie feierten Dostojewskij wie einen Propheten und Heiligen. Die Ovationen dauerten eine gute halbe Stunde. Als er seiner Frau davon berichtete, sprach er von Augenblicken höchsten Glücks.

In Petersburg vollendete er dann unter hoher Anstrengung seinen letzten Roman «Die Brüder Karamasow». In einem Brief beklagt Dostojewskij sich, dass er nicht einmal Zeit fände, sich mit seinen Kindern zu unterhalten. Zeitweilig quälte ihn große Atemnot, denn aus dem Katarrh der Atmungsorgane hatte sich ein unheilbares Emphysem gebildet. Auch traten infolge der angespannten Arbeit seine epileptischen Anfälle wieder auf.

Im Dezember 1880 erschienen dann «Die Brüder Karamasow» als Buch. Das Echo war groß! Dostojewskij wurde sogar von der Zarenfamilie in ihr Schloss eingeladen, um aus seinem letzten Werk zu lesen. Das Jahr 1881, sein Todesjahr, begann gut. Dostojewskij schrieb äußerst engagiert an seinem Tagebuch weiter. Wie immer arbeitete er auch am 25. Januar bis spät in die Nacht. Plötzlich fiel ihm sein Federhalter zu Boden. Um ihn greifen zu können, musste er ein schweres Bücherregal zur Seite rücken. Dabei hatte er sich so überanstrengt, dass eine Lungenarterie geplatzt und ein Blutsturz eingetreten war. Als sich am folgenden Tag der Blutsturz wiederholte, bat er seine Frau, einen Priester zu rufen. Er führte ein langes Beichtgespräch und empfing die Kommunion. Als der Geistliche gegangen war, rief er seine Kinder zu sich und bat seine Frau, aus der Bibel die Geschichte vom verlorenen Sohn vorzulesen. Mit geschlossenen Augen hörte er aufmerksam zu und sagte am Ende mit diesen oder ähnlichen Worten zu den Umstehenden: «Vergesst diese Worte niemals, die eure Mutter eben gelesen hat. Vertraut auf Gott und zweifelt nicht an seiner Barmherzigkeit. Meine Liebe zu euch – und ihr wisst: ich liebe euch sehr – ist gering im Vergleich zu der unendlichen Liebe Gottes zu euch und allen Menschen.»

Der Gesundheitszustand Dostojewskijs verschlechterte sich mehr und mehr. Alle Bemühungen der Ärzte waren vergeblich. Zwei Tage später, am 28. Januar, sagte er morgens zu seiner Frau: «Zünde die Kerzen an und bring mir das Evangelium, denn es ist mir in den letzten Stunden klar geworden, dass ich heute sterben muss.» Er liebte diese Ausgabe, die ihm von russischen Frauen auf seinem Weg ins Zuchthaus von Tobolsk zugesteckt wurde. Als er wieder in Freiheit war, lag diese Bibel immer auf seinem Schreibtisch. Hatte er Zweifel, schlug er sie auf und las, was auf der zufällig aufgeschlagenen Seite stand. So handhabte er es auch jetzt und bat seine Frau, ihm die Stelle vorzulesen: «Jesus aber antwortete und sprach zu ihm: Haltet mich nicht zurück! Denn es geziemt uns, das Wort des Herrn zu erfüllen.»

«Hast du es gehört», sagte er zu seiner Frau, «halte mich nicht zurück. Heißt das nicht klar und eindeutig, dass ich sterbe?» Wie seine Frau in ihren «Erinnerungen» berichtet, blieb sie ständig bei ihm. Sein friedliches Gesicht gab zu erkennen, dass der Tod nichts Schreckliches für ihn hatte. Zwei Stunden vor seinem Abschied aus dieser Welt reichte Dostojweskij seinem Sohn Fedja die Bibel. Es war abends um halb neun Uhr als er entschlief. Der barmherzige Gott erlaubte es ihm, der während seines gesamten Lebens so maßlos gelitten hatte, schmerzlos ins Jenseits hinüberzugehen.

Ich spürte, wie ergriffen die alte Dame war, und wagte nicht, die jetzt eintretende Stille durch Worte zu zerstören. Nach einer Weile sagte sie: «Zu einem so tiefen Gottvertrauen hatte Dostojewskij sich nach vielen harten Prüfungen durchgerungen. Ich bin fest davon überzeugt – wie es auch Dostojewskij war –, dass der Tod und auch die Umstände, die ihn herbeiführen, nicht einem blinden Zufall überlassen bleiben, sondern von Gott her gefügt werden. Der Tod eines Menschen fällt immer in eine Stunde, die die bestmögliche ist, um sein Leben abzuschließen. Gebe mir Gott, dass auch ich dem Tod in einer solchen inneren Unbekümmertheit begegnen darf. Rückblickend auf das Leben Dostojewskijs darf ich vielleicht noch sagen, dass vier Elemente des Glaubens für ihn besonders wichtig waren. Die Bibel war für ihn eine Quelle, aus der er lebte und Kraft schöpfte. In den ‹Brüdern Karamasow› schreibt er: ‹Mein Gott, was ist das für ein Buch und was sind das für Lehren!› Er lobt die Kraft, die mit diesem Buch den Menschen gegeben ist. Zum Gebet, das für ihn ebenso wichtig war, zog er sich gern zurück und gedachte immer der Sterbenden und Verstorbenen. Auch die Beichte hatte für Dostojewskij einen hohen Stellenwert. Er beichtete aufgrund seines tiefen Glaubens an Gottes unendliche Barmherzigkeit. Und das vierte Element war für ihn die Liebe, aus der der Glaube an das Dasein Gottes und an die Unsterblichkeit des Menschen erwächst.

Durch Bibellesung, Gebet, Beichte und tätige Nächstenliebe schenkte sich Dostojewskij die Berührung mit anderen Welten, in die er sich immer tiefer verwurzelte.»

Einige Wochen nach diesem Besuch im Haus der alten Dame schellte morgens bei mir das Telefon. Es meldete sich ganz aufgeregt ihre Hausdame und sagte, ich möge doch so schnell wie möglich kommen, es wäre etwas Schreckliches passiert. Zur gleichen Zeit mit mir fuhr der Arzt auf den Hof. Als wir zusammen in das Esszimmer traten, sahen wir die alte Dame, wie sie mit dem Oberkörper, den Armen und dem Kopf auf dem Esstisch lag. Die Kaffeetasse war umgestoßen und der Kaffee als großer brauner Fleck auf dem Tischtuch verschüttet. Der Arzt sagte leise zu mir: «Sie ist tot.» Zusammen hoben wir sie auf und trugen sie auf ein Kanapee. Während der Arzt sie untersuchte, schaute ich mich um und sah auf ihrem Frühstückstisch das aufgeschlagene Buch der Erinnerungen von Dostojewskijs Frau Anna Grigorjewna.

Bei der Trauerfeier – der Sarg stand während des Requiems vor dem Altar – waren viele Verwandte der alten

Dame anwesend. In der Predigt, die sich auf ihr Leben, ihren Glauben und ihre Todesahnung bezog, sprach ich auch von ihrer großen Liebe zu Dostojewskij und beendete sie mit dem Bericht vom Tod dieses größten russischen Schriftstellers und den Worten der alten Dame, dass die Zeit und die Umstände des Todes nicht einem blinden Zufall überlassen sind, sondern von Gott her gefügt werden, so dass die Todesstunde die bestmögliche ist, um das Leben abzuschließen.

Sterben ... für sich allein

Dein Sonnenaufgang ist mein Sonnenuntergang

Da die Kursteilnehmerinnen und Kursteilnehmer in der Regel aus unterschiedlichen Regionen kommen und sich gegenseitig nicht kennen, stellt sich jeder zu Beginn eines Kursus mit ein paar Worten vor. Oft schließen sich dann vom Leiter die Fragen an: «Was hat Sie motiviert, an diesem Kursus teilzunehmen? Welche Erwartungen haben Sie?» Als Camilla S. an der Reihe war, sprach sie, nachdem sie sich kurz vorgestellt hatte, auch von ihrem Hund, einem Boxer, der leider in diesen Tagen des Kurses auf sie verzichten müsse, aber sehnsuchtsvoll auf ihre Rückkehr warte. Mir fiel auf, dass sie ganz besonders liebevoll von ihrem Hund sprach.

Soweit ich mich erinnere, war es ein guter und gelungener Kursus, von dem jeder etwas Aufbauendes für sich mit nach Hause nehmen konnte – so jedenfalls war das Echo beim Abschlussgespräch, bei dem jeder das einbringt, was für ihn wichtig war und ist. Sehr interessiert waren die Kursteilnehmer an der Betrachtung selbstgemalter Bilder, sogenannter Spontanzeichnungen. Sie hatten davon gehört, dass im «Haus Cassian» entsprechende Kurse angeboten wurden und baten mich, doch am Ende unseres

Programms einen Einblick in diese Thematik zu geben. Ich setzte dafür den letzten Nachmittag an und holte für jeden ein Zeichenblatt und Farbstifte mit dem Hinweis, spontan ein Bild zu malen.

Einige begannen sofort mit ihrem Bild, andere zögerten und mussten wahrscheinlich erst eine Hemmschwelle überwinden. Ich sagte, man solle sich Zeit lassen, aber möglichst die konstruktiven Gedanken beim Malen zurückweisen und dafür die Sache spontan und intuitiv angehen. Um nicht gleich den Maler und sein Bild zu identifizieren, verließ ich den Raum und zog mich für einige Zeit zum Beten zurück. Als man mich rief, waren alle Bilder fertiggestellt und lagen aufeinandergestapelt an meinem Platz. Ich hatte darum gebeten, den Namen nicht unter oder in das Bild zu schreiben, sondern auf seine Rückseite.

Um das Wichtigste aus dem Kursus «Deutung von Spontanzeichnungen» zusammenzufassen, benötigte ich einen kurzen Augenblick Stille und begann dann mit einem kleinen Vortrag, dass man auch mit den Augen hören kann. Das Bild spricht, und man braucht ihm nur zuzuhören. Dabei ist der erste Eindruck, den man beim Anschauen eines Bildes hat, sehr wichtig. Auf dieser Grundlage fällt es leicht, sich in das Bild zu versetzen und zu ihm eine seelische Verbindung herzustellen. Jeder Impuls zur Interpretation wird fallengelassen und man stellt sich einzig die Frage: «Welches Gefühl übermittelt mir das Bild?» Im nächsten Schritt schaut man systematisch nach Brennpunkten (Farbe, Form, Bewegungsrichtung, betonte oder gar fehlende Dinge …). Brennpunkte sind Wegweiser, die den Ausgangspunkt bestimmen, um unbewusste Inhalte zu entziffern, die sich im Bild zeigen. Dann bringt man all das, was man aus den einzelnen Komponenten erfahren hat, miteinander in Beziehung. Tiefer wollte ich bei diesem ersten Schritt nicht einsteigen und ließ daher auch die Quadrantentheorie fort. Bevor wir uns die Bilder einzeln anschauten, fragte ich die Kursteilnehmer, ob sie damit einverstanden seien, dass über ihr Bild gesprochen werden dürfe. Alle bejahten dies.

Eine ganz besondere Tiefendimension und gleichzeitig Farbintention zeigte das Bild von Camilla S. Ein gelbbräunlicher Sandstrand gibt den Blick auf ein weites Meer frei, das noch über den Horizont hinaus grenzenlos erscheint. Die Farbe des Wassers ist nicht wie gewöhnlich auf ähnlichen Bildern dunkelblau oder grünblau, sondern hellblau. Eine sinkende oder aufgehende strahlende rote, ja, feuerrote Sonne steht über dem Meer. Ihre alles beherrschende rote Farbe spiegelt sich im Wasser und am lichtblauen Himmel wider. Eigentlich erscheint auf den meisten Bildern dieser Art die Sonne gelblicher, wärmer, und bringt damit Leben spendende Energie und inneres Wachstum zum Ausdruck.

Sprachlos blieb ich vor diesem Bild und ließ Gefühle und Gedanken kommen und gehen wie sie wollten. Auch später bei der allgemeinen Besprechung habe ich zu dem geschwiegen, was mir aus diesem Bild entgegenkam. Der alles überstrahlende nicht nur feuerrote, sondern blutrote Sonnenball deutete auf die Farbe des Blutes und ist daher akut von Leben spendender Bedeutung. In psychischer Hinsicht zeigt Rot einen lebenswichtigen Komplex an, ein brennendes Problem, hervorbrechende Emotionen und vor allem Gefahr. Ein in der Aussagekraft so überstarkes Bild hatte ich bei den vielen Spontanzeichnungen vorher noch nicht gesehen. Mir wurde immer klarer, dass es sich bei diesem dominanten Rot um das innere Feuer handelt und gleichzeitig um ein akutes Problem, das «auf den Nägeln brennt». Aus der Literatur wusste ich, dass ein solch intensives und ausstrahlendes Blutrot auf einen zerstörerischen Krankheitszustand hinweisen kann.

Auf der anderen Seite, fast im Gegensatz zu diesem Rot, stand die außergewöhnlich selten vorkommende hellblaue Farbe des Meeres. In der Regel zeigt das Hellblau Distanz, Zurückhaltung und ein Sich-Zurückziehen an.

Als ich mir das Bild näher anschaute, um eventuell weitere Details zu entdecken, sah ich, dass die Malerin unter das Bild einen kurzen Text geschrieben hatte: «Dein Sonnenaufgang ist mein Sonnenuntergang.» Ich war zutiefst berührt, äußerte aber die damit verbundene Anteilnahme und Traurigkeit nicht.

Dem Bild hinzugefügte Wörter geben einer Bildaussage zusätzlich eine genaue Erläuterung. Dadurch verringert sich die Gefahr, dass das Bild vom Betrachter fehlgedeutet und missverstanden wird. Ja, ich möchte soweit gehen und sagen, dass aller Voraussicht nach der Maler des Bildes von seiner Umwelt nicht so gesehen und behandelt wird, wie es der Wirklichkeit entspricht.

Zwei oder drei Kursteilnehmerinnen stellten Fragen zu dem Bild, die sich eher auf Äußerlichkeiten bezogen und einen erholsamen Urlaub unter südländischer Sonne ansprachen. Zweifelsohne handelte es sich ja um ein schönes und ansprechendes Bild. Camilla S. ging jetzt, wie ich es bereits andeutungsweise der hellblauen Farbe entnommen hatte, auf Distanz und bat, sie doch nicht weiter zu fragen, sondern mit einem anderen Bild fortzufahren.

Die Spontanzeichnungen hatten dazu beigetragen, dass einige Kursteilnehmer am Ende gern mit mir unter vier Augen sprechen wollten. Camilla S. war aber nicht unter ihnen. Ich sprach sie jedoch daraufhin an und sie sagte, es sei nicht nötig, bei ihr sei doch alles in Ordnung.

Einige Wochen nach diesem Kursus rief mich Herr S. an, Camillas Mann. Er sagte mit ruhiger Stimme, die wie aus weiter Ferne klang, dass seine Frau nicht mehr lebe, sie habe sich zusammen mit ihrem Boxer frühmorgens aus dem Haus begeben und sei nicht mehr zurückgekommen. Ich war sprachlos und sah die blutrote Sonne vor mir, die nach ihren Worten sowohl eine aufgehende als auch eine untergehende war. Ihren geliebten Hund nahm sie mit in den Tod. Sie führte ihn an der Leine und warf sich vor einen Zug, der auf freier Strecke eine hohe Geschwindigkeit fuhr.

Dann sagte er in diesem Telefongespräch, dass Camilla einen Abschiedsbrief hinterlassen habe, in dem unter anderem stünde, dass sie gern zusammen mit ihrem Hund in einem gemeinsamen Sarg beerdigt werden möchte. Herr S. fragte mich, ob ich ihm helfen könne, diesen letzten Wunsch seiner Frau zu erfüllen. All seine Versuche hätten ihn bisher nicht weiter gebracht. Vom tatsächlichen Ereignis aber sprach er nicht, und ich fühlte, dass ich ihn nicht danach fragen durfte. Er gab mir den Namen und die Anschrift des Bestatters sowie auch seine Telefonnummer mit der Bitte, ihn doch sobald wie möglich wieder anzurufen.

Den ganzen Vormittag verbrachte ich mit Telefonaten. Der Bestatter sagte, so etwas sei nicht erlaubt und er mache sich strafbar, wenn es bekannt würde. Unter keinen Umständen – auch nicht heimlich – könne er diesem Wunsch der Verstorbenen nachkommen. Ich dachte daran, ein anderes Unternehmen einzuschalten, doch erhielt ich eine ähnliche Absage. Es sei jedoch möglich, wenn die Bestattung mit einem Hund offiziell von der Kirche und vom Ordnungsamt erlaubt würde.

Sowohl die Pfarrsekretärin als auch der Pfarrer, die ich daraufhin fragte, waren zunächst sprachlos, und auch der

Pfarrer konnte keine Antwort geben, bis er ablehnend sagte, so etwas sei ja völlig unmöglich – allein schon aus ethischen Gründen. Beim Ordnungsamt – es dauerte lange, bis ich mit dem Zuständigen verbunden wurde – erhielt ich ebenso eine Absage. Hier sprach der Sachbearbeiter allerdings nicht von ethischen Gründen, sondern von hygienischen, warum es nicht erlaubt sei, einen Menschen mit seinem Hund in einem Sarg zu beerdigen. Aber auch darunter konnte ich mir nicht viel vorstellen. Und das ist bis heute so!

Camilla war eine schöne Frau mit anmutigen Bewegungen und einer gepflegten Sprache – zurückhaltend, aber auch bestimmend und fordernd. Wie zwei andere Kursteilnehmerinnen sagten, die mit ihr im gleichen Auto gekommen waren, sei Camilla eine rasante Autofahrerin gewesen. Die Liebe zu ihrem Hund, mit der sie sich zu Beginn des Kurses vorstellte, hatte mein Herz berührt, und wie gern hätte ich dazu beigetragen, ihren letzten Wunsch zu erfüllen.

Als ich zum Hörer griff, um ihren Mann anzurufen, schien mir auf einmal alles so unwirklich, dass ich wieder auflegte. Ich glaube, ich habe ein wenig geweint, als die aufgehende und gleichzeitig sinkende blutrote Sonne vor meinem inneren Auge erschien. Für Augenblicke bekam ich starke Gewissensbisse und Schuldgefühle, dass ich nicht eingegriffen und mit Camilla unter vier Augen über ihre Spontanzeichnung gesprochen habe. Als sie jedoch auf mein Vortasten nicht reagierte, habe ich mich zurückgehalten. Gibt es jemanden, der mir beantworten kann, ob mein Verhalten richtig war?

Herr S. bedauerte es sehr, dass auch ich keinen Erfolg aufweisen konnte, und beendete dann schnell das Telefonat. Er muss unter Anspannung und großem Druck gestanden haben, denn ich spürte in seinen wenigen und bewusst ruhig gesteuerten Worten, wie aufgebracht und völlig mitgenommen er war. Nähere Umstände habe ich auch später nicht erfahren. Doch Camilla und ihren geliebten Hund werde ich niemals vergessen.

Was die Seele beschwert

Als ich mit meinen theologischen Studien begann, lernte ich auf äußerst seltsame Weise einen Theologieprofessor kennen, der mit seinen fast 86 Jahren am Ende seines Lebens stand und darum rang, seine geliebte Theologie und sein Leben loszulassen, um es endgültig in die Hände Gottes zu legen. Ich studierte an der Philosophisch-Theologischen Hochschule St. Georgen in Frankfurt, Offenbacher Landstraße. Mein erstes Semester hatte im Mai 1960 begonnen und ich war überaus glücklich, einige familiäre Schwierigkeiten überwunden zu haben, um endlich mit der Theologie anfangen zu können. Der Tagesablauf war streng und genau eingeteilt. Bis auf kleine Spaziergänge am nahegelegenen Main blieb nicht viel Zeit für Persönliches. Ich vermisste nichts – hatte ich doch noch alles vor mir. Unter der Etage, auf der ich mein Zimmer hatte, befand sich die Klausur der Jesuiten. Wir durften sie nicht betreten.

Da ich mit vielen neuen Eindrücken beschäftigt war – zum Studium kamen die Ignatianischen Exerzitien anfangs noch hinzu –, bemerkte ich vorerst nicht, welch sonderbare Geräusche aus einem Zimmer unter mir kamen. Der Besuch der Gottesdienste und Andachten, die Vorlesungen, Seminare, die Arbeit in der Bibliothek und vieles mehr ließen mich kaum in meinem Zimmer sein. Und abends war ich derart müde und erschöpft, dass ich sobald wie möglich zu Bett ging und sofort einschlief. Erst nach einer geraumen Zeit nahm ich die Geräusche wahr, die aus einem Zimmer kommen mussten, das zur Klausur der Jesuiten gehörte. Da die Hochschule von Jesuiten geleitet wird und der Pater, von dem ich sprechen möchte, 63 Jahre lang Jesuit war, möchte ich seinetwegen kurz etwas zum Jesuitenorden sagen.

Ignatius von Loyola und sieben seiner Gefährten gelobten im Jahr 1534 in Paris Armut, Keuschheit und Missionsarbeit. 1540 schlossen sie sich zu einem Orden zusammen, der direkt dem Papst unterstellt ist. Die Jesuiten waren bestrebt, überall in der Welt dort zu helfen, wo die seelsorgliche Hilfe nicht ausreichte. Im Vergleich zu anderen Orden pflegen die Jesuiten eine «gewöhnliche Lebensweise» und die Mobilität. An der Spitze der Ordensgemeinschaft steht der Generalobere, der auf Lebenszeit gewählt wird, aber heute eine Rücktrittsmöglichkeit hat. 1773 hob Papst Clemens XIV. nach langem Zögern den Jesuitenorden auf. Zu Beginn des 19. Jahrhunderts wurde er jedoch wieder aufgebaut. Im Jahr 1965 betrug die Mitgliederzahl der Jesuiten 36000. Die wichtigsten Arbeitsgebiete des Ordens sind: Hochschule und Wissenschaft, Priesterausbildung, Exerzitien, Studentenseelsorge und Erwachsenenbildung. Die Hochschule St. Georgen in Frankfurt diente der Priesterausbildung, vornehmlich aber der Ausbildung von Jesuiten.

Die Geräusche, die ich unter meinem Zimmer zu ganz unregelmäßigen Zeiten wahrnahm, wurden – das konnte ich genau hören – durch einen Menschen und seine Stimme verursacht. Mal war es ein Schimpfen, ein Schreien, lautes Reden, vor allem ein Toben und Schlagen mit den Fäusten, das kein Ende nehmen wollte. Ich horchte, doch konkret verstehen konnte ich nichts. Manchmal war es auch ein kindlicher Hilfeschrei – so kam es mir wenigstens vor. Spät am Abend trat Ruhe ein. Ob die anderen Studenten nichts hörten? Auf jeden Fall sprach niemand darüber. Ich fragte schließlich einen älteren Pater, der mir nur zögernd und leise sagte, Pater Rabeneck, ein emeritierter Professor für Dogmatik, sei sehr krank, er kämpfe mit dem Leben, aber mehr noch mit der Theologie. Ich ahnte, was er mir damit sagen wollte und fragte nicht weiter.

Welch innere Not musste dieser Man ausstehen. Er tat mir leid; und in den nächsten Tagen verspürte ich immer stärker den Wunsch, ihm zu begegnen. Dazu war es notwendig, unbemerkt in die Klausur und in sein Zimmer zu gelangen. Ich, der am Anfang aller Theologie stand und auch philosophisch kaum gebildet war, wusste zwar nicht, wie ich Pater Rabeneck helfen konnte, doch eine innere Eingebung sagte mir, dass ich ihn kennen lernen müsse. Mehrere Anläufe, in die Klausur zu kommen, schlugen fehl. Doch dabei hatte ich aus Entfernung gesehen, dass zwei jüngere Patres vor der Tür, die zum Zimmer von Pater Rabeneck führen musste, Wache hielten. Wahrscheinlich durfte er sein Zimmer nicht verlassen – aus gesundheitlichen Gründen oder aus Gründen der Sicherheit, weil er vielleicht unberechenbar war? Umso mehr spürte ich jetzt die Not, die in der Seele des Paters herrschte. Mein Verlangen, ihm zu begegnen, war so stark, dass mich nichts daran hindern konnte, meinen Plan auszuführen.

Durch einen Trick gelangte ich in die Klausur, indem ich sagte, dass ich unbedingt beichten wolle und der Beichtvater wegen der Eile mich zu sich bestellt habe und auf mich warte. Ich ging zielgerichtet den Flur entlang und blieb da stehen, wo ich unbemerkt war. Von hier aus konnte ich die beiden Wachposten beobachten, ohne dass sie mich sahen. Mal ging der eine, dann der andere für einen kurzen Augenblick fort, und nach geraumer Zeit alle beide. Ich nutzte die Gelegenheit, klopfte an und war schon im Zimmer. Es bot sich mir ein Chaos: Bücher über Bücher – gestapelt auf dem Boden, in Regalen und auf dem Schreibtisch, an dem ein großer schwarz gekleideter alter Mann saß. Er drehte sich um, denn er hatte mein Eintreten bemerkt. So ein böses und bitter verzerrtes Gesicht sah ich damals wohl zum ersten Mal. Ich blieb ruhig stehen, wir schauten uns lange an und es geschah äußerlich nichts. Mit dunkler ruppiger Stimme sagte er etwas, das ich nicht verstand. Nach einer Weile jedoch – und das war wunderbar zu beobachten – entspannten sich seine dunklen Gesichtszüge. «Was führt Sie zu mir und wie konnten Sie überhaupt in mein Zimmer kommen, wo ich doch unter Kontrolle stehe?» Seine Stimme wurde auf einmal ganz menschlich. Ich vermutete, dass der Pater schon lange keinen Besuch mehr hatte und jetzt staunte, dass ein junger Mensch einfach zu ihm vorgedrungen war.

Pater Rabeneck bot mir einen Stuhl an, erhob sich mühsam vom Schreibtisch – er kam mir vor wie ein schwarzer Riese – und setzte sich mir gegenüber. Ich nannte meinen Namen und sagte, dass ich aus der Nähe von Münster käme. «Oh», sagte er, «das ist nicht weit von Paderborn, wo ich geboren und aufgewachsen bin. Wir sind also beide echte Westfalen.» Er begann von sich zu erzählen wie ein Quell, der anfängt zu sprudeln, nachdem er von Hindernissen befreit wurde. Ich staunte nicht wenig darüber, wie schnell dieser alte weise Professor Vertrauen zu einem jungen und fremden Studenten gefasst hatte. Waren es lichte Momente, die ich durch mein unverhofftes Kommen in seiner Verwirrung ausgelöst hatte? War es eine Sehnsucht, einfach als Mensch da zu sein und nicht theologisch? War es vielleicht ein Teil seines Wesens, den er als Theologieprofessor nicht leben durfte? War es eine Überraschung für seinen stets denkenden Geist, der mit einer solchen Begegnung nicht gerechnet hatte?

Pater Rabeneck fuhr fort zu sprechen: «Seitdem ich mit 22 Jahren von der Gesellschaft Jesu aufgenommen wurde, widmete ich mein ganzes Leben der Theologie und der Vermittlung theologischen Wissens. Vorher hatte ich schon in Münster – Ihrer Heimat – einige Jahre Theologie studiert. 1907 wurde ich zum Priester geweiht. Und jetzt am Ende meines Lebens möchte ich die Theologie, mein Priestersein und mein Menschsein in die Hände Gottes legen, aber es will mir nicht gelingen. Daher bin ich so oft aufgebracht, böse und missmutig. Ich mache am Ende meines Lebens die bittere Erfahrung, dass ich theologisch im Glauben nichts willentlich bewirken kann, sondern geschehen lassen muss. Das fällt mir schwer, und dagegen lehne ich mich auf, weil dieser Zustand des Noch-Nicht schon so endlos lange anhält.»

Ich hörte zu, ich war ganz Ohr, da seine Worte mich zutiefst beeindruckten. Hier stand ein Theologieprofessor – bestimmt ein großer Denker – an der Schwelle des Lebens und konnte seine «Theologie» nicht loslassen, um hinüber in ein neues Leben zu gehen. Wie stark war doch dieser Mann sein ganzes Leben lang vom Wollen, Denken und Tun her geprägt. Ob dies wohl eine spezielle jesuitische Eigenart sei, dachte ich! Aber muss das Ende eines großen intellektuellen Lebens denn so aussehen?

«Seit 1909 war ich Professor der Apologetik und der Dogmatik in Valkenburg, Holland, und später bis 1948 an der Philosophischen Hochschule der Jesuiten in Pullach bei München, die wir auch ‹Schule des Denkens› nannten. Hier fanden die auf das Theologiestudium ausgerichteten philosophischen Vorlesungen statt. Die philosophische

Tradition der Hochschule war vom Denken der Neuscholastik geprägt. Wir orientierten uns vornehmlich an der Schule des Thomas von Aquin. Zeitweilig gab es auch in Pullach eine Theologische Fakultät, was meinen Fächern natürlich sehr entgegenkam.

Durch Systematik die Schätze und die Geheimnisse der Theologie zu erkennen, war mein Hauptanliegen, das ich versuchte, meinen jüngeren Mitbrüdern nahe zu bringen. Dazu erschien 1941 mein Buch: ‹Einführung in die Evangelien durch Darlegung ihrer Gliederung›. Sie sollten es einmal lesen!»

Mein Respekt vor diesem Mann wuchs; aber gleichzeitig hatte ich auch Mitleid mit ihm. Seine Begabung war zwar die Wissenschaft, verbunden mit einem lebenslänglichen Studium, aber was geschah jetzt in Wirklichkeit, wo er all das loslassen musste? Seine Augen schauten mich durchdringend an, und ich dachte, so durchdringend wird auch sein geschulter Geist sein. Und trotzdem ging etwas von ihm aus, das mir verriet, dass mit all der hohen Philosophie und Theologie nicht der Himmel zu erschließen sei. Im Verlauf unseres Gespräches – oder besser: seiner Rede – kam er selbst darauf zu sprechen.

«Fünf Jahre lang habe ich bei der Ordensleitung in Rom das Amt des Zensors theologischer Werke innegehabt. Ich habe geforscht und wissenschaftliche Werke herausgegeben, mich mit dem spanischen Theologen und Jesuiten Luis de Molina beschäftigt und seine berühmte Schrift ‹Concordia liberi arbitrii› herausgegeben; ich habe in anderen Werken versucht, anhand von Molina die Willensfreiheit mit der Gnadenwirksamkeit, dem göttlichen Vorherwissen und der Vorherbestimmung zu vereinbaren; in Verbindung mit meinen Vorlesungen über den dreieinigen Gott habe ich 1949 das Buch herausgegeben ‹Das Geheimnis des dreipersönlichen Gottes» – ich könnte Ihnen noch weit mehr aufzählen, aber was nutzt mir jetzt alles, da ich keine Ruhe finde. Mein Geist ist wach und möchte weiter studieren, doch mein Körper ist am Ende und meine Nerven sind krank. Ich erlebe mich wie gespalten: Der Körper muss gehen, doch der Geist möchte bei der Theologie und den Büchern bleiben. Was ist das für ein unseliger Zustand!

Man hat mich als strengen Professor gesehen und erlebt – ich war es auch, denn ich habe wenig, ja, zu wenig mein Herz sprechen lassen. Jetzt ist es zu spät und ich wüsste auch nicht mehr wie das geschehen sollte.»

Ich saß diesem Mann gegenüber und schwieg. Meine bloße Gegenwart schien ihm genug. Wie wenig war notwendig, um den gelehrten und abermals gelehrten Theologieprofessor da anzusprechen, wo er sich vielleicht in seinem Leben nie hat ansprechen lassen. Während ich ihn anschaute, wurde mir auf einmal klar, dass Pater Rabeneck sich nicht mehr in nur theologischen Auseinandersetzungen befand, sondern ganz schlicht und einfach in einem geistigen Ringkampf mit dem Tod. Ein Sterbender saß mir gegenüber, der durch seine Theologie und seinen überaus stark entwickelten Willen sich selbst am Sterben hinderte. Kann das Sterben so schwer werden, fragte ich mich, wenn der menschliche Wille nicht zustimmt, sondern eigenwillig ist? Welch unerlöste Kräfte müssen noch in diesem Mann freigesetzt werden, damit er seine Ruhe in und mit Gott findet! Sollte man ihn sich nicht austoben lassen anstatt ihn einzusperren und zu bewachen – dachte ich in meiner vielleicht recht naiven Vorstellung.

«Mir tut es außerordentlich gut, dass Sie mich besuchten und Zeit für mich hatten», sagte er nach einer längeren Pause, in der wir uns gegenseitig anschauten. Sein böser Blick, der mich anfangs wie eine Speerspitze traf, hatte sich, während er sprach, völlig verflüchtigt und war einem gütigen Schauen gewichen. Ebenso hatten sich seine aggressive Anspannung und seine Unruhe gelegt. Ich spürte, dass friedliche Gelassenheit von ihm ausging. Meine Zeit zu gehen – und das entnahm ich seinen Worten – war gekommen und ich erhob mich. Pater Rabeneck blieb sitzen; ich gab ihm zum Abschied die Hand; dann schaute er mir schweigend nach, als ich zur Tür ging, sie öffnete und sein Zimmer verließ.

Die beiden Patres an der Tür staunten nicht wenig, als ich wie selbstverständlich aus dem Zimmer trat, sie grüßte und schnellen Schrittes auf die Klausurtür zuging. Von diesem Augenblick an habe ich inständig für Pater Johannes Rabeneck gebetet, dass er in Ruhe sterben und seinen wachen studierenden Geist voll Vertrauen in die Hände Gottes legen möge. Ich hatte den Eindruck – vielleicht aber auch nur in meiner Vorstellung und meinen Wünschen –, dass das Toben und laute Rufen unter mir weniger geworden war. Wenn ich jedoch etwas hörte, sprach ich ein Stoßgebet. Mit niemandem habe ich jemals über diese, mein Leben bereichernde Begegnung gesprochen; aber zum Glück hat mich auch niemand danach gefragt.

Als einige Wochen später Pater Johannes Baptist Rabeneck starb – ich möchte von mir aus und leise sagen: von seiner theologischen Besessenheit erlöst wurde –, las ich auf seinem Totenzettel die Worte: «Bis in die letzten Stunden seines Lebens hat er, obwohl sein Körper durch Kreislaufschwäche immer mehr dahinsiechte, seine geistige Klarheit bewahrt und sein Studium fortgesetzt. Als er am 10. Juli 1960 im Alter von fast 86 Jahren starb, war sein Tisch mit aufgeschlagenen Büchern bedeckt. Nur für einen Augenblick schien er seinen Arbeitsplatz verlassen zu haben. R. I. P.»

Ich betete dagegen: «Mögest du, lieber Pater Rabeneck, jetzt, wo du endlich nach langen Kämpfen die Schwelle zum ewigen Leben überschritten hast, niemals mehr zur Theologie und zu deinem Arbeitsplatz zurückkehren, sondern erfüllt sein von der neuen Erkenntnis, die Christus dir offenbart hat, und im Licht seiner Gnade und geborgen in seiner Liebe in Ewigkeit leben. Amen.»

Ein leiser,
aber anklagender Abschied

Wie sonderbar, Hermann ist zur Uni gefahren und hat seine Tasche vergessen. Das ist noch nie vorgekommen. Sie steht neben der Treppe!» Als seine Eltern am Abend versuchten, ihn anzurufen, meldete er sich nicht. Sie warteten, aufgeregt und besorgt, doch dann gaben sie bei der Polizei eine Vermissten-Anzeige auf.

Hermann L. war nicht in meinem Pfarrgemeinderat, sondern in dem der benachbarten Gemeinde. Ich kannte ihn als überaus engagierten jungen Mann, der sich vehement gegen alles einsetzte, was mit Auflösung und Zerfall zu tun hatte. Mehrmals hatten wir ein längeres Gespräch unter vier Augen bei mir im Pfarrhaus. Ich war sehr betroffen, zu erleben, wie klar ein junger Mensch viele Missstände erkannte und darunter litt, nichts dagegen tun zu können. Vor allem waren es Angelegenheiten der Kirche, die ihn schmerzlich berührten. Er sprach von vielen Versuchen, die er unternommen hatte, die aber nach seiner Ansicht alle gescheitert waren, weil er bei den Verantwortlichen kein Gehör fand. Ich staunte über sein Einfühlungsvermögen, über die Ideen, die er entwickelt hatte und über seinen starken Glauben, aus dem er lebte. Einmal hatte er alle Priester des Dekanates zu sich nach Hause zu einem gemeinsamen Gespräch eingeladen – nur einer ist gekommen.

Ich spürte, wie sich etwas Resignatives bei ihm angesammelt hatte, unter dem er zu leiden begann. Am Beispiel einiger Heiligen versuchte ich ihn zu überzeugen, dass auch viele kleine Schritte und Wege zum gewünschten Ziel führen, wenn sie immer wieder neu und in Demut angegangen werden. Doch Hermann L. reagierte nicht darauf, er schien es eilig zu haben und ich dachte, das ist eine typische Eigenschaft seines jungen Alters. Er war sechsundzwanzig Jahre alt.

Die Anzeige, die die Tageszeitung mit einem Bild von ihm veröffentlichte, lautete:

> Hermann L. vermisst
> Der 26-jährige Student Hermann L. aus B. wird
> seit dem vergangenen Sonnabend vermisst. Nach
> Angaben der Kriminalpolizei hat L. an jenem
> Tag sein Elternhaus verlassen und ist seitdem
> verschwunden.
> Der Wagen des jungen Mannes wurde am Flughafen
> B. entdeckt. Die Polizei vermutet, dass L. per
> Flugzeug in ein außereuropäisches Land gereist ist.
> Aus Aufzeichnungen, die er hinterlassen habe, gehe
> hervor, dass er in schlechter seelischer Verfassung
> sei und dringend Hilfe brauche, heißt es in einer
> Pressemitteilung der Kripo S. Sie möchte wissen,
> wer den 26-jährigen nach 8:30 Uhr am Sonnabend
> gesehen oder gesprochen hat oder sonst Hinweise zu
> seinem Verbleib geben kann.

Bei den Aufzeichnungen, die er hinterlassen hat, fand sich eine von ihm persönlich geschriebene «Abschiedserklärung», die er am Tage seines Fortgehens an einige Menschen schickte, zu denen auch ich gehörte. Ich fühlte und fühle mich heute noch zutiefst angesprochen. Waren seine

Besuche bei mir ein Hilferuf? Hätte ich mich tiefer auf ihn einlassen und ihm anbieten sollen, ihn geistlich zu begleiten? Beim Zusammenschluss unserer Pfarrgemeinderäte erlebte ich Hermann L. des Öfteren und staunte immer wieder über seine grandiosen Vorschläge, die allerdings viele nicht verstanden und die auch meines Erachtens nicht so leicht und einfach umsetzbar waren. Als ich jedoch las und später hörte, was konkret geschehen war, machte ich mir Vorwürfe, zu wenig auf ihn eingegangen zu sein. Doch nach den Sitzungen der Pfarrgemeinderäte und Kirchenvorstände, die oft bis in die Nacht hinein reichten, war ich meist so geschafft und müde, dass ich nicht mehr in der Lage war, persönliche unausgesprochene Wünsche wahrzunehmen.

～

Abschiedserklärung

Ich habe versucht, zu leben. Ich habe versucht, Träume und Perspektiven zu entwickeln in …

… einer Gesellschaft, die menschliches Vertrauen ersetzt hat durch Rechtschutzversicherungen und zunehmenden Aufwand an Sicherheitseinrichtungen in allen Bereichen.

… einer Gesellschaft, die ein Drittel ihrer Kinder im Mutterleib tötet und ihre Alten abschiebt in die Institutionen des Staates.

… einer Gesellschaft, die mit dem schleichenden Zerfall von Ehe und Familie Raubbau an ihrer Zukunft betreibt – ein Raubbau, der sich stärker rächt als der ökologische.

… einer Gesellschaft, die menschliche Sexualität zur Konsumware gemacht hat.

… einer Gesellschaft, in deren politischer Landschaft das ehrliche Streiten um Wahrheit dem Lobbyismus und Opportunismus gewichen ist.

… einer Gesellschaft, in welcher ehrenamtliches Engagement für das Gemeinwohl als dumm gilt und sich solidarisches Handeln mehr und mehr auf den engsten Raum des Privaten beschränkt.

… einer Gesellschaft, die mit der Nivellierung der Sonntagskultur ihre Chance verspielt, eine Distanz zum Alltag zu bewahren.

… einer Gesellschaft, deren schwindender Konsens an Grundwerten sich in Symptomen wie der wachsenden Kriminalität, dem zunehmenden Anteil an Nonsens in den Medien und der Verarmung zwischenmenschlicher Beziehungen zeigt.

… einer Gesellschaft, die somit mehr und mehr von Chaos und Willkür regiert wird – eine Entwicklung, auf die der Staat mit seinem immer engeren und restriktiveren Netz von Gesetzen und Verordnungen zurückschlägt.

Ich habe versucht, zu leben in …

… einem Bildungssystem, welches unzählige Male mit ideologischen Scheuklappen kaputtreformiert wurde, ohne nach dem Sinn von Bildung zu fragen.

… einem Bildungssystem, welches nicht Bildung vermittelt, sondern Fachidioten produziert, die nicht mehr fähig sind, den Sinn ihres Strebens zu reflektieren, ihre Arbeit in gesellschaftlichen Zusammenhängen zu sehen und als Dienst am Menschen zu begreifen, sowie ein Bewusstsein für die ethische Dimension ihres Handelns zu entwickeln. Meine Zeit im Priesterseminar offenbarte mir, dass der Turmbau zu Babel der Wissenschaften auch vor den Türen der Theologie nicht stehen geblieben ist.

… einem Bildungssystem, in welchem sich Hochschulinstitute kaufen ließen von ihren Geldgebern und die Lehre zum Abfallprodukt erklärten.

… einem Bildungssystem, in welchem die Studentenschaft ihr gesellschaftliches Innovationspotenzial dem angepassten Karrierestreben geopfert hat.

… einem Bildungssystem, in welchem Professoren länger über ihren Lohnsteuerjahresausgleich nachdenken als über die Tatsache, dass sie Pädagogen und Vorbilder sind, die Verantwortung für die Persönlichkeitsentwicklung von Menschen tragen.

Ich habe versucht, zu leben in …

… meiner Kirche, welche an ihren erstarrten Strukturen erstickt und nicht mehr fähig ist, auf die Fragen der Menschen zeitgemäße Antworten zu geben.

… einer Kirche, in deren sozialen Organisationen Macht- und Ellenbogenmenschen ihre Kritiker durch Suspendierungen beseitigen.

… einer Kirche, die ihre wenigen noch vorhandenen Priester mit Aufgaben zugeschüttet und sie somit zu Managern gemacht hat, denen das Nachdenken abgewöhnt wurde.

… einer Kirche, die sich nichts daraus macht, wenn Zölibatäre an ihrer Vereinsamung zugrunde gehen.

… einer Kirche, die tatenlos zusieht, wie die Menschen in Okkultismus, New Age, Esoterik und Anthroposophie ihre Orientierung suchen.

… einer Kirche, die sich permanent selbst betrügt, indem sie an den Symptomen ihrer Krise kuriert und ihre pastoralen Strohfeuer als Aufbrüche feiert. Die zwölf Jahre meiner ehrenamtlichen Mitarbeit in der Kirche ließen mich diese Erkenntnis gewinnen.

Mein Leben war der Weg eines ständig wiederkehrenden Ja zum Nein. Immer wieder habe ich versucht, gegen das zu kämpfen, was mir als Unrecht und unvollkommen erschien. Immer wieder bin ich dabei in Sackgassen gelaufen, habe Grenzen gespürt. Immer wieder habe ich versucht, diese Grenzen um ein kleines Stück zu verschieben, habe nach einer Sache gesucht, für die es sich lohnte, zu leben; einer Sache, die ich mit meinem Leben um ein kleines Stück besser machen wollte.

Doch immer wieder tauschte auch ich meinen Idealismus ein gegen angepasstes Streben nach Karriere, Wohlstand und sozialen Kontakten, was mich zwang, einen Menschen zu simulieren, der ich nicht war, der nicht aussprechen durfte, was ich dachte und Dinge tat, die ich für sinnlos hielt. Die äußeren Zwänge überstiegen meine Anpassungsfähigkeit, d. h., meine Bereitschaft, Prinzipien untreu zu werden und die verlogenen Spiele dieser Welt mitzuspielen. So stürzte immer wieder wie ein Kartenhaus ein, was ich mir aufgebaut hatte.

Der unterschiedliche Charakter und die unterschiedlichen Wertvorstellungen meiner beiden Eltern machten mich bereits in früher Kindheit zu einem nachdenklichen Menschen. Die Vielzahl der Wertsysteme, die im Laufe meines Lebens in mir aufeinanderprallten, verbunden mit der krassen Trennung meiner sozialen Räume, und die Erfahrung zu vieles Unpädagogischen waren der Grund meines immer tieferen Fragens nach dem Lebenssinn, der Grund meiner immer tieferen Suche nach dem absolut Schönen, Wahren und Guten, was ich Gott nannte. Immer mehr wurde von mir hinterfragt, was andere als selbstverständlich hinnehmen konnten.

Das Nachdenken über mich, diese Welt und mein Verhältnis zu ihr wurde mir schließlich zur Sucht, die es mir nicht mehr gestattete, die Studienleistungen zu erbringen, die mir noch zum Zeitpunkt meines Vorexamens möglich waren. Die Komplexität meines Lebensmodells hatte mich eingeholt – das Gleichungssystem war nicht mehr lösbar. Nicht der Umfang meiner Aufgaben war problematisch, sondern die Art, wie ich diese bearbeitete: die unvernünftige Tiefe meines Denkens, die von Tag zu Tag zunahm.

Ich wusste, dass ich mein Leben überreizt hatte. Ich hatte einen Punkt erreicht, über den hinaus ich nicht mehr in der Lage war, neue Erfahrungen positiv zu interpretieren und daraus eine echte innere Freude zu gewinnen. Ich war nicht mehr imstande, Ziele für mein Leben zu formulieren.

Es blieb mir der Freitod als ultima ratio, solange ich noch keine Kinder in diese Welt gesetzt hatte, für die ich Verantwortung zu tragen hätte.

Ich habe gelebt …

… mit meinen Eltern, die zu mir standen, wohin auch immer ich meinen Weg einschlug; die mir die Geborgenheit einer Familie schenkten, auch wenn unsere Wertvorstellungen auseinandergingen; denen ich für alles größte Dankbarkeit schulde.

… mit meiner Freundin M., der wunderbarsten Frau dieser Welt. Sie schenkte mir die schönsten Stunden meines Lebens. Unsere vollkommene Liebe war für mich Abbild der Liebe Gottes zu den Menschen. Doch sie machte mich noch zerbrechlicher und sensibler für alles Unrecht dieser Welt.

… mit meinem treuen Freund G., den ich als den bedeutendsten Menschen in meinem Leben bezeichnen muss. Uns verband eine ungewöhnlich tiefe Männerfreundschaft über zwölf Jahre, die durch nichts angreifbar war: nicht durch räumliche Entfernung, nicht durch unterschiedliche Studienrichtung, nicht durch Frauen.

Sie alle trifft keine Schuld an meinem Tod. Vielmehr ist es die Konstellation aller Einflüsse auf mein Leben, die mich in diese Situation geführt hat. Ich sehe mich als Opfer der Sinnkrise dieser Gesellschaft.

Mein Tod ist kein Martyrium, sondern Resignation. Dennoch möchte ich mit ihm in dieser Welt ein kleines Zeichen setzen, einer Welt, in der alle Menschen gut leben könnten, wenn sie ihre Spielregeln austauschten gegen jene, die Christus aufgezeigt hat. Dieses Zeichen zu setzen, ist das Sinnvollste, was ich mit meinem Leben noch anzufangen weiß. Darum habe ich keinen Verkehrsunfall inszeniert.

H. L.

P.S.: Ich wünsche keine kirchliche Trauerfeier. Sie wäre doch bloß Heuchelei. Meine Leiche befindet sich im Meer außerhalb des europäischen Kontinentes.

∾

Es begann eine qualvolle und zermürbende Zeit für die von H. geliebten und ihn liebenden Menschen. Trotz hervorragender Arbeit der Kriminalpolizei benötigte sie Wochen, bis sie eine Spur fanden, die sie weiterführte. H. L. war nach England geflogen und hatte sich ein Zimmer gemietet in einem kleinen Ort an der Atlantikküste. Man fand dort ein recht umfangreiches Buch, das er sich unterwegs gekauft hatte. Es war Anfang März und die Strände waren menschenleer. Jedoch von einem Fischkutter aus wurde gesehen, wie ein Mann am Strand spazieren ging und plötzlich ins Wasser sprang und nach einiger Zeit unterging. Die Suche nach ihm war zunächst erfolglos, bis nach einigen Wochen sein Körper an der englischen Küste angespült wurde.

Das Requiem wurde in der großen Kirche seiner Heimatgemeinde gefeiert, und an der anschließenden Beerdigung nahmen viele Menschen teil.

3 Drei Meditationen

Du brauchst den Tod nicht zu fürchten

Herr Jesus Christus, der Trost,
der aus deinen Worten spricht –
selbst noch in deinem Sterben am Kreuz –
offenbart mir etwas
vom Geheimnis meines eigenen Todes.
Ich weiß: Im Augenblick des Todes
ist das Leben geboren.
Diesen Weg zum Leben hast du mir durch dein Leiden
und deinen Tod geebnet und geöffnet.
Du, Herr,
hast das vom Vater aufgetragene Werk vollendet.
Hilf mir, dass auch ich meine Aufgaben in dieser Welt
mutig angehe und sie zu einem guten Ende führe.
Stehe mir zur Seite und bleibe bei mir,
wenn mich die Finsternis des Todes überfällt,
und führe mich aus dieser Dunkelheit
in dein wunderbares Licht.

Wenn ich diese Worte bete und dabei an meinen eigenen Tod denke, fällt mir das Wort von Augustinus ein: *Die Sehnsucht Gottes ist der Mensch.* Und fast gleichzeitig höre ich Christus sagen: *Und ich, wenn ich über die Erde erhöht bin, werde alle zu mir ziehen* (Johannes 12,32). Was kann ich tun, dass sich die Sehnsucht Gottes erfüllt und ich von der Liebe Jesu Christi angezogen werde – und dies ganz besonders im Tod? Mir kommt das Bild des Magneten in den Sinn. Wenn dieses Stück Eisen über Nadeln oder Nägel schwebt, die weder verrostet noch untereinander verhakt sind, werden sie sich aufrichten, ja, aufstehen und sich in die Richtung der anziehenden Kraft bewegen. Ist die Seele unbeschwert und leicht wie eine Feder, die weder verklebt oder von Nässe beschwert ist, wird sie sich beim Anruf Gottes durch ihre eigene Leichtigkeit und Beweglichkeit zu Gott erheben. Wenn sie allerdings ihre Leichtigkeit verloren hat, wird sie nicht mehr, wie es ihrer Natur entspricht, nach oben getragen, sondern durch die ihr anhaftende Last zu Boden gedrückt.

So wünschte ich mir meinen Tod: Die Seele möge nicht belastet oder beschwert sein, von aller Erdenschwere befreit, um sich durch die liebende Anziehung Jesu Christi zu ihm hin bewegen zu lassen. Ist nicht unser ganzes Leben eine Einübung, damit unsere Seele ihre natürliche Schwerelosigkeit zurückgewinnt und wir sowohl im Gebet, das in der Hingabe einem Sterben gleichkommt, und im Tod selbst von der Liebe Jesu Christi angezogen und bewegt werden? Jesus spricht bei Johannes von der alles umfassenden Gnadenkraft, die heilen, erlösen und zum Vater führen möchte. Christus – erhöht am Kreuz – möchte in universaler Breite alle Menschen an sich ziehen, die sich nicht nur im Tod, sondern bereits während ihres Lebens ihm öffnen und sich von ihm bewegen und führen lassen möchten. Dadurch nimmt er den Menschen mit hinein in den göttlichen Lebensbereich und entzieht ihn allen widergöttlichen Kräften, dem Bereich der Finsternis und dem Schrecken des Todes. Nichts sollte uns daher so sehr an die «Welt» binden oder gar fesseln, dass sich unsere Seele nicht jederzeit aufrichten und auf Gott ausrichten kann.

Aus dieser Erfahrung und Gewissheit haben schon viele gesagt und sagen es immer wieder: «Fürchte dich nicht vor dem Tod.» Sie meinen damit den Augenblick des Entschlafens, nicht den Vorgang des Sterbens. Das Sterben ist so verschieden wie es Menschen gibt, und oft kann es sehr schmerzhaft sein. Im Augenblick des Hinübergehens breiten sich eine Stille und eine Ruhe aus, die nichts mehr stören kann. Es ist, als käme der Schöpfer persönlich dem Sterbenden entgegen, um ihm die Hand zu reichen und ihn in eine neue, heile und lichterfüllte Welt zu geleiten. Bei den Umstehenden und denen, die den Sterbenden begleiten, verstummt alle Rede und geht in ein Staunen über vor etwas ganz Großem, das sich im Augenblick des Todes vollzieht.

Ein durch das Todesleiden schmerzverzehrtes Gesicht verliert alle Spannung und die Gesichtszüge spiegeln ein sanftes friedvolles Lächeln wider. Alle Furcht oder gar Angst schwindet dahin und man «sieht», wie im Augenblick des Todes den Sterbenden eine helle und heitere Vision erfüllt. Seine Hände öffnen sich weit, wenn er sein Leben dem Schöpfer zurückgibt. Eine letzte Hingabe vollzieht sich, und nichts Dunkles oder Erschreckendes begleitet dieses Opfer der hingebenden Liebe. Alles Leid wandelt sich in eine geheime Freude, alles Unvollendete erfährt Vollendung und Schönheit legt sich auf das Gesicht des Entschlafenen. Ja, mehr noch: Ein heiliger Kreis legt sich um ihn, der keine Berührung der diesseitigen Welt mehr erlaubt.

Das Loslassen, das in der Sterbestunde ganz besonders wichtig ist, kann und sollte bereits während des Lebens eingeübt werden. Im Ruhegebet, das zu einem lebenswahrhaftigen Gebet wird und über das Danken, Bitten und Loben hinaus in ein tiefes Schweigen vor Gott führt, nehmen wir unser eigenes Ich ganz zurück und richten uns anbetend auf Gott aus. Wir nehmen die Haltung eines Empfangenden ein, indem wir unser Herz öffnen im tiefen Bewusstsein, dass der Wille Gottes an uns geschehen möge. Neben individuellen Gaben, die sich erst in unserem Alltag offenbaren, schenkt der Schöpfer uns als erstes eine gnadenvolle Ruhe, in der wir gern länger verweilen möchten. Diese innere Ruhe stabilisiert sich immer mehr und begleitet uns auch dann, wenn wir aktiv sind. Ganz gleich, wo wir uns befinden und was wir auch tun, wir ruhen in Gott. Dies ist das Endziel allen Betens.

Die Ruhe, die uns im tiefen Gebet des Schweigens zuströmt, ist eine geheiligte Ruhe, die uns Gott am siebten Schöpfungstag geschenkt hat. Viele Menschen haben jedoch die lebensnotwendige Existenz dieser göttlichen Ruhe vergessen und leben ausschließlich in einer sich ständig verändernden Welt. Wer jedoch Zugang zu dieser ewig lebendigen Quelle des Friedens gefunden hat, darf sich glücklich schätzen. Die ruhevolle Wachheit, die sich uns aus dieser Gottverbundenheit schenkt, hilft uns nicht nur, unseren Alltag kraftvoller und sicherer zu bestehen, sondern sie schenkt auch das Gefühl der letzten Geborgenheit in Gott und somit Mut zum Loslassen in der Sterbestunde. Wer sollte da den Tod noch fürchten?

Wenn uns noch kostbare Lebenszeit geschenkt wird, so sollten wir sie nutzen, um alles abzugeben, was nicht zu uns gehört und was unsere Seele ungut belastet. So wie der Morgen die Fortsetzung der am Abend zuvor begonnenen Arbeit fordert oder wie der Landmann im Herbst erntet, was er zu einer anderen Jahreszeit gesät hat, wirken beim Menschen frühere Taten oder Denkweisen fort und verlangen Möglichkeiten zum Reifen oder zur Korrektur.

Es gibt ein Wort, das sagt: Wie du einschläfst, so wirst du auch erwachen. Die Gültigkeit dieses Wortes in unserer diesseitigen Welt kann ich durchaus durch meine eigene Erfahrung bestätigen, so wie ich sie auch im Leben anderer bestätigt sehe, mit denen ich darüber gesprochen habe. Ein Beispiel: Es gibt Menschen, die schauen sich abends im Fernsehen einen Film nach dem anderen an. Auf die Dauer erreicht ihr Schlaf nicht mehr die notwendige gesunde Tiefe, sondern er wird flacher und damit nicht mehr so erholsam. Am Morgen sind sie gereizt und nervös, und mittags klagen sie bereits über eine gewisse Erschöpfung, die sie dann mit starkem Kaffee oder bestimmten anregenden Medikamenten unterdrücken. Das Zusammenleben mit diesen Menschen, die in einen solchen Teufelskreis geraten sind, wird immer schwerer und unerträglicher, denn sie merken oft nicht einmal, dass sie auf dem Wege sind, krank zu werden oder es eventuell schon sind.

Wer jedoch weiß, wie belastend gerade dramatische Eindrücke am Abend sind und dass sie sich wohl kaum während des Schlafens oder im Traum kurzfristig auflösen, pflegt auf angemessene Weise die Ruhe. Er nimmt nicht mehr so viel neue Eindrücke in sich auf, sondern gewinnt durch Gebet oder Meditation Abstand von den Geschehnissen des Tages und richtet sich dabei innerlich auf Gott aus. Ich kenne viele Menschen, die am Abend den Rosenkranz vor dem Einschlafen beten, dann tief schlafen und am Morgen erfrischt und heiter erwachen.

Ist ein Geschäftsmann mit Schulden belastet und muss sein Geschäft schließen, wird er es vorübergehend sehr schwer haben, vielleicht in einer anderen Stadt wieder ein

Geschäft zu eröffnen. Ihm fehlt nicht nur das notwendige Kapital, sondern er muss sich zunächst eine Anstellung suchen und Geld verdienen, ehe er sich wieder selbstständig machen kann. Schließt dagegen jemand mit Gewinn ab, kann er bedenkenlos sein Geschäft schließen, um es daraufhin an einer anderen Stelle ohne Zeitverlust und großen Aufwand wieder zu eröffnen.

Könnte es nicht ähnlich sein, wenn wir einmal für immer einschlafen und aus dieser Welt gehen? Sind wir belastet, wird es die Seele schwerer haben, sich vom Körper zu lösen oder gar desorientiert sein, wenn sie von Gott durch den Tod auf den Weg des Lichtes gerufen wird. Sind wir jedoch geübt im Loslassen und Abgeben von allem, was uns beeindruckt oder gar belastet, werden die Strahlen der aufgehenden Sonne in der jenseitigen Welt – sie sind Zeichen der Auferstehung unseres Herrn Jesus Christus und seiner Erlösung – uns sogleich erheben und uns den weiteren Weg zu Gott weisen.

Aus der Gottverlassenheit errettet

Psalm 22, der mit einem erschütternden Klageruf beginnt, ist in besonderer Weise gesegnet, da Jesus den Anfang dieses Psalms am Kreuz gebetet hat und die gesamte Aussage des Textes auf das Leiden und Sterben Jesu verweist.

> Um die neunte Stunde rief Jesus laut: Eli, Eli, lema
> sabachtani?, das heißt: Mein Gott, mein Gott,
> warum hast du mich verlassen? (Matthäus 27,46)

Jesus tritt ein in die Gottverlassenheit, die von dem Beter des Alten Testamentes erfahren wurde. Jesus erklärt sich solidarisch mit der Fülle allen Leidens. Die frühen Christen sahen einen eindeutigen Zusammenhang zwischen diesem Psalm und dem Kreuzestod Jesu.

Alle menschlichen Sicherheiten sind zunichte geworden. Der Sterbende lässt sich in seinem übergroßen Leid in die Arme Gottes fallen und liefert sich mit seinem ganzen Sein ihm aus. Er weiß, dass Gott ihn erhören wird. Die Klage geht über in einen Lobpreis und dieser wiederum in ein lautes Klagen über den Schmerz und das Leid. Jesus wird am Kreuz höhnisch und spöttisch belacht, und in den folgenden Worten seiner Feinde kommt ihr ganzer Sarkasmus zum Ausdruck:

Er hat auf Gott vertraut: der soll ihn jetzt retten,
wenn er an ihm Gefallen hat; er hat doch gesagt: Ich
bin Gottes Sohn (Matthäus 27,43).

Die im Psalm genannten Tiere sind Bilder für die dämo-
nischen Kräfte. Das Leid steigert sich bis zum Äußersten
und wird in seiner nicht mehr zu ertragenden Intensität
Gott gegenübergestellt. In völliger Aussichtslosigkeit jedoch spürt der Sterbende die unmittelbare Nähe Gottes
und seine Hilfe, ja, in tiefster Aussichtslosigkeit offenbart
das Leid Gott, der helfen kann und hilft. Letztlich ist der
Beter dieses Psalms ganz tief und fest in Gott verwurzelt
und auf ihn gestellt. Er weiß, dass er von Gott kommt und
zu ihm zurückkehrt; er weiß, dass er von Gott in Ewigkeit
geliebt ist.

Mein Gott, mein Gott, warum hast du mich verlassen,
bist fern meinem Schreien, den Worten meiner Klage?
Mein Gott, ich rufe bei Tag, doch du gibst keine Antwort;
ich rufe bei Nacht und finde doch keine Ruhe. –

Aber du bist heilig, du thronst über dem Lobpreis Israels.
Dir haben unsere Väter vertraut, sie haben vertraut
und du hast sie gerettet.
Zu dir riefen sie und wurden befreit,
dir vertrauten sie und wurden nicht zuschanden. –

Ich aber bin ein Wurm und kein Mensch,
der Leute Spott, vom Volk verachtet.
Alle, die mich sehen, verlachen mich,
verziehen die Lippen, schütteln den Kopf:
«Er wälze die Last auf den Herrn, der soll ihn befreien!
Der reiße ihn heraus, wenn er an ihm Gefallen hat.»
Du bist es, der mich aus dem Schoß meiner Mutter zog,
mich barg an der Brust der Mutter.

Von Geburt an bin ich geworfen auf dich,
vom Mutterleib an bist du mein Gott.
Sei mir nicht fern, denn die Not ist nahe
und niemand ist da, der hilft.

Viele Stiere umgeben mich,
Büffel von Baschan umringen mich.
Sie sperren gegen mich ihren Rachen auf,
reißende, brüllende Löwen.

Ich bin hingeschüttet wie Wasser,
gelöst haben sich all meine Glieder.
Mein Herz ist in meinem Leib wie Wachs zerflossen.
Meine Kehle ist trocken wie eine Scherbe,
die Zunge klebt mir am Gaumen,
du legst mich in den Staub des Todes.

Viele Hunde umlagern mich,
eine Rotte von Bösen umkreist mich.
Sie durchbohren mir Hände und Füße.
Man kann all meine Knochen zählen;
sie gaffen und weiden sich an mir.
Sie verteilen unter sich meine Kleider
und werfen das Los um mein Gewand.

Du aber, Herr, halte dich nicht fern!
Du, meine Stärke, eil mir zu Hilfe!
Entreiße mein Leben dem Schwert,
mein einziges Gut aus der Gewalt der Hunde!
Rette mich vor dem Rachen des Löwen,
vor den Hörnern der Büffel rette mich Armen! –

Ich will deinen Namen meinen Brüdern verkünden,
inmitten der Gemeinde dich preisen.
Die ihr den Herrn fürchtet, preist ihn,
ihr alle vom Stamm Jakobs, rühmt ihn;
erschauert alle vor ihm, ihr Nachkommen Israels!

Denn er hat nicht verachtet,
nicht verabscheut das Elend des Armen.
Er verbirgt sein Gesicht nicht vor ihm;
er hat auf sein Schreien gehört.
Deine Treue preise ich in großer Gemeinde;
ich erfülle meine Gelübde vor denen, die Gott fürchten.

Die Armen sollen essen und sich sättigen;
den Herrn sollen preisen, die ihn suchen.
Aufleben soll euer Herz für immer. –

Alle Enden der Erde sollen daran denken
und werden umkehren zum Herrn:
Vor ihm werfen sich alle Stämme der Völker nieder.
Denn der Herr regiert als König;
er herrscht über die Völker.
Vor ihm allein sollen niederfallen die Mächtigen der Erde,
vor ihm sich alle niederwerfen, die in der Erde ruhen.

Meine Seele, sie lebt für ihn;
mein Stamm wird ihm dienen.
Vom Herrn wird man dem künftigen Geschlecht erzählen,
seine Heilstat verkündet man dem kommenden Volk;
denn er hat das Werk getan.

Der Tor und der Tod

Der Nachtrag zum Johannesevangelium, das 21. Kapitel, stellt zu Beginn die Frage: Ist Christus, der Auferstandene, uns wirklich noch nahe und hat der Glaube an ihn einen Sinn? Ich möchte sagen, dass dieses Kapitel, das zwischen Diesseits und Jenseits vermitteln möchte, für uns heute hoch aktuell ist. Mit dem großen Osterbericht, mit der Begegnung des Auferstandenen mit Thomas, geht das eigentliche Johannesevangelium zu Ende. Und nun: Rat- und Sinnlosigkeit der Jünger; sie haben keinen Lebensplan und kein Konzept. Dass ihr Herr und Meister wahrhaft auferstanden sein soll, konnten die Jünger im Nachhinein einfach nicht fassen. Sie wissen zwar alles von ihm, erfahren ihn aber nicht, weil sie nicht vom Auferstehungsglauben getragen werden. Resigniert fällt Petrus in seinen früheren Beruf zurück und geht fischen. Doch das ist sinnlos und bringt buchstäblich nichts mehr ein. Dabei hatte er doch vom Herrn den Auftrag bekommen, Menschenfischer zu sein, das heißt, nicht mehr im Bereich des Lebens zu fischen und die Fische an das Gestade des Todes zu ziehen, sondern Menschen vor dem Absturz zu retten und sie damit an das Gestade des Lebens zu ziehen. In dieser Nacht fuhr er mit anderen Jüngern auf den See Tiberias hinaus, doch sie fingen nichts. Man darf sagen, sie erleben sich ohne Mitte und ohne Ziel. Die Art, wie sich das 21. Kapitel des Johannesevangeliums uns darstellt, ist symbolisch.

Eine solche Weg- und Ziellosigkeit gehört bei vielen Menschen heute zu ihrer Grundstimmung. Der Glaube jedoch, wenn er lebendig erfahren wird, zeigt erfüllende Wege, die nicht nur auf ein Ziel hinweisen, sondern auch zum Ziel führen. In jedem Leben gibt es Zeichen und Lichtblicke, die den Weg, die Wahrheit und das Leben offenbaren. Wichtig nur ist, sie wahrzunehmen, zu erkennen und ihnen dann auch zu folgen.

Das Evangelium, das uns Leitfaden sein und uns an der Stelle abholen möchte, an der wir stehen, spricht zunächst davon, dass die Jünger diese Wahrnehmung verfehlten. Als nach der erfolglosen Nacht ihres Fischfangs der Morgen dämmerte, *stand Jesus am Ufer. Doch die Jünger wussten nicht, dass es Jesus war.* Es gehört offenbar ein längerer Prozess, ein christlicher Prozess dazu, bis man die österliche Gestalt am anderen Gestade, in der österlichen Welt, erkennt. Der, der in der Morgensonne am gegenüberliegenden Ufer steht, hat die Stürme, die dunkle Nacht, den Tod und damit diese Welt überwunden. Es ist Christus, die unbesiegte Lebenskraft, die Sonne, die am jenseitigen Ufer aufgeht und uns die österliche Welt offenbaren möchte. Jesus sprach die Jünger an und sagte zu ihnen: *Meine Kinder, habt ihr nicht etwas zu essen?* Ihre Hände und Netze waren leer, und sie antworteten: «Nein.» Erst als sie auf das Geheiß Jesu die Netze noch einmal ausgeworfen und viel gefangen hatten, erkannten sie den Herrn und empfingen ihren Auftrag neu.

Wenn wir aus unserem Lebensschiff aussteigen müssen, nachdem es das Meer der diesseitigen Welt überquert hat und wir am jenseitigen Ufer angekommen sind, wird Jesus in der Morgendämmerung am Ufer stehen und auf einen jeden von uns warten. Mögen wir ihn doch durch den Morgennebel hindurch gleich erkennen und auf ihn zugehen. Ich wünsche mir dieses Wort aus dem Johannesevangelium auf meinem Totenzettel: *Als der Morgen dämmerte, stand Jesus am Ufer.* Dahin geht meine Sehnsucht und mein Hoffen: nach der Dunkelheit und den Strapazen des Sterbens und der Todesbewältigung im aufgehenden Licht der Ewigkeit dem auferstandenen Herrn zu begegnen, von ihm an die Hand genommen und geführt zu werden.

Oft denke ich darüber nach, was ich ihm antworte, wenn er mich fragt: «Mein Kind, hast du etwas zu essen mitgebracht, wovon man in der Welt, die du jetzt nach deinem irdischen Tod betrittst, leben kann? Deine Lebenszeit liegt hinter dir, du hast viel gearbeitet. Aber kannst du jetzt über die Zeit- und Todesgrenze hinaus, was die Essenz deines Lebens ausmacht, davon leben? Bringst du etwas mehr Liebe und ein weiteres Herz mit, als ich dir bei deinem Eintritt in die Menschenwelt gegeben habe?» Dem Menschen soll mit dieser Frage Jesu zu Bewusstsein gebracht werden, wie es um ihn steht und was ihm eventuell fehlt.

Viel Oberflächliches und Unnötiges, das ich in der Welt als wichtig erachtet habe, fällt mir ein. Oft habe ich ausschließlich im Eigenentwurf gehandelt, ohne ein geliebtes Du oder gar das Du Gottes mit einzuschließen. Ich habe allzu häufig ohne inneren Auftrag, ohne Bestimmung und einfach beliebig gehandelt. Wie gütig spricht Jesus uns mit *Meine Kinder* an. Will er damit sagen: Gesteht es doch ein, dass ihr von euch allein her nicht leben könnt. Gesteht es doch ein, dass euer Netz leer geblieben ist. Aller Aufwand in Eigenwilligkeit ist vergeblich und Scheinwerk, wenn unser Tun und Lieben nicht beseelt und belebt ist von dem her, der am Ufer von Zeit und Geschichte steht.

Und erst langsam und mühsam kristallisiert sich ein wenig heraus, was aus meinem Leben in der jenseitigen

Welt vor ihm vielleicht Bestand haben könnte. Ich nehme mir vor, mich mit dieser Frage des Öfteren zu konfrontieren und sie auch in Seelsorgegesprächen anderen zu stellen, um zielgerichteter und schneller auf das Wesentliche und Zeitüberdauernde zu kommen. Denn darauf zielt unsere Zeit, unsere Welt und unser Leben. Eine gewisse Anstrengung wird bleiben, sie wird jedoch leichter und führt schneller zur Erfüllung und zum Ziel, wenn sie durch Ihn und mit Ihm und in Ihm geschieht. So wird jegliche Anstrengung von innen her verwandelt und leicht.

Die Frage Jesu *Meine Kinder, habt ihr nicht etwas zu essen*? richtet sich gegen die Tragödie der menschlichen Lüge, gegen das Pseudohafte eines menschlichen Lebens. Das Eingestehen kann ein erster Ansatz zur Heilung sein. Viele Menschen müssen jedoch erst in ihrer Eigenwilligkeit und ihrem Egoismus bis ans Ende gegangen sein, bis sie ein Geständnis ablegen und sich helfen lassen.

Ein klassisches Beispiel, das mich immer neu und zutiefst berührt, ist der alternde und jetzt vom Tod aufgesuchte Claudio aus dem lyrischen Drama «Der Tor und der Tod» von Hugo von Hofmannsthal. Claudio sitzt abends in seinem Studierzimmer, in dem sich viele kostbare Antiquitäten befinden, und sinnt seinem Leben nach. Er schaut aus dem Fenster und sieht die letzten Strahlen der Abendsonne.

> Es scheint mein ganzes, mein versäumtes Leben
> verlorne Lust und nie geweinte Tränen
> um diese Gassen, dieses Haus zu weben
> und ewig sinnlos Suchen, wirres Sehnen.

Er fragt sich, was er vom wahren Menschenleben weiß und kommt zu dem Schluss, dass er das Leben zwar verstanden, aber selbst niemals richtig gelebt hat – weder vom Schmerz durchschüttert noch von der Liebe erfüllt. Die vornehme Umgebung und die Kunstgegenstände sind für ihn kein Lebensersatz, obwohl es früher so schien. Claudio sieht sein Leben wie ein Buch, das er zur Hälfte noch nicht und halb nicht mehr begreift.

Plötzlich ertönt das sehnsüchtige und ergreifende Spiel einer Geige. Sie ruft ihm seine Kindheit in Erinnerung, in der die Welt noch für ihn leuchtete. Alle Dinge waren voller Leben und er konnte sie noch liebend erfassen. Die wunderbare Musik, in der Claudio Göttlich-Menschliches verspürt, verstummt plötzlich. In der Tür steht der Tod. Er schaut Claudio ruhig an.

> Geh weg! Du bist der Tod. Was willst du hier?
> Ich fürchte mich. Geh weg! Ich kann nicht schrein,
> der Halt, die Luft des Lebens schwindet mir!
> Geh weg! Wer rief dich? Geh! Wer ließ dich ein?

Nachdem sich Claudio von diesem Schock ein wenig erholt hat, bestärkt der Tod, dass er ihn in dieser wahrhaft großen Stunde bewusst im Grund seiner Seele mit heiliger und geheimnisvoller Macht angerührt habe. Der Tod gibt zu verstehen, dass sein Kommen einen ganz eindeutigen Sinn hat. Doch Claudio wehrt sich gegen den Tod: *Ich habe nicht gelebt! Und ich hab nie gewusst, dass das schon Leben heißt.*

> Bin nie auf meinem Weg dem Gott begegnet,
> mit dem man ringt, bis dass er einen segnet.

Der Tod ist entsetzt, dass er Claudio jetzt an seinem Ende erst sagen muss, was es wahrhaft heißt, zu leben. Claudio fühlt sich nicht reif, jetzt schon in den Arm des Todes fallen zu müssen. Er bittet daher den Tod, ihn noch eine Weile hier zu lassen, um wahrhaft leben zu können.

> Denn schau, glaub mir, das war nicht so bisher:
> Du meinst, ich hätte doch geliebt, gehasst …
> Nein, nie hab ich den Kern davon erfasst,
> es war ein Tausch von Schein und Worten leer!

Der Tod lehrt Claudio, wenigstens am Ende das Leben zu ehren, und ruft mit ein paar Geigenstrichen drei Tote, denen gegenüber Claudio sich schuldig gemacht hat: seine Mutter, seine verlassene Geliebte und seinen Freund. Nacheinander ziehen sie vorüber, klagen ihn an – ihn, *der keinem etwas war und keiner ihm.* Sowohl die Mutter als auch die Geliebte und der Freund mussten den Schmerz des Lebens auskosten; sie haben wahrhaft geliebt, aber auch gelitten unter der Liebe, doch sind sie gegenüber Claudio dadurch reif geworden und dürfen sich jetzt in der jenseitigen Welt selig nennen. Der Tod gewährt keinen Aufschub mehr und greift zu. Es ist der Augenblick, in dem Claudio erstmals Wirklichkeit erfährt. Denn bisher war er ein Mensch, der die Natur als ein Gemälde behandelte, das Leben als Buch und die Mitmenschen als bloße Puppen. Er war unfähig, wahrhaft zu lieben. Daher bleibt auch keine Essenz am Ende seines Lebens, von der er weiterleben kann. Claudios Lebensfremdheit wird durch den Tod einem Gericht unterzogen, in dem er endlich Wirklichkeit spürt.

> Warum geschah mir das? Warum, du Tod,
> musst du mich lehren erst das Leben sehen,
> nicht wie durch einen Schleier, wach und ganz,
> da etwas weckend, so vorübergehen?

Es ist jedoch für Claudio zu spät, da das Leben ungenutzt an ihm vorübergegangen ist. Erst im Sterben spürt er, dass er lebt. In dieser letzten Situation, die aber keine Chance mehr beinhaltet, ruft Claudio, indem er sein eigenes Sterben verklärt: *Da tot mein Leben war, sei du mein Leben, Tod!* Er sinkt tot zu Füßen des Todes nieder. Der Tod schüttelt den Kopf: Wie sonderbar war dieses Wesen, das noch im Ewig-Dunklen Wege finden wollte.

4 Trauer

Die Zahl Drei

In einer kleinen Dorfkirche durfte ich ein junges Paar trauen, das schon eine zweijährige Tochter hatte. Sie, Sarah, war während der Trauung bei den Großeltern in der ersten Bank – die Eltern saßen auf rot bezogenen Stühlen direkt vor dem Altar. Die Kirche war bis auf den letzten Platz besetzt: Verwandte und Bekannte, Abgeordnete aus verschiedenen Gemeinden mit Standarten, festlich gekleidet, und viele junge Menschen – ein Zeichen, wie beliebt das junge Paar war und wie man ihre Entscheidung, auch kirchlich sich zu trauen, bejahte und unterstützte. Zwischen meinen Worten gab Sarah laut ihre Kommentare, was mir sehr entgegenkam, denn ich musste manche Texte wegen der Existenz von Sarah ein wenig umformulieren. Nach der Trauung und der heiligen Messe holte eine Kutsche mit vier Pferden das Brautpaar, Sarah und die Trauzeugen ab. Sie feierten in einem großen Zelt auf dem elterlichen Hof. Da ich an diesem Tag noch andere Verpflichtungen hatte, konnte ich nicht an dem Hochzeitsfest teilnehmen.

Das Spenden der Sakramente verbindet immer ein wenig mit den Menschen, die sie empfangen. Wenn man sich wieder trifft, bleibt man stehen und spricht miteinander. Als ich den Eltern und Sarah nach über einem Jahr zufällig begegnete, sah und erfuhr ich, dass die Mutter ein zweites Kind erwartete. Ich freute mich mit ihnen, und als ich fragte, ob alles gut ginge, sagte die Mutter, dass diese Zeit für sie schwerer sei als bei ihrem ersten Kind, die Ultraschalluntersuchungen jedoch beste Ergebnisse zeigten. «Drei Monate noch, dann kommt es zur Welt. Wir freuen uns riesig auf unser zweites Kind. Und Sarah kann es kaum noch erwarten ...» Dann verabschiedeten wir uns.

Einige Wochen später rief mich der Vater an und fragte, wann er mich mit seiner Frau besuchen dürfe – es sei dringend. «Wir haben gestern nach einer Ultraschalluntersuchung von der Ärztin gehört, dass unser Kind nicht gesund sei. Neben einem Herzfehler hat es so starke Missbildungen des Kopfes, dass es mit dieser außerordentlichen Behinderung nicht lebensfähig sein wird. Die Ärztin rät zu einem Abbruch.»

Mir war klar, wie ich mich verhalten und was ich den beiden raten und ans Herz legen wollte: unter keinen Umständen einen Eingriff zu vollziehen und das Kind zu töten. Da ich jedoch bislang keine weiteren seelsorglichen Erfahrungen mit Eltern oder Müttern hatte, die in Erwägung zogen, sich von ihrem ungeborenen Kind zu verabschieden, rief ich eine mir gut bekannte Leiterin einer großen Einrichtung für Behinderte an. Nachdem ich ihr kurz dargelegt hatte, um was es ging, sagte sie: «Wir hatten eine ganz liebe Bewohnerin bei uns – sie lebt jetzt nicht mehr –, die Margot hieß. Margot litt unter dem Down Syndrom. Als sie eines Tages hörte, dass nach einer neuen Bestimmung ungeborene Kinder, bei denen das Down Syndrom festgestellt wird, im Mutterleib getötet und entfernt werden dürfen – mit diesen Worten gab sie es wieder – kam sie ganz traurig zu mir und sagte: «Demnach würde ich jetzt ja gar nicht leben. Und ich lebe doch so gern!»

Da mich die Geschichte von Margot sehr betroffen gemacht hat und im Grunde alles aussagt, nahm ich mir vor, bei unserem Gespräch von Margot zu erzählen. Am folgenden Tag kam zur verabredeten Zeit das Ehepaar. Obwohl es nicht so ganz meiner Art entspricht, nahm ich bei der Begrüßung zuerst sie und dann ihn in den Arm. Ich spürte, dass es ihnen gut tat. Beide weinten …

Im Gespräch hielt ich mich zurück und ließ die Mutter reden, die von ihrem Mann liebevoll unterstützt wurde. Noch nie wurde mir die Anwesenheit eines ungeborenen Kindes so bewusst wie in diesen Stunden. Zwischendurch stellte ich zum besseren Verstehen der medizinischen Ausdrücke ein paar kurze Fragen, die mir beide auf einfache Weise beantworteten. Es war entlastend und wohltuend für sie, wieder und wieder über ihre Situation und die ihres Kindes zu reden. Es sollte ein Mädchen werden und Rebekka heißen.

Bevor wir im Gespräch auf die eigentliche Frage kamen, erzählten die Eltern von den Behinderungen, die bereits bei Rebekka festgestellt wurden. Auf meine Frage, warum diese nicht eher erkannt wurden, wussten sie keine Antwort. «Vielleicht wollte man uns schonen und spezifische Untersuchungen abwarten!» Abwechselnd und sich einander ergänzend zählten sie all das auf, was sie am Vortage von der Ärztin gehört hatten. Bei meinen Fragen, die ich zwischendurch stellte, nannte ich immer wieder den Namen Rebekka. Das war mir ein Bedürfnis. Und als die Eltern antworteten, fiel mir auf, dass auch sie jetzt ihren Namen häufiger benutzten. Sie war die Vierte im Bund, und um sie allein ging es.

«Bei Rebekka handelt es sich um das Edwards-Syndrom oder Trisomie 18.» Ich hatte noch nie etwas von dieser Krankheit gehört und stutzte. «Von ungefähr zehntausend Kindern ist höchstens eines mit dieser unheilbaren Chromosomenkrankheit belastet. Und gerade uns muss es treffen … Das Syndrom wurde 1960 von Edwards erstmals beschrieben als Folge einer Verdreifachung – daher der Name Trisomie – von Erbmaterial des 18. Chromosoms. Die Ärztin sagte uns, dass fast alle Kinder mit dieser außerordentlichen Behinderung schon in den ersten Wochen während der Schwangerschaft sterben. In unserem Fall erlebe sie es das erste Mal, dass ein Kind mit Trisomie 18 so lange lebensfähig ist. Es seien vornehmlich Mädchen, bei denen diese schwere Entwicklungsstörung auftrete.»

Was wollten die Eltern damit aussagen, dass sie so eingehend und lange von der Trisomie 18 berichteten? Wollten sie mich von der Notwendigkeit einer Abtreibung und damit Tötung des Kindes überzeugen? Ich griff nicht ein, denn es tat ihnen gut, alles auszusprechen, was sie beim Arztgespräch erfahren hatten.

«Sonderbar ist», sagte die Mutter, «dass sie sich in letzter Zeit nicht mehr so viel bewegt wie am Anfang. Ich habe auch den Eindruck, sie wächst nicht mehr! Vielleicht ist sie schon tot.» Zum ersten Mal fiel in unserem Gespräch das Wort «Tod» und ich fragte mich, was die Eltern wohl von mir erwarteten und was wohl ihr Hauptanliegen war.

«Wir erfuhren, welche Entwicklungsstörungen und Missbildungen unser Kind hat und bekommen auch jetzt noch, wenn wir es uns vorstellen, einen großen Schrecken. Auf den Ultraschallbildern – ohne den speziellen Hinweis der Ärztin hätten wir es nicht erkannt – sahen wir einen stark ausladenden Hinterkopf und ein fliehendes Kinn als

Folge einer Kieferfehlentwicklung. Die Ärztin sagte uns, dass der starke Herzfehler und dazu das kaum ausgeprägte, aber mit Zysten beladene Gehirn das Kind außerhalb des Mutterleibes nicht lebensfähig sein ließen. Sie wies uns auch auf eine auffallend große Flüssigkeitsansammlung im Nackenbereich des Kindes hin und zeigte uns, dass Oberschenkel- und Oberarmknochen zu kurz seien.»

Lange Gesprächspausen traten auf, je intensiver die Eltern von den Missbildungen ihres Kindes sprachen. Ich war so betroffen, dass ich nichts sagen konnte, sondern mir all diese Behinderungen vorstellte – direkt neben mir im Leib der Mutter. Zwischendurch betete ich leise und bat den Herrn, doch dieses Kind mit derartig schlimmen Behinderungen zu sich zu nehmen und uns damit alle Entscheidungen abzunehmen.

«Dass man uns erst so spät aufgeklärt hat, liegt wohl daran, dass zunächst eine Chromosomenanalyse gemacht werden musste», sagte der Vater. «Auf das Ergebnis mussten wir lange warten, aber es zeigt eindeutig, dass es sich um eine Trisomie 18 handelt. Obwohl uns geraten wurde, die Schwangerschaft abzubrechen, um meine Frau nicht unnötig psychisch noch mehr zu belasten und sie eventuell damit zu konfrontieren, ein totes Kind in sich zu tragen, haben wir uns nach einem langen Gespräch unter vier Augen dazu entschlossen, Rebekka nicht abzugeben. Anna-Maria hatte diese Entscheidung schon längst für sich selbst und ihr Kind getroffen, doch die Aussagen der Ärzte haben uns vorübergehend unsicher gemacht.»

Ich atmete innerlich auf und war erleichtert. Endlich konnte ich meinen Gefühlen und meinen Worten freien Lauf lassen, was den Eltern sehr entgegenkam. Sie bestätigten mir noch einmal, dass sie allem den natürlichen Verlauf lassen wollten, indem sie im Gebet das Leben und das Sterben von Rebekka in Gottes Hände legten. Fast am Ende unseres Gespräches fragte ich, was ich für sie tun könne und was der Grund ihres Kommens sei. Die Mutter antwortete: «Wir möchten Sie fragen, da unser Kind wahrscheinlich keine Chancen hat, nach der Geburt weiter zu leben, ob Sie es beerdigen würden.»

Erleichtert bejahte ich sofort die Frage – erleichtert, da ich mit den Eltern nun nicht um das Leben des Kindes ringen musste, was ich anfangs befürchtet hatte. Ich fragte nach ihren Wünschen und erfuhr, dass sie nur allein – mit dem Priester zusammen – Rebekka beerdigen wollten. Es sollte eine stille kleine Feier werden. Ein wenig unwohl war es mir zeitweilig bei diesem Gespräch, denn das Kind lebte und wir sprachen bereits von seinem Tod …

Mit der gegenseitigen Zusage, in Kontakt zu bleiben, verabschiedeten wir uns voneinander – Stunden waren vergangen, ohne dass ich es bemerkt hatte. Anna-Maria drehte sich noch einmal um und winkte, ihre Augen waren voller Tränen. Seit diesem Tag betete ich intensiv für sie und ihr Kind. Als sie zur Geburt in die Klinik gebracht wurde, rief mich ihr Mann an und berichtete, dass man die Geburt einleiten wolle. Am nächsten Tag sagte er dann am Telefon, dass die Wehen siebzehn Stunden dauerten, bis Rebekka zur Welt kam: tot.

Als seine Frau wieder zu Hause war, legten wir den Termin der Beerdigung fest. Der bereits ausgesprochene Wunsch der Eltern war es, keine Fremden dazu einzuladen – auch nicht die eigene Verwandtschaft. Als der Tag gekommen war, fuhren wir gemeinsam zum Friedhof. Der Vater hatte sich dafür eingesetzt, dass Rebekka dem Kindergrab beigesetzt werden durfte, in dem seine vor vierzehn Jahren verstorbene kleine Schwester beerdigt wurde. Ein Bestatter hatte alles Notwendige geregelt.

Unterwegs während der Fahrt drückte die Mutter ihre große Erleichterung aus. «Wir haben – Gott sei Dank – nicht eingegriffen und alles so angenommen, wie es sich gefügt hat. Die Stunden bis zur Geburt und die Geburt selbst waren anstrengend und auch nervlich eine große Herausforderung. Als Rebekka kam, zeigte sich, wie klein sie ist, denn sie war in den letzten Wochen nicht mehr gewachsen. Die Hebamme sagte uns gleich – mein Mann war bei der Geburt dabei –, dass das Kind nicht leben würde. Die Todesursache war Herzstillstand, Kreislaufversagen und Atemstillstand. Auf unseren Wunsch hin haben wir Rebekka gesehen, obwohl man uns vor der Geburt davon abgeraten hatte. Nachdem sie gewaschen war, brachte man sie zurück und legte sie in meinen Arm – ein kleines mit Babysachen angezogenes Kind mit geschlossenen Augen, schwarzen Haaren, kurzen Armen und Beinen ...»

«Wie gut», sagte der Vater, «dass wir sie noch eine Weile bei uns haben konnten. Unsere Seelen haben sich sehr beruhigt, hatten wir doch vom Anblick her mit viel Schlimmerem gerechnet. Besonders hervorstechende Missbildungen sind uns nicht aufgefallen. Bevor wir Rebekka wieder abgaben, haben wir sie noch fotografiert. Wenn wir in den nächsten Tagen zu Ihnen kommen, bringen wir die Aufnahmen mit.»

«Herr, du bist wunderbar und groß in deiner Güte», betete ich leise. An diesem Sonnabendmorgen im Mai strahlte die Sonne warm vom wolkenlosen azurfarbenen Himmel. Als wir neben der Friedhofskapelle parkten und ausstiegen, sang eine Amsel in so herrlichen Tönen, dass es eine Nachtigall hätte sein können. Der Bestatter begrüßte uns und zog sich dann zurück. Unter dem großen schweren Kreuz stand ein niedriger Tisch, auf dem der kleine weiße Sarg stand. Ehrfurchtsvoll streichelten wir ihn und ließen die Stille auch in unser Inneres ...

Um den kleinen weißen Sarg lag eine Fülle von weißen Rhododendron-Blüten und zwischen ihnen standen brennende Teelichter. Mein Beten begleitete die Amsel mit ihrem kräftigen Gesang. «Großer, gütiger und allmächtiger Gott! Du hast Rebekka zu dir gerufen und schenkst ihr die beglückende Freude, mit den Engeln und Heiligen deine Herrlichkeit zu schauen und zu preisen. Wir bitten dich: Schenk auch uns nach diesem irdischen Leben die ewige Freude in ihrer Gemeinschaft. Durch Christus, unsern Herrn. Amen.»

Der Vater hielt zitternd einen Strauß weißer Rosen in seiner Hand und seine Frau Anna-Maria einen kleinen Teddybär. Stille und tiefer Friede umgaben uns. Ich wartete, denn es fiel mir schwer, diese durch den Tod und die Auferstehung geheiligte Stille durch Worte zu stören …

«Erhöre, Herr, das Gebet deiner Gläubigen. Du hast dieser Familie ihr Kind geschenkt und es ihr wieder genommen. Wir können deine Pläne nicht begreifen. Aber wir wissen, dass du alle Menschen liebst. Darum bitten wir dich: Tröste die Eltern in ihrem Schmerz und richte sie auf in der Hoffnung auf deine Güte. Durch Christus, unsern Herrn. Amen.»

Von der Friedhofskapelle waren es nur ein paar Schritte zu dem kleinen ausgehobenen Grab. Der Bestatter ging uns voran und trug den weißen Sarg, der die Sonne widerspiegelte. Alles war so klein, so winzig und doch so groß! An zwei weißen Schnüren ließ er den Sarg hinunter, dann zog er sich wieder zurück. Wir standen dicht nebeneinander und schauten … Es fiel mir schwer, bei den Worten «Von der Erde bist du genommen, und zur Erde kehrst du zurück. Der Herr aber wird dich auferwecken» ein wenig Erde auf den kleinen weißen Kindersarg zu werfen. Der Vater übergab seiner Tochter die weißen Rosen. Dann schwiegen wir lange. Anna-Maria weinte leise. Sie streichelte den Teddybären, den sie immer noch in der Hand hielt, und ließ ihn über dem Sarg fallen. Unvorhergesehen machte er eine Halbdrehung und landete sanft auf dem Kopfende des Sarges, so, als ob er sich in die Arme von Rebekka schmiegen wollte.

Wir standen immer noch schweigend am Grab, bis der Herr vom Beerdigungsinstitut mit einem Arm voller weißer Rhododendron-Blüten auf uns zukam und fragte, ob er sie mit hineingeben dürfe. Der kleine weiße Sarg, ein wenig Erde, die weißen Rosen und der Teddybär – alles mit weißen Blüten bedeckt …

Nie hätt' ich gelassen die Kinder hinaus

Wie oft habe ich mich schon gefragt, warum dieser oder jener Schicksalsschlag mich trifft – andere trifft. Der Grund vieler Ereignisse im menschlichen Leben bleibt uns vorerst verschlossen, mögen wir auch noch so viele Überlegungen anstellen. Oft stehen wir betroffen und fragend vor der Wirklichkeit unsagbaren Leidens und dem Tod. Viele Wunden und Schmerzen, die Menschen zugefügt werden, sind unerträglich und übersteigen jegliches Maß. Sie können eine Tiefe erreichen, aus der wir glauben nicht mehr entkommen zu können. Ich habe einmal in einem theologischen Buch den Satz gelesen: «Durch Wunden wird eine Tiefe geschlagen, in der Ewigkeit wohnt.» Sollte dieser Satz eine Wirklichkeit aussagen, so habe ich sie trotz vieler Wunden noch nicht erlebt. Ist es nicht für einen betroffenen Menschen unglaublich schwer, in seinem Schmerz die Ewigkeit zu erkennen und wahrzunehmen? Vielleicht ist dies im Nachhinein und im Rückblick einigen Menschen möglich. Die meisten bleiben jedoch vor vielen Schicksalsschlägen fassungslos und sprachlos stehen.

Als Kaplan in Kevelaer war ich zusammen mit einem anderen Geistlichen für die Krankenhausseelsorge zuständig. Zu genau festgelegten Zeiten musste ich Tag und Nacht erreichbar sein. Das Funkgerät, das ich dann bei mir trug, hatte eine Reichweite von zwei Kilometern.

Nachts lag es neben mir. Bei allem, was ich in diesen Tagen tat – sei es das Führen eines Seelsorgegespräches, das Beichtehören oder seien es persönliche Dinge –, fühlte ich mich nie ganz frei, sondern angespannt und in Erwartung, jeden Augenblick gerufen zu werden. Gewöhnung an diese außerordentliche Situation trat nicht ein. Es gehörte jedoch zu meinen erfüllendsten Aufgaben, Kranken und vor allem Sterbenden beizustehen.

Eines Mittags – es war ein sonniger Maitag – wurde ich gerufen, so schnell wie möglich ins Krankenhaus zu kommen. Es war ein Anruf aus der Ambulanz. Ich ahnte Schlimmes und machte mich sofort auf den Weg. Von meiner Wohnung am Kapellenplatz bis zum Krankenhaus an der Basilikastraße war es nicht weit. Hier musste eine andere Aufgabe auf mich warten als die, einem Kranken oder Sterbenden beizustehen. Da die Ambulanz einen eigenen Eingang und eine eigene Einfahrt hatte, war sie schnell zu erreichen. Die Krankenschwester führte mich in eine abgetrennte Kabine zu einer Bahre. Der zuständige Arzt, der gerade seine Untersuchungen beendet hatte, begrüßte mich kurz und sagte: «Der Junge hätte eigentlich nicht mehr zu uns gebracht werden dürfen, da er am Unfallort bereits verstarb. Er ist mit seinem Fahrrad unter einen Lastwagen gekommen. Die Eltern sind benachrichtigt und werden gleich eintreffen. Übernehmen Sie bitte jetzt alles Weitere.»

Ich stand allein in der Kabine – vor mir unter einem weißen Laken der tote Junge. Sollte ich, bevor die Eltern eintreffen, den Jungen anschauen, um ihnen vielleicht einen bestimmten Anblick zu ersparen? Ich stand wie gelähmt neben der Bahre und wagte es nicht, obwohl man mir gesagt hatte, dass sein Kopf äußerlich unverletzt sei. Dafür sprach ich leise ein Gebet – wahrscheinlich mehr für mich selbst, um mich zu beruhigen. Wie sollte ich die Eltern empfangen, was sollte ich ihnen sagen, wie würden sie sich bei dem Anblick ihres toten Kindes verhalten?

Dann holte mich die Schwester aus der Kabine und flüsterte mir zu, die Eltern seien gekommen und glaubten, ihr Sohn sei am Leben und könnte noch gerettet werden. Dies erschwerte meine Aufgabe umso mehr und ich war sprachlos, als ich vor den Eltern stand. Vielleicht war in diesem Moment das Schweigen besser als alle mühsamen Worte, um sie die Wahrheit verstehen zu lassen. Da ich als Kaplan schweigend vor ihnen stand und sie in mir keinen Arzt sahen, der um das Leben ihres Kindes kämpfte, hatten sie vielleicht eine Ahnung von dem, was geschehen war. Einen Moment hatte ich Sorge, die Eltern in die Kabine zu führen, weil ich glaubte, sie würden einen Schock bekommen. Doch dann wurde mir klar, dass die Eltern bereits alles wussten. Eltern wissen plötzlich um ihre Kinder …

Wir betraten die Kabine, ich ging voraus. Das Laken gab die Konturen eines darunter liegenden Menschen frei. Beide Eltern klammerten sich fast gleichzeitig an mich, um sich festzuhalten. Ich spürte, wie mir in diesem Augenblick Kraft zufloss und ich standhielt. Dann legte ich meine beiden Arme um die Schultern der Eltern, um sie aufzurichten. Alles geschah wortlos und es war gut so. Es dauerte lange bis ich den Mut hatte, die Eltern loszulassen, um das Laken vom Gesicht des Kindes zu ziehen. Es strahlte einen sanften Frieden aus.

Ich spürte, wie die Eltern die Barriere, die unweigerlich der Tod zog, überschritten und sich ihrem Sohn näherten, ja, sogar sein Gesicht streichelten. Ein wenig erleichtert und Gott dankend trat ich zurück. Die Mutter, die vielleicht fürchtete, ich würde sie verlassen, wandte sich um und sagte leise zu mir: «Bitte bleiben Sie bei uns.» Nach einer langen Zeit der Stille – die Eltern starrten immer noch wie gebannt auf ihren Sohn – fragte ich, ob ich ein Gebet sprechen dürfe. An Jesus Christus gerichtete Worte schienen mir jetzt richtig zu sein, denn durch sie konnte ich das lange Schweigen beenden. «Sprechen Sie weiter, es tut gut», sagte die Mutter zu mir.

Und nach kurzer Zeit beteten wir alle drei gemeinsam.

Der Vater deckte das Laken wieder über das Gesicht seines Sohnes und wir verließen die Kabine. Ich sah, dass beide Eltern weinten. Wie verloren standen wir auf dem kalten und nüchternen Gang der Ambulanz. Die Eltern schienen mir in diesem Augenblick völlig hilflos zu sein, daher lud ich sie ein, mit ins Sprechzimmer für die Seelsorge zu kommen. Ein wenig erleichtert nahmen sie Platz und begannen sofort von ihrem Sohn zu sprechen. Es war ihr einziges Kind, sechs Jahre alt. Seine Lieblingsbeschäftigung nach der Schule war das Fahrradfahren. Von einem Nachbarn, der Augenzeuge war, hatte die Mutter gehört, dass ihr Sohn auf der Hauptstraße verunglückt sei und dass man ihn ins Krankenhaus gebracht hätte. Sofort setzte sie sich mit ihrem Mann in Verbindung, der unverzüglich kam. Als er sie abholte, erreichte beide noch die Nachricht vom Krankenhaus, schnell zu kommen.

Mit einem tödlichen Ausgang des Unfalls hatten sie jedoch nicht gerechnet. Noch in meinem Beisein machten sie sich Vorwürfe, nicht besser auf ihren Sohn aufgepasst zu haben. Es war ihm nämlich untersagt, mit seinem Fahrrad auf der verkehrsreichen Hauptstraße zu fahren. An diesem herrlichen Maitag arbeitete die Mutter im Garten und hatte nicht bemerkt, wie ihr Sohn heimlich das Fahrrad aus der Garage geholt und das Grundstück verlassen hatte. Das strahlende Sommerwetter muss ihn verleitet haben, weiter und schneller zu fahren als ihm erlaubt war.

Tage, ja, noch Wochen später wurde ich den Anblick des verunglückten Jungen nicht los. Ein verstorbenes Kind hat eine ganz besondere lichtvolle Ausstrahlung, die bei den betroffenen Erwachsenen sich tief ins Bewusstsein gräbt. Ich erinnerte mich, dass ich bei meinen CDs eine Aufnahme der «Kindertodtenlieder» von Gustav Mahler hatte – gesungen von Kathleen Ferrier. Sie zu hören, sie mehrmals zu hören, tat mir unendlich gut. Oft hilft mir die Musik, innere Eindrücke ans Licht kommen zu lassen und zu verarbeiten. Und dies besonders, wenn ich die Hintergründe der betreffenden Komposition kenne.

Die Kindertodtenlieder sind ein Liederzyklus, den Mahler zwischen 1901 und 1904 nach Texten der gleichnamigen Gedichtsammlung von Friedrich Rückert (1788 – 1866) komponierte. Über vierhundert Kindertodtenlieder hat Rückert geschrieben, in denen er den frühen Tod seiner beiden Lieblingskinder beklagt. All seine sechs Kinder waren im Dezember 1833 an Scharlach erkrankt. Am 31. Dezember starb Rückerts einzige Tochter Luise, sein jüngstes Kind, das drei Jahre alt war. Am 16. Januar folgte ihr der fünfjährige Bruder Ernst in den Tod. Die anderen vier Kinder erholten sich von der Krankheit und wurden wieder gesund.

Der Tod der Kinder bedeutete einen großen Einschnitt im künstlerischen Schaffen Rückerts. Von seiner Tochter Luise schreibt er: «Sie ist nicht geblieben und hat mir fortgenommen mein Wort.» Die Lieder drücken keine Verzweiflung aus, sie sind Totenklage, in der nach dem Sinn des Schicksals gefragt wird.

Aus den 428 Gedichten, die Rückert für seine beiden verstorbenen Kinder schrieb, wählte Gustav Mahler mit feinem literarischen Spürsinn fünf Texte zur Vertonung. Von den elf Geschwistern Mahlers starben sechs im Kindesalter. Vielleicht kommt als weiteres Motiv, sich den Kindertodtenliedern zu widmen, eine Vorahnung hinzu. Mahlers Frau Alma Maria konnte nicht verstehen, dass Mahler, während die beiden Kinder im Garten spielten, Kindertodtenlieder komponierte und damit finstere Schatten beschwor. Drei Jahre später, 1907, starb ihre Tochter Maria-Anna an Scharlach-Diphtherie. Sie war fünf Jahre alt.

Die Uraufführung dieser erschütternden Lieder fand 1905 in Wien unter Mahlers Leitung statt. Die fünf Kindertodtenlieder sind für eine mittlere Singstimme (Mezzo-Sopran oder Bariton) und großes Orchester geschrieben. Die ergreifendste Aufnahme ist die mit Kathleen Ferrier aus dem Jahr 1949. Es begleitet sie Bruno Walter, ein Freund Mahlers, der die Wiener Philharmoniker dirigiert. Kathleen Ferrier, die vor ihrer glanzvollen Karriere als Sängerin Telefonistin in Blackburn war, arbeitete am liebsten mit Bruno Walter. Und er wiederum war ein leidenschaftlicher Bewunderer der Altistin. Als 1949 die Aufnahme der Kindertodtenlieder in der Kingsway Hall in London entstand, wusste Kathleen Ferrier um ihren baldigen Tod. Sie starb 1953 mit 41 Jahren an Brustkrebs.

Aus dem ersten Kindertodtenlied:
Nun will die Sonne so hell aufgehn,
als sei kein Unglück die Nacht geschehen.

Aus dem zweiten:
Ihr wolltet mir mit eurem Leuchten sagen:
Wir möchten nah dir immer bleiben gerne,
doch wird uns das vom Schicksal abgeschlagen.
Sieh recht uns an, denn bald sind wir dir ferne.
Was dir noch Augen sind in diesen Tagen,
in künft'gen Nächten sind es dir nur Sterne.

Aus dem dritten:

Wenn dein Mütterlein tritt zur Tür herein,
mit der Kerze Schimmer, ist es mir, als immer –
kämst du mit herein, huschtest hinterdrein,
als wie sonst ins Zimmer!

Aus dem vierten:

Oft denk´ ich, sie sind nur ausgegangen,
bald werden sie wieder nach Hause gelangen.
O sei nicht bang, der Tag ist schön.
Sie machen den Gang zu jenen Höhn.

Aus dem fünften Kindertodtenlied:

In diesem Wetter, in diesem Braus,
nie hätt´ ich gelassen die Kinder hinaus.

Halte mich nicht fest

Als ich Kooperator (Kaplan) in der italienischen Diöze-se Bozen-Brixen war, fuhr ich häufig mit dem Romexpress nach Deutschland, um meine Mutter zu besuchen. Wenn er nicht in Brixen hielt, stieg ich in Bozen ein. So, wie ich gekleidet war, verlief auch die Fahrt – ich meine damit die Begegnungen im Romexpress. Trug ich eine Cordhose, Pullover und Jacke, galt ich als unauffällig Reisender, der mit Lesen und Schlafen – also ganz für sich selbst – die Zeit verbrachte. Reiste ich allerdings in meinem schwarzen Anzug und war durch Kreuz und Kollar als Priester zu erkennen, wurde ich auf jeder Fahrt mehrmals angesprochen und in die verschiedensten Gespräche verwickelt. Obgleich das Kirchenrecht individuellen Spielraum zulässt in Bezug auf die Frage nach dem Tragen klerikaler Kleidung, sah ich mehr und mehr ein, wie wichtig es für viele Menschen ist, auch im alltäglichen Geschehen einen Priester ausfindig machen zu können.

Einmal sprach mich im Romexpress – schon gleich nachdem ich eingestiegen war – eine Dame an, deren Mann beim Skilaufen einen Herzinfarkt mit tödlichem Ausgang erlitten hatte. Sie war mittleren Alters und außer sich vor Trauer. Ich spürte, wie wichtig es für sie war, mit einem Priester ausführlich über alles, was sie bewegte, sprechen zu können. Wir hatten auf der ganzen Fahrt das Glück, ein Abteil für uns allein zu haben. Obgleich der Zug gut besetzt war, setzte sich niemand in unser Abteil. Das Ehepaar aus dem Ruhrgebiet hatte sich schon lange darauf gefreut, Winterurlaub in den Dolomiten zu machen und zwar auf der größten Hochalm Europas, der Seiser Alm, unterhalb des Schlern in Südtirol. In den letzten Tagen jedoch, kurz vor ihrer Abreise, passierte das Unglück. Man hatte den Ehemann noch ins Krankenhaus nach Bozen gebracht, doch jegliche ärztliche Hilfe kam zu spät.

Während die Ehefrau jetzt mit dem Zug nach Hause fuhr, wurde ihr Mann von einem Südtiroler Bestatter übergeführt. Sie zeigte Vertrauen zu mir; und manchmal ergriff sie im Gespräch verzweifelt meine Hand und hielt sie fest. Das Geschehene schien ihr immer noch unfassbar und nicht Wirklichkeit zu sein. In unserem stundenlangen Gespräch, das vornehmlich um sie selbst, ihre Verlassenheit, ihr Anklammern an ihren Mann und ihre derzeitigen Gefühle ging, hatte ich alle Mühe, nach dem Verstorbenen zu fragen und von ihr Antworten zu bekommen. Es war mir vorerst nicht möglich, mit ihr gemeinsam für ihren Mann zu beten, der genau wie wir in die gleiche Richtung unterwegs war. Ich habe sie all das ausreden lassen, was sich bei ihr an innerer Not aufgestaut hatte. Nicht zuletzt offenbarte sich eine Wut, die sich auch auf Gott richtete, und ein Unverständnis, dass er das Liebste, das sie besaß, so jäh von ihr gerissen hatte. Mit aller Kraft hielt sie sich an ihrem Mann fest, nicht bereit, ihn in Freiheit gehen zu lassen und Gnade für seine Reise zu erbitten. Auf wiederholte Ansätze von mir, einmal in diese Richtung zu denken und zu fühlen, reagierte sie mit Unverständnis, ja, sie sagte zwischendurch mehrmals: «Wie konntest du mir das antun?»

Stunden vergingen – der Zug hatte lange am Brenner Aufenthalt – bis sie ihr Leid, ihre Trauer, aber auch ihre Auflehnung gegen den plötzlichen Tod ihres Mannes ausdrücken konnte. Es war gut so, denn jetzt war sie ruhiger und vielleicht offen für ein paar Worte zu ihrem Mann, über den ich gern schon eher gesprochen hätte. Ich spürte noch deutlicher, wie sie ihn mit aller Gewalt festhielt und ihn sich zurück in dieses Leben wünschte. Bei vielen meiner Worte zur Befindlichkeit ihres Mannes jedoch sah ich, wie sie an ihr abglitten. Daher betete ich zwischendurch leise um eine Eingebung, wie ich der Frau helfen könnte. Wir schwiegen miteinander und sie weinte. Dann sprach ich in diese Stille ein Gebet für ihren Mann. Das muss ihr fremd gewesen sein, denn sie horchte auf und ich hatte den Eindruck, dass sie endlich spürte, was in der augenblicklichen Situation von Nöten war. Es ging jetzt vornehmlich um die Seele ihres Mannes, die so plötzlich und unerwartet aus seinem Körper gerissen wurde und die der besonders liebevollen Zuwendung bedurfte.

Unser Gespräch entwickelte sich zu einem wahren Dialog, den wir durch gemeinsames Beten für ihren Mann immer wieder unterbrachen. Ich glaube, dass ich ihr auf der Grundlage meiner Erfahrungen mit der Sterbebegleitung ein wenig helfen konnte, ihren Schmerz auszudrücken, dann aber mehr und mehr für den Verstorbenen da zu sein. Als sich unsere Wege trennten, verabschiedeten wir uns und ich hatte das Gefühl, dass diese Frau etwas mehr von sich absehen konnte und ihr Blick und ihr Herz nicht mehr festhaltend auf ihren Mann gerichtet waren, sondern liebend und freigebend. Ganz besonders bedankte sie sich für den Hinweis auf Maria aus Magdala, die voll Trauer ihren Herrn suchte.

Maria aus Magdala hatte Jesus sehr lieb. Sie stand vor seinem Grab und weinte bitterlich, denn beim Anblick des leeren Grabes meinte sie, man habe ihr ihren Herrn weggenommen und jetzt wisse sie nicht, wohin man ihn gelegt habe. Als sie sich umschaute, sah sie jemanden hinter sich stehen. Es war Jesus, doch Maria meinte, es sei der Gärtner. Als er ihre Trauer sah, gab er sich zu erkennen und sagte: «Maria!» Sie wandte sich jetzt vollends zu ihm um und sprach ihn mit dem Namen Meister an. Darauf sagte Jesus zu ihr: «Halte mich nicht fest; denn ich bin noch nicht zum Vater hinaufgegangen» (Johannes 20,17).

In der europäischen Geschichte gab es einen Fall, der zeigt, wie eine untröstliche Witwe sich weigerte, ihren früh verstorbenen Mann zu begraben und damit auch innerlich loszulassen. Es war Johanna von Kastilien, die 1479 in Toledo als Tochter Ferdinands II. von Argonien und Isabellas I. von Kastilien geboren wurde. Johanna trat 1504 ihr Erbe als Königin an. Seit 1496 war sie verheiratet mit Philipp dem Schönen, dem einzigen Sohn Kaiser Maximilians I. und Maria von Burgund. Johanna und Philipp waren die Eltern von sechs Kindern, unter anderem von dem späteren Kaiser Karl V. und Ferdinand I.

Als Johanna von Kastilien Witwe wurde, war sie siebenundzwanzig Jahre alt. Obwohl Johanna von einer Intrige ihres Gatten wusste, blieb ihre Liebe zu ihm uneingeschränkt. Der anonyme flämische Chronist, der in jenen Tagen am Hof von Burgos Augenzeuge war, berichtet, wie sich Johanna hingebungsvoll um ihren kranken Mann kümmerte und ihr Schicksal tapfer annahm. Tag und Nacht war sie an seiner Seite und gab ihm zu trinken und zu essen, obwohl sie ein Kind erwartete. Johanna kämpfte, ohne zusammenzubrechen, um das Leben ihres Mannes, denn sie wollte ihn nicht gehen lassen. Selbst noch in der Todesstunde hielt sie ihn dazu an, Arzneien zu nehmen, die die Ärzte empfohlen hatten. Sie selbst kostete davon, um ihrem Mann Mut zu machen. Im Kampf um sein Leben ließ sie keinen Augenblick nach.

Am 25. September 1506 starb Philipp I. zu Burgos – er war achtundzwanzig Jahre alt. Nachdem ihr Mann, um dessen Leben sie so tapfer bis zum letzten Augenblick gekämpft hatte, von ihr gegangen war, ergriff die Königin eine schwere Depression. Die Probleme des Staates interessierten sie nicht mehr und sie verweigerte alles, da sie ständig für die Seele ihres verstorbenen Mannes betete. Man musste sie wiederholt daran hindern, den entseelten Körper des Königs mit in ihr Gemach zu nehmen. Trost allerdings gaben ihr das ungeborene Kind – die zukünftige Infantin Katharina – und die Musik, die sie von Kindheit an leidenschaftlich geliebt hatte. Von allen anderen Dingen der Welt wollte sie nichts mehr wissen; sie verfiel immer mehr in Schweigen und zog sich in dunkle Einsamkeit zurück.

Der Leichnam ihres Mannes wurde vorerst nicht begraben, da seine flämischen Diener lange damit beschäftigt waren, die Leiche einzubalsamieren. Mit dem Einverständnis Johannas wurde er dann schließlich im Kartäuserkloster Miraflores in Burgos beigesetzt. Fünf Wochen lang ging Johanna täglich zum Kartäuserkloster, um dort am Gottesdienst teilzunehmen und in das Grabgewölbe hinabzusteigen. Eines Tages bestand sie darauf, den Sarg zu öffnen, um ihren Mann noch einmal zu streicheln. Über die makabre Geschichte, die jetzt begann, ist viel Legendäres erzählt und erfunden worden. Der Mailänder Humanist Petrus Martyr von Angleria, der im Dienst der Königin stand, gibt als Augenzeuge ein glaubwürdiges Zeugnis von dem Geschehen.

Königin Johanna von Kastilien erinnerte sich daran, dass ihr Mann den Wunsch geäußert hatte, in Granada begraben zu werden. An einem kalten Dezembertag beschloss sie, ihren geliebten Mann ausgraben zu lassen, um ihn durch ganz Spanien in den Süden, nach Granada zu bringen. Die Minister und der Erzbischof von Burgos versuchten vergeblich, die Königin von dieser makabren Reise abzuhalten. Vor der Abreise schaute sie lange die Leiche ihres Mannes an und berührte ihn immer wieder mit ihren Händen, als ob sie ihn festhalten wollte. Dann wurde der Sarg geschlossen, auf eine Kutsche gehoben, die von vier schwarzen Pferden aus Friesland gezogen wurde, und zusammen mit der Königin verließ das Gespann in der Nacht Burgos.

Johanna reiste nur nachts, denn sie sagte, dass eine Witwe, welche die Sonne ihrer Seele verloren habe, sich nie dem Tageslicht aussetzen dürfe. Geistliche, die immer wieder Totengebete anstimmten, und viele Höflinge begleiteten die Königin auf ihrer Irrfahrt. Wo sie auch immer Halt machten: Der Leichnam wurde in eine Kirche oder ein Kloster getragen, und jedes Mal musste ein Requiem abgehalten werden, als ob ihr Gemahl gerade erst gestorben sei. Johanna war schon während ihrer Ehe besonders eifersüchtig auf Frauen, denen sich Philipp zuwandte. Diese Eifersucht hatte sich nach seinem Tod sogar noch gesteigert. Keine Frau durfte in die Nähe des Sarges kommen. Bewaffnete Soldaten hielten stets Wache.

Die Königin, die nicht gestattete, den Leichnam zu begraben, zog nachts von einem Dorf zum nächsten. Sie mied die größeren Städte. In Torquemada in der Nähe von Palencia musste sie allerdings Halt machen, weil ihre Schwangerschaft bereits weit fortgeschritten war. Dort brachte sie am 14. Januar 1507 ihre Tochter Katharina zur Welt. Doch schon bald setzte sich in der Abenddämmerung der makabre Zug mit der Leiche Philipps des Schönen wieder in Bewegung – von Torquemada nach Hornillos. Johanna befahl, in einem Kloster vor der Stadt Rast zu machen. Als sie jedoch erfuhr, dass es ein Nonnenkloster war, bekam sie Angst, die Frauen könnten den Leichnam rauben. Sofort zogen sie weiter hinaus aufs Feld. Bei trübem Licht der Fackeln ließ sie zuerst den Holzsarg und dann den Bleisarg öffnen, um die Leiche ihres Mannes in Augenschein zu nehmen. Dann musste der Sarg auf den Schultern der Anwesenden nach Hornillos getragen werden. Die einfachen Menschen Altkastiliens, durch deren Dörfer der zwar prunkvolle, aber unheimliche Leichenzug gegangen war, schüttelten den Kopf und sprachen das Urteil: Johanna, die Wahnsinnige.

Als ihr Vater, Ferdinand II., Johanna treffen wollte, ritt sie ihm von Hornillos nach Tórtoles de Esgueva entgegen. Keinen Augenblick jedoch verließ sie die Nähe des Leichenwagens, auf dem der Leichnam ihres Mannes gebettet war. Der Vater schlug ihr vor, den Königshof an einem Ort ihrer Wahl neu zu gründen, nannte aber dann selbst Burgos. Auf dem Weg dorthin wurde ihr wieder bewusst, dass es ja der Ort war, wo sie den Tod Philipps miterleben musste. Sie machte kurz vor Burgos, in Arcos, Halt, wo sie sich über ein Jahr mit dem Bestattungszug aufhielt. In dieser Zeit verwahrloste sie mehr und mehr und ihr Gesundheitszustand wurde immer bedenklicher.

Ihr Vater beschloss, Johanna an einen sicheren Ort zu bringen und ihr bessere Lebensbedingungen zu schaffen. Infrage kam nur Tordesillas, ein Ort in der Nähe von Valladolid, wo sich der königliche Hof schon häufiger niedergelassen hatte. Im Anschluss an ein Kloster befanden sich einige königliche Gemächer aus dem 14. Jahrhundert. Mitte Februar 1509 kam Königin Johanna, die immer noch die sterblichen Überreste ihres Mannes mit sich führte, nach Tordesillas, wo sie zusammen mit ihrer zweijährigen Tochter eine neue Heimat fand.

Nachdem sie neunundzwanzig Monate mit dem Leichenwagen umher geirrt war, fand nun endlich auch dieses makabre Ereignis ein Ende. Ferdinand II., der seine Tochter in die wohlgemeinte «Gefangenschaft» von Tordesillas geführt hatte, versuchte sie dazu zu bewegen, endlich ihren Mann, Philipp den Schönen, zu beerdigen. Selbst ein päpstliches Schreiben von Papst Julius II., der die Königin eigens dazu aufforderte, war vergeblich. Sie hielt daran fest, mit dem Bestattungszug nach Granada weiterziehen zu müssen. Trotz der misslichen Umstände blieb die Infantin Katharina gesund und bereitete ihrer Mutter große Freude. Da sie das Kind so sehr an ihren Mann erinnerte, gab Johanna sich damit zufrieden, von ihrem Fenster aus auf das Kloster Santa Clara blicken zu können, wo der unbegrabene Leichnam Philipps des Schönen ruhte.

Inzwischen war Johanna von Kastilien Königin von ganz Spanien geworden. König Ferdinand II. hatte seine Tochter zur universalen Erbin eingesetzt. Der spätere Kaiser Karl V. und Eleonore, ihre beiden ältesten Kinder, reisten 1517 nach Tordesillas, um endlich ihre Mutter wiederzusehen, von der sie so lange Jahre getrennt gelebt hatten. Johanna zeigte sich von ihrer besten Seite, so, als ob sie niemals diese schweren Depressionen gehabt hätte. Während der sieben Tage ihres Besuches fiel Karl V. noch eine besondere Aufgabe zu: Am 10. November arrangierte er in der Kirche Santa Clara für seinen Vater, Philipp den Schönen, einen Trauergottesdienst mit anschließender Beerdigung. Der Katafalk stand inmitten des Gotteshauses. Anwesend waren nicht nur das Gefolge Karls V. und der kastilische Adel, sondern auch die einfachen Leute von Tordesillas.

Die Isolierung seiner Mutter, die von König Ferdinand II. in die Wege geleitet wurde, hielt auch später ihr Sohn

Kaiser Karl V. aufrecht. Ihre Kinder versuchten ihr jedoch das Leben so angenehm wie möglich zu machen und besuchten sie häufig. Karl V. ließ einen ähnlichen Sarg wie den, in dem er seinen Vater beerdigt hatte, für den Fall anfertigen, dass Königin Johanna aus zwingenden Gründen Tordesillas verlassen müsse. Man solle ihr dann sagen, dass ihr Mann Philipp I. sich darin befände. Doch dazu kam es nicht. Johannas letzten Jahre waren düster. Zu der immer wieder aufbrechenden psychischen Krankheit kam ein Sturz, der sie von der Hüfte abwärts bewegungsunfähig machte. Ab 1552, drei Jahre vor ihrem Tod, besuchte Francisco de Borja, der Generalkommissar der Jesuiten für Spanien, die Königin häufig, um ihr geistlich beizustehen. Gegen Ende ihres Lebens hatte sie seltsame, böse Visionen, die ihr das Leben noch schwerer machten. Sie wurde bettlägerig, litt an Geschwüren und Ausschlägen, und als sie zusätzlich den Brand bekam, hatte sie solche Schmerzen, dass sie ununterbrochen weinte und schrie.

Am 12. April, dem Karfreitag des Jahres 1555, starb Königin Johanna im Beisein ihres geistlichen Begleiters, der ihr eine große Hilfe war. Nach der entsetzlichen Passion ihres Lebens waren ihre letzten Worte: «Der Gekreuzigte stehe mir bei.»

Sonnenuntergänge

Es ist sonderbar, viele Jahre waren wir als Kinder zusammen in einer Klasse, doch zeigte keiner Interesse am anderen. Klaus wohnte draußen an der Straße, die nach Salzbergen führte und ich wohnte am Thieberg, ein kleiner nach Süden abfallender Hügel. Unsere Elternhäuser lagen so weit voneinander entfernt, dass wir uns nur schwerlich nachmittags oder an Wochenenden hätten besuchen können. Doch dazu kam es nicht einmal, weil wir uns gegenseitig nichts sagten. Klaus spielte gern Hockey, und ich liebte am meisten meine Schäferhündin Asta, mit der ich große einsame Wanderungen unternahm. Hockeyspielen war mir zu wüst und irgendwie auch zu laut. Jeder aus unserer Klasse hatte bestimmt etwas, worauf er sich in seiner Freizeit am meisten freute …

Neun Jahre auf dem Gymnasium waren eine lange Zeit. Es kamen Mitschüler und es gingen Mitschüler, aber einige blieben in all den neun Jahren in der gleichen Klasse. Als wir vielleicht fünfzehn oder sechszehn Jahre alt waren, fragte mich Klaus eines Tages, ob ich Lust hätte, den Rohbau des neuen Hauses anzusehen, das seine Eltern auf der Hermannstraße bauten – nicht allzu weit von meinem Elternhaus entfernt. Wir turnten im Gebälk des Hauses, auf das wir von außen mit Leitern geklettert waren, und genossen von dort oben die weite Aussicht. Ich konnte seinen Stolz nachfühlen, denn einige Jahre zuvor hatten mei-

151

ne Eltern ihr erstes eigenes Haus gebaut, und ich erinnere mich, wie ich voll Freude und Stolz im Rohbau übernachtet hatte und dann in mein Zimmer eingezogen war, noch ehe das Haus fertiggestellt wurde.

Seit diesem Besuch auf der Hermannstraße muss sich zwischen Klaus und mir ein Gleichklang entwickelt haben, der ein wohliges Gefühl in meinem Herzen auslöste. Er interessierte sich für meine Asta und meine Wanderungen, für meine Klassikschallplatten und für Hermann Hesse; ich dagegen konnte mit dem Hockeyspiel immer noch nichts anfangen, wohl aber mit dem herrlichen Aquarium, das Klaus in seinem neuen Zimmer aufstellen durfte. Ich teilte seine Liebe zu allen Tieren und wurde durch ihn und seine Schallplatten in frühen Jazz eingeführt. So begeisterte Klaus mich neben Louis Armstrong, Tommy Dorsey, Bing Crosby und Paul Whitmann in ganz besonderer Weise für Bix Beiderbecke, einen der bedeutenden und einflussreichen Jazzmusiker der 1920-er Jahre. Ich höre noch heute aus der Erinnerung den klaren Ton seines Kornettspiels, sein faszinierendes Solo auf «Singing the Blues».

Aus vielen Gemeinsamkeiten, die wir entdeckten, und aus vielen neuen Erlebnissen entwickelte sich eine Freundschaft, die voller Leben und Abenteuer war. Neben vielen Ausflügen, Theater- und Konzertbesuchen in Münster und Bielefeld, Segeln auf dem Dümmersee und Schlittschuhlaufen auf dem Unland gab es etwas, das mich immer wieder in ganz besonderer Weise berührte. Klaus wusste, wie sehr ich das Nachmittags- und Abendlicht, besonders aber Sonnenuntergänge liebte. Unser Haus wurde von der Morgen- und Mittagssonne beschienen, aber die Abendsonne sahen wir nicht, weil der Thieberg frühen Schatten vermittelte. Klaus dagegen hatte an seinem Zimmer einen

Balkon, von dem aus man nach Westen weit in die norddeutsche Tiefebene schauen konnte. Von hier aus konnte man den faszinierendsten Sonnenuntergängen beiwohnen. Fast immer, wenn sich der Himmel feuerrot, orange, goldgelb, violett oder gar in Regenbogenfarben zum Sonnenuntergang bereitete, rief er mich an und bat mich, zu kommen. Auf meiner «Lambretta», einem Motorroller, war ich schnell bei ihm und wir staunten ...

Immer wieder war der Sonnenuntergang wie ein kosmisches Wunder, das sich zwischen Himmel und Erde ereignete. Der Gedanke und die Vorstellung, dass die Sonne, wenn sie bei uns untergeht, anderswo gleichzeitig aufgeht, führt mich über das Geheimnis des Todes und der Auferstehung Jesu Christi in die Wirklichkeit ewigen Lebens.

Eines Tages machte mich Klaus mit seiner neuen Freundin Rosemarie bekannt, eine wunderbare Frau, wir nannten sie Roma. Wenn er einen Ausflug mit ihr plante, gab ich ihnen meinen Motorroller. Aber auch gemeinsam haben wir heitere Stunden erlebt, wie auch besinnliche, wenn wir Konzerte besuchten. Als später beide heirateten, luden sie mich zur Hochzeit ein. Damals war ich Psychologiestudent in Münster und musste gerade an dem Tag eine schwierige Klausur im Fach Statistik schreiben, so dass ich an der Hochzeit nicht teilnehmen konnte. Es fiel Klaus und Roma schwer, dies zu verstehen, und vorübergehend legte sich ein kleiner Schatten über unsere Freundschaft.

Ihren ersten Sohn nannten sie Stefan, der zweite hieß Thomas. Thomas war ein wenig behindert. Klaus und Roma führten es darauf zurück, dass sich bei Thomas bei der Geburt, die sehr lange dauerte, die Nabelschnur streng um den Hals gewickelt hatte und wohl eine Zeit lang das Gehirn von der Sauerstoffzufuhr abgeschnitten war. Nach Thomas folge noch ein Mädchen, es hieß Natalie. Thomas war und blieb das Sorgenkind. Er verlangte besondere Unterstützung und viel liebevolle Zuwendung, die er auch von allen bekam. Erstaunlich gute Noten erhielt er in der Sonderschule und fügte sich sowohl zu Hause als auch außerhalb des Elternhauses in die Alltäglichkeiten des Lebens ein. Nach dem Schulabschluss erhielt er eine Stelle als Bote in einer Textilfirma, die nicht allzu weit von seinem Zuhause entfernt war. Thomas konnte Fahrrad fahren und war recht sicher im Straßenverkehr, wenn er zweimal am Tag zur Post fuhr. Seine Vorgesetzten waren sehr mit ihm zufrieden: Er war pünktlich, zuverlässig und immer freundlich und hilfsbereit.

Eines Tages rief mich Klaus an – ich war Pfarrer von Adlum, einem kleinen Stiftsdorf bei Hildesheim – und sagte mir ganz aufgeregt, dass am Vortag Thomas nicht nach Haus gekommen sei und jede Spur von ihm fehle. Es gab keine Erklärung dafür und wir überlegten, wo man suchen könne. Als wir am nächsten und übernächsten Tag miteinander telefonierten, gab es noch immer keinen Hinweis auf das Fortbleiben von Thomas. Ich staunte und brachte Klaus und Roma meine Hochachtung dem gegenüber aus, was sie in diesen Tagen alles in Bewegung gesetzt hatten. Ständig waren sie entweder zusammen mit der Polizei oder allein unterwegs, besuchten die Krankenhäuser, die Schulen, fragten in Discotheken und Bars, in Kneipen und Gaststätten nach Thomas, fuhren die Wege ab, die er kannte: von seinem Zuhause zu seiner früheren Schule, zur Kirche, zum Friedhof, in nahe gelegene Wälder, in denen sie oft zusammen spazieren gegangen waren, und immer wieder die Straße vom Textilbetrieb zur Post, die Thomas nun schon über ein Jahr wochentags zweimal mit dem Fahrrad gefahren war. Über eine Woche verging und alles Suchen blieb erfolglos.

Ich fühlte mit Klaus und Roma, wie entsetzlich es ist, ein Kind zu vermissen, ohne die leiseste Ahnung davon zu haben, wo es sich aufhalten könnte. Ihre Tage und Nächte wurden von mal zu mal unruhiger, und ich spürte bei unseren Telefongesprächen, dass sich bereits Todesahnungen eingeschlichen hatten. Ich betete zum Herrn und feierte mit der Gemeinde die heilige Messe für Thomas, der an einem Wochentag vom Gang zur Post nicht mehr in die Firma zurückgekehrt war. Weder die Tagespost, die er aus dem Schließfach geholt hatte, weder die Aktentasche noch sein Fahrrad wurden gefunden. Die Polizei suchte mit Spürhunden die Umgebung ab, doch Thomas blieb unauffindbar.

Ich fühlte mich – von Tag zu Tag mehr – mitschuldig am Verschwinden von Thomas, denn die Textilfirma, bei der er beschäftigt war, gehörte meiner Familie, und ich hatte mich seinerzeit dafür eingesetzt, dass Thomas dort eine Stelle bekam. Alle mochten ihn und keiner konnte sich erklären, warum er nicht wie gewöhnlich an diesem besagten Tag mit der Post in die Firma zurückgekehrt war. Selbstquälerische Gedanken und Gefühle durchzogen mich: War Thomas infolge seiner Behinderung der beruflichen Aufgabe vielleicht doch nicht gewachsen? Bedeutete es eine Überforderung für ihn, über die er nicht sprechen wollte oder konnte? Hatte er sich heimlich auf den Weg gemacht, um allem zu entfliehen? Was ging innerlich in ihm vor? Dabei schien er so dankbar zu sein, eine ihm entsprechende Arbeit gefunden zu haben. Es machte ihm sichtlich Freude, zweimal am Tag zur Post zu fahren, abends Berge von Post auf den Weg zu bringen, die alphabetische Ablage zu tätigen, seinen Kolleginnen und Kollegen Gefälligkeiten zu tun, ihnen Kaffee zu kochen oder Getränke aus den Automaten zu holen, Notwendiges aus der Stadt zu besorgen und vieles mehr.

Nach weiteren Tagen vergeblichen Suchens – wir telefonierten mehrmals am Tag – trat plötzlich eine erschreckende Wende ein. In einem abgelegenen Waldstück, auf dem sogenannten Waldhügel oberhalb der Stadt, hatte ein Spaziergänger unter einer Anhäufung von Laub zwei herausragende Schuhe entdeckt. Er rief die Polizei, die unter dem Laub in einer leichten Senke den Leichnam von Thomas identifizierte. Als mir Klaus dieses mit weinender Stimme am Telefon erzählte, war ich fassungslos und gleichzeitig fühlte ich ein wenig Erleichterung, da wir nun von aller Ungewissheit befreit waren. Dies war zu spüren, doch fassten wir es nicht in Worte. Mit Bestimmtheit konnte Klaus schon sagen, dass weder ein Unfall noch ein Selbstmord vorlag, sondern Thomas ermordet worden war.

Wer konnte so etwas tun, sich an einem Behinderten zu vergreifen, und was war vorgefallen? Lange blieb die Tat unaufgeklärt, und ich vermied es, die Eltern immer wieder nach eventuellen Ergebnissen zu fragen. Das Seelenamt für Thomas war überwältigend. Die Elisabethkirche war bis auf den letzten Platz gefüllt, ja, viele mussten sogar stehen. Jugendliche über Jugendliche, Kinder, Eltern und viele Erwachsene. Eine lautlose Hochspannung lag in der Luft, ein Schweigen, das nicht nur mit Trauer um Thomas angefüllt war, sondern auch mit Hass und Wut auf den noch immer unbekannten Mörder.

Ein junger Priester las die heilige Messe und predigte. Zeitweilig zitterte seine Stimme. Ich betete für ihn und bat den Herrn um Kraft, wusste ich doch aus eigener Erfahrung, wie schwer und fast unmöglich es ist, aus eigener Kraft in einer solchen Situation rechte Worte zu finden. Selten habe ich eine so dichte Atmosphäre erlebt, die sich aus Trauer, Glauben an die Auferstehung und aus abgrundtiefem Hass auf den Mörder zusammensetzte. Während der gesamten heiligen Messe hatte ich das Gefühl, jeden Augenblick müsse etwas Ungeheueres geschehen, sich entladen oder gar platzen.

Es geschah nichts – und vielleicht war es ja nur mein Inneres, das revoltierte, da es das Geschehen weder begreifen noch fassen konnte. Als der Organist am Ende die Nummer 644 aus dem Gotteslob anzeigte und die Melodie von «Sonne der Gerechtigkeit» vorspielte, ging mir ein Zusammenhang auf, der zutiefst meine Seele berührte und mich beim Singen der Strophen ruhig werden ließ.

> Sonne der Gerechtigkeit, gehe auf zu unsrer Zeit,
> brich in deiner Kirche an, dass die Welt es sehen
>   kann.
> Erbarm dich, Herr.
>
> Schaue die Zertrennung an, der sonst niemand wehren
>   kann;
> sammle, großer Menschenhirt, alles, was sich hat
>   verirrt.
> Erbarm dich, Herr.
>
> Gib den Boten Kraft und Mut, Glauben, Hoffnung,
>   Liebesglut,
> und lass reiche Frucht aufgehn, wo sie unter Tränen
>   sä'n.
> Erbarm dich, Herr.
>
> Lass uns deine Herrlichkeit sehen auch in dieser Zeit
> und mit unsrer kleinen Kraft suchen, was den Frieden
>   schafft.
> Erbarm dich, Herr.

Versöhnung macht den Abschied leichter

Als an einem Sonnabend im Oktober gegen 12 Uhr mittags mein Vater tödlich mit dem Auto verunglückte, war ich der Erste unserer engeren Familie, der von diesem tragischen Unfall erfuhr. An diesem Tag war Vater schon in der Frühe zum Fischen an die Ems gefahren. Wir besaßen ein kleines «Waldhaus», das am Fluss gelegen war – ungefähr 14 Kilometer von meinem Elternhaus in Rheine entfernt. Hier erholte sich Vater nach einer anstrengenden Woche in seinem Betrieb. Nichts nahm ihn so sehr mit wie Unstimmigkeiten unter den Mitarbeitern. Die Arbeit selbst machte ihm immer Freude, aber zwischenmenschliche Spannungen, Intrigen und Eifersucht konnte er nur schwer aushalten. Doch sobald er in seinem Volkswagen saß und zum Waldhaus in Emsbüren fahren konnte, ging es ihm sofort besser. Da niemand im Herbst am Wochenende so früh aufstehen und mit ihm an den grauen Fluss zum Angeln fahren wollte, liebte er es inzwischen, in dieser trüben Jahreszeit allein dort zu sein. Auch in mir fand er an solchen kühlen und regnerischen Tagen keinen Begleiter – so gern ich auch mit Vater zusammen war, draußen jedoch lieber unter der warmen und hellen Sonne.

Nach Jahren beruflichen Ringens, die auch an Vater nicht spurlos vorübergegangen waren, hatten er und ich wieder zueinander gefunden, tiefer, inniger und verstehender als je zuvor. Ganz im Gegensatz zu früher, als ich Vater, wenn eben möglich, aus dem Weg gegangen war, bedeutete es mir jetzt außerordentlich viel, mit ihm zusammen zu sein. Wir verstanden uns einfach gut: er mich und ich ihn. Und wie hatte ich ihn kritisiert, als ich nicht meinen Willen bei ihm durchsetzen konnte. Da ich innerlich über eine lange Zeit nicht bei ihm war, wusste ich auch nicht, was er meinetwegen ertragen und durchgemacht hat und ob meine Existenz ihm überhaupt noch am Herzen lag. Ich musste den Weg über eine lebensbedrohende Krankheit gehen, in der sich ein liebendes Herz für Vater offenbarte und wieder zu schlagen begann. Als ich wieder einigermaßen gesund war und mein Studium aufnehmen konnte, war es Vater, der auch sich mir gegenüber öffnete und mir Liebe zeigte, die spürbar, sichtbar und zärtlich wurde. Und wie hatten wir miteinander gerungen und gekämpft!

Die größte Gnade, die mir der Herr neben meinem späteren Priestersein schenkte, war die Versöhnung mit meinem Vater, ja, die gegenseitige Liebe, die zwischen uns zu fließen begann. Wie hätte ich nach seinem plötzlichen Tod weiterleben können, ohne mich mit ihm vorher versöhnt zu haben? Schuldgefühle hätten mich besetzt und mein Leben wäre dunkler verlaufen, ohne die Heiterkeit, die mir später geschenkt wurde. Ich habe nicht geglaubt, wie außerordentlich wichtig es ist sowohl für den Verlauf des eigenen Lebens als auch für das Leben anderer, wenn man sich nach Spannungen in und mit der eigenen Familie wieder miteinander versöhnt. Man sollte es so schnell wie möglich tun, denn nicht selten findet man in dieser Welt keine Gelegenheit mehr dazu. Die Ernsthaftigkeit des Pauluswortes geht mir sehr nahe: *Redet untereinander die Wahrheit; denn wir sind als Glieder miteinander verbunden. Lasst euch durch den Zorn nicht zur Sünde hinreißen!*

Die Sonne soll über eurem Zorn nicht untergehen. (Brief an die Epheser 4,25–26)

Als Vater uns verließ, war er 58 Jahre alt. Sein plötzlicher Abschied aus dieser Welt bleibt ein Geheimnis. Beim Unfall waren keine Zeugen zugegen, und niemand war in dieses Geschehen verwickelt, das sich allein zwischen Vater und dem Himmel vollzog. In einer leichten Rechtskurve – es war an diesem Tag grau und regnerisch – muss er auf dem Rückweg mit seinem Wagen von der Fahrbahn abgekommen und vor einen Baum gefahren sein. Vorbeifahrende fanden ihn, bereits tot, in seinem total zertrümmerten Auto.

Als Vater an diesem Tag gegen 13 Uhr noch nicht zum Mittagessen zu Hause war, bat Mutter uns – meine Schwester und mich – zu Tisch. Wir machten uns keine Gedanken, obwohl Vater immer sein Wort hielt und niemals unpünktlich war. Mit seiner kleinen Familie zusammen zu sein und zu essen, bedeutete ihm immer sehr viel. Meine Schwester bereitete sich auf ihr Examen als Medizin-Technische Assistentin vor, und ich war noch immer mit meiner Diplomarbeit im Fach Psychologie beschäftigt. Wir studierten beide in Münster und verbrachten jeweils die Wochenenden zu Hause. Mutter hatte sich nach dem Essen hingelegt, um etwas zu schlafen. Graue Oktobertage entsprachen nicht ihrem heiteren und sonnigen Wesen. Gegen 14 Uhr erfuhr ich die Nachricht von Vaters ältestem Bruder Heinz, der vom Mathias-Spital, in das man Vater noch mit dem Krankenwagen gebracht hatte, angerufen worden war. Uns wollte man schonen. Jetzt stand Onkel Heinz vor der Tür und schellte. Ich ahnte Schlimmes, denn er kam selten. Er bemühte sich, noch im Türrahmen stehend, die ganze Wahrheit in einem Satz zusammenzufassen. Er versuchte, ruhig zu sprechen, doch seine Worte kamen aus heiserer Kehle. Ohne einzutreten verabschiedete er sich schnell wieder mit dem Hinweis, Vater liege im Krankenhaus. Ich schloss die Tür und gleichzeitig legte sich ein Joch untragbarer Verantwortung auf meine Schultern. Alles sollte weitergehen wie bisher – ohne Vater? Ich spürte in mir eine gewaltige Erschütterung.

Meine Schwester, sie ist fünf Jahre jünger als ich, rannte in ihr Zimmer und schloss sich ein. Ich ging zu Mutter und weckte sie leise. Meine Knie zitterten, und ich kniete vor ihrem Bett nieder. Ich muss ihr zugeflüstert haben, dass es Vater nicht so gut gehe und er im Krankenhaus sei. Mit großen Augen richtete sie sich auf und starrte mich erschreckt an. Kurz darauf, auf dem Weg zum Krankenhaus, sagte ich ihr, was wirklich geschehen war. Meine Schwester schwieg, fassungslos. Wir hielten Mutter in unserer Mitte. Und dann standen wir in einem kleinen Zimmer der Ambulanz vor Vater. Er lag auf einer Bahre; ein weißes Tuch deckte ihn zu. Sein vertrautes Profil zeichnete sich ab. Ich zögerte nicht, das Laken ein wenig anzuheben. Die Stirn war auf der rechten Seite eingedrückt, seine Augen waren geschlossen. Hilflos blickten wir ihn an – haltlos ohne das Leben von Vater, das uns bisher alle getragen und Schweres von uns ferngehalten hatte.

Ohne auf ein Zeichen von Mutter oder meiner Schwester zu warten, legte ich das Laken wieder ganz über ihn. Als ich ihn dabei sanft berührte, überfiel mich eine solche Schwere, als hätte ich die Last der ganzen Welt zu tragen.

Am Vorabend hatte ich mit Vater und Mutter ferngesehen. Vater war zeitlebens schauspielbegeistert und liebte Dramen. Er hatte diese Begeisterung seinerzeit auf mich übertragen. Mutter belastete das traurige Schicksal anderer Menschen zu sehr. Aus Liebe zu uns war sie jedoch dabei. Wir sahen in einer Inszenierung des Deutschen

Schauspielhauses in Hamburg August Strindbergs naturalistisches Drama «Totentanz». Es ist die Geschichte einer quälenden Beziehung eines Ehepaares, das sich bekriegt, ohne zu wissen warum, und sich durch Enttäuschungen, Beschmutzungen, Erniedrigungen und erlittener oder verübter Vergewaltigungen das Leben zur Hölle macht.

Ich saß gebannt vor dem Fernseher auf dem Fußboden. Ab und an warf mir Vater einen schneeweißen Walnusskern zu, den er sorgfältig von der bitter schmeckenden Haut befreit hatte. Aus Tradition und Freude an den Früchten – im Garten seines Elternhauses stand ein gewaltiger Walnussbaum – hatte Vater nach dem Krieg auch in unserem Garten einen Nussbaum gepflanzt. Seit zwei Jahren bekamen wir nun endlich jeweils im Oktober die ersten Nüsse. Betroffen und sichtlich erschüttert von diesem grausamen Ehedrama hatte sich Mutter schweigend zurückgezogen, während Vater und ich noch lange bis in die Nacht über die von Liebeshass gezeichnete Beziehung sprachen. Vater erzählte mir auch, dass er in jungen Jahren Strindbergs «Totentanz» mit Paul Wegener und Gertrud Eysoldt auf der Bühne gesehen habe und zutiefst beeindruckt gewesen sei. Ich konnte es nachfühlen. Wir waren uns sehr nahe.

Dies sind meine letzten Erinnerungen an ihn in dieser Welt. Nicht ahnend, dass sich bereits zwölf Stunden später durch seinen Tod mein Leben radikal ändern würde, verabschiedeten wir uns ein letztes Mal voneinander.

Ich verstehe nicht, warum wir Vater für die Tage bis zu seiner Beerdigung nicht nach Hause geholt haben. Weder Mutter, meine Schwester noch ich haben an diese Möglichkeit gedacht. Und wie gut hätte es nicht nur Vater, sondern auch uns getan, wenn wir noch einige Tage zusammen gewesen wären. Für Vater wäre es noch einmal

Heimat gewesen in seinem Haus, das er mühsam nach dem Krieg gebaut hatte; und wir hätten viel von ihm und seiner Ruhe, von seiner Gegenwart und dem von ihm ausgehenden Frieden lernen können. Wahrscheinlich hat uns die Plötzlichkeit seines Todes so geschockt, dass wir unter einer gewissen Angst standen und mit uns selbst zu tun hatten anstatt an Vater zu denken. Sprachlos standen wir an seinem Sarg und waren nicht einmal fähig, gemeinsam für ihn zu beten. Vater war ein durch und durch religiöser Mensch. Es war ihm ein Anliegen, den sonntäglichen Gottesdienst zu besuchen – wenn es möglich war, zusammen mit seiner «kleinen Familie», wie er uns nannte. Er liebte es, recht früh in die Kirche zu gehen, um anschließend gemütlich und gepflegt zu Hause Kaffee zu trinken. In der Woche war dieses gemeinsame Frühstück aus beruflichen Gründen nicht möglich. Unsere engagierten und tiefsten Gespräche fanden bei Tisch statt. Es wurde vor und nach den Mahlzeiten gebetet; auch abends. Und jetzt waren wir versteinert und stumm.

Als ich am nächsten Tag Vater allein in der Leichenhalle besuchte, streichelte ich seine Hände und gab ihm meinen Rosenkranz mit auf die Reise, den ich seit jungen Jahren immer bei mir trug. Eine alte Dame, die zeitweilig meine Schulaufgaben beaufsichtigte, hatte ihn mir nahegelegt und geschenkt. Dieser Rosenkranz ist mir so lieb und wichtig geworden, dass ich ihn fest in meinen Händen hielt, als ich nach einer Wirbelsäulenverletzung zur Operation gefahren wurde. Jetzt konnte es gar nicht anders sein, als dass ich ihn Vater zur Unterstützung seiner bereits angetretenen Reise schenkte.

Als ich neben Vater stand und in sein entspanntes und Frieden ausstrahlendes Gesicht schaute, spürte ich den Wunsch, ihm noch weitaus mehr mitzugeben. Wie hatte er sich um mich bemüht, mich in seine Fußstapfen zu ziehen ... und ich habe ihm immer wieder eine Absage erteilt. In dieses Gefühl des Bedauerns und des Schmerzes mischte sich Dankbarkeit, dass wir in den letzten Jahren innerlich wieder zueinander gefunden hatten: Er war mir liebevoll entgegengekommen. Unsere Versöhnung geschah aus gegenseitiger Wertschätzung und Liebe – ohne dass wir viel darüber geredet haben.

In diesem an sich schweren Augenblick spürte ich, wie die Versöhnung mit Vater mir den Abschied von ihm leichter machte. Es war wie ein Getragensein von einer unsichtbaren Kraft, die alle Gewissensnot in sich aufnahm und neutralisierte. Mit aufrichtigem Herzen, das von dieser liebenden Kraft getragen war, versprach ich Vater, nicht mehr ausschließlich an mich selbst und meine Berufswünsche zu denken, sondern für Mutter, die Mitarbeiter und den Betrieb da zu sein. Niemals habe ich diesen Augenblick in meinem Leben bereut, doch hat mich die Verwirklichung dieses Versprechens all meine Kräfte gekostet und mich für lange Zeit an den Rand meiner körperlichen und seelischen Existenz geführt.

Aber immer, wenn ich inmitten der Sorgen, der Liquiditätsenge und der persönlichen Verstrickungen an Vater dachte und zu ihm betete, trat ein wenig Ruhe in mein Herz und es schien, dass er mir den nächsten Schritt, den ich zu tun hatte, nahelegte. So konnte ich mit der Hilfe Gottes und nicht zuletzt auch mit dem Gebet zu Vater nach zwölf Jahren aufreibender Arbeit im elterlichen Betrieb meinen Beruf wechseln, um Priester zu werden.

Erste Liebe

Eines Tages, ich war noch nicht ganz fünf Jahre alt, wurde ich zu meinen Großeltern nach Melle gebracht. Der Satz klingt mir heute noch im Ohr, den ich wiederholen sollte, und weil er mir nicht gefiel, habe ich es nicht getan: «Storch, Storch bester, bring mir eine Schwester!» Als man mir dagegen sagte, dass ich bald einen Bruder oder eine Schwester bekommen würde, klang das für mich schon viel symphatischer.

Und tatsächlich – nach einigen Tagen sagten meine Großeltern zu mir, dass wir nach Rheine fahren würden, um meine kleine Schwester Ingeborg zu sehen und zu besuchen. Ich solle mir überlegen, was ich ihr von meinen Spielsachen mitbringen könnte.

Eigentlich kam nur der graue Elefant infrage, denn er war noch ziemlich neu – und er konnte ein paar Schritte gehen, wenn man ihn mit einem Schlüssel aufzog. Er war aus Blech, weil er ein Laufwerk in sich tragen musste. Das Blech des Elefanten war mit grauem Filzstoff überzogen. Und so einfach war es, ihn zum Laufen zu bewegen. Bevor wir fuhren, sollte ich ihn schön als Geschenk verpacken. Meine Großmutter gab mir eine Tüte. Alles, auch eine gebrauchte Papiertüte, war kostbar. Wir lebten mitten im Krieg; es war der Sommer des Jahres 1942.

Wie enttäuscht war ich, als ich meine Schwester zum ersten Mal sah und ihr die Tüte mit dem Elefanten geben wollte. Sie schaute mich nicht einmal an, sondern schlief. Auch später, als sie aus ihrem Bett gehoben wurde, nahm sie weder von mir noch von dem Elefanten Notiz. Ich hatte mir das alles ganz anders vorgestellt und dachte: «Das ist doch keine richtige Schwester – so langweilig wie sie ist!»

Am Abend fuhren wir zurück nach Melle, denn Mutter lag noch im Krankenhaus, und zu Hause war niemand, denn Vater war Soldat an der Front. Ich habe meinen Elefanten, in den ich so viel Hoffnung gesetzt hatte, nicht wieder mitgenommen. Als wir 1945 nach dem Krieg ein neues Zuhause gründeten, gab es ihn nicht mehr. Ohnehin hatte ich ihn vergessen.

Wenn man neun Jahre alt ist – zumindest war es bei mir so –, kann man mit einer fünf Jahre jüngeren Schwester einfach nicht viel anfangen. Nachbarn hatten einen Hund, einen Münsterländer, der viel allein im Zwinger war. Es dauerte lange und kostete mich Überwindung, zu ihnen zu gehen und zu fragen, ob ich mit ihrem Hund spazieren gehen dürfe. Sie waren glücklich darüber, dass ihr Hund somit mehr Auslauf bekam. Und ich war glücklich darüber, dass ich keine Absage bekommen hatte – ich hätte mich sonst sehr geschämt – und jetzt jeden Nachmittag mit einem Hund, natürlich an der Leine, spazieren gehen und wandern durfte. Als Vater, der eigentlich mit dem Aufbau des im Krieg zerstörten elterlichen Textilbetriebes voll und ganz beschäftigt war, meine Hundefreundschaft und das damit für mich verbundene Glück sah, schenkte er mir eine einjährige Schäferhündin. Wir nannten sie Asta. Vater zeigte mir, wie man richtig mit einem Hund umgeht und ich sog alles, was er sagte, wenn es um Asta ging, in mich auf.

Ein Vorbesitzer hatte sie ausbilden lassen, war aber nach der Ausbildung nicht mehr mit ihr zufrieden und wollte sie abgeben. Vater erzählte später, wie brutal der Ausbilder mit Asta umgegangen sei und sie dadurch einige Schäden abbekommen hätte. Sie war zum Beispiel Fremden gegenüber sehr aggressiv und oft eigenwillig. Doch davon wollte ich bei der aufkeimenden großen Liebe zwischen uns nichts wissen. Eine herrliche Zeit begann, allerdings manches Mal auf Kosten der Schule. Ich musste dann unsere nachmittäglichen Ausflüge verkürzen und mich intensiver den Schularbeiten widmen. Wir schrieben das Jahr 1947 und die Aufnahmeprüfung für das Gymnasium stand mir bevor.

Da wir noch im Haus meiner Großeltern in Rheine lebten, durfte ich Asta nicht mit ins Haus nehmen. Hinter der Garage hatte sie einen Zwinger mit einer Hütte mit viel Stroh. Wie oft schaute ich sehnsuchtsvoll aus dem Fenster, weil ich nicht zu ihr durfte, sondern arbeiten musste. Asta lag in ihrer Hütte, sie hatte die beiden Vorderläufe so weit ausgestreckt, dass sie bequem ihren Kopf darauf legen konnte. Selbst wenn sie schlief, entging ihr nichts. Bei jedem Geräusch oder Schritt hob sie den Kopf. Und was war das für eine Freude, wenn ich zu ihr kam, um mit ihr einen Ausflug zu machen. Das schönste Fressen ließ sie dafür stehen. Zu Weihnachten wünschte ich mir eine Hundeleine aus geflochtenem Leder. Wie ich darauf kam, weiß ich nicht. Ich bekam sie. Vater erzählte, wie schwer es war, mir diesen Wunsch zu erfüllen und dass er zufällig auf einer Geschäftsreise in Hamburg in einem Ledergeschäft diese Leine gesehen habe.

Keine Freundschaft mit anderen Jungen oder Mädchen kam an die Liebe heran, die sich zwischen Asta und mir entwickelte. So waren wir in jeder freien Zeit zusammen. Draußen, jenseits der Stadt ließ ich sie frei laufen. Wenn sie plötzlich ein Jagdtrieb packte, gehorchte sie nicht mehr und rannte einem Huhn, einem Kaninchen, einem Hasen oder auch Pferden auf der Wiese nach. Ich malte mir aus, was alles passieren könnte, und bekam rasendes Herzklopfen. Vergeblich rannte ich Asta nach, rief ihren Namen und schrie sie an. Zum Glück sind die Pferde nicht über den Zaun gegangen, und ein Wildtier hat sie auch niemals erlegt, doch manches Mal ein Huhn. Ich habe mich dann sofort dem Bauern gestellt, der schimpfte und wetterte, dass ausgerechnet sein bestes Legehuhn dran glauben musste. Obwohl ich Asta sofort anleinte, wenn ich Hühner sah, geschah es doch von Zeit zu Zeit immer wieder, dass sie eine Spur aufnahm und verschwunden war, ehe ich die Hühner sah. Und jedes Mal war es das wertvollste Legehuhn … Vater schimpfte zwar mit mir, bezahlte dann aber den Schaden.

Durch Asta lernte ich schwimmen. An der Ems gab es die «Zehnpfennigswiese». Hier war die Böschung nicht steil oder steinig, sondern eine ziemlich große Sandfläche führte sanft ins Wasser. Wenn man hier baden wollte, musste man zehn Pfennig bezahlen. Asta war eine leidenschaftliche Schwimmerin. Noch bevor ich mich umgezogen hatte, war sie bereits durch die Ems ans andere Ufer geschwommen und zurück. Dann wartete sie, bis auch ich ins Wasser kam. Sie konnte es wohl nicht verstehen, dass jemand nicht schwimmen konnte, denn ich ging nur so weit ins Wasser wie ich noch stehen konnte. Sie umschwamm mich in großen Kreisen. Einmal – wohl mehr aus Laune oder Versehen – ergriff ich ihren Schwanz und stellte fest, dass sie bereit war, mich durch das Wasser zu ziehen. Ich nahm das Angebot an, da es sie nicht behinderte oder beängstigte, und ließ mich von ihr mitten durch die Ems ans andere Ufer ziehen. Ein abenteuerliches Erlebnis, wenn man noch nicht schwimmen kann. Ihr machte es sichtlich Spaß, hocherhobenen Hauptes durch das Wasser zu paddeln und mich ans andere Ufer zu bringen. Auf diese Weise lernte ich, selbst zu schwimmen.

Mit jedem Abenteuer, das wir beide erlebten und bestanden, wuchs meine Liebe zu ihr. Es war die erste große Liebe in meinem Leben. So richtig wurde mir dieses erst bewusst, als Asta vor unserem Haus von einem Auto angefahren wurde und liegen blieb. Nur mit äußerster Mühe konnte ich sie aufrichten und in die Waschküche bringen. Hier bereitete ich ihr schnell ein Lager und rief den Tierarzt an. Stunden später, ich blieb die ganze Zeit bei ihr und streichelte sie sanft, kam Dr. Pielke und stellte zum Glück nur Prellungen am linken Hinterlauf fest. Er empfahl, sie äußerlich mit Heilerde zu behandeln. Nach einigen Tagen ging es ihr besser und sie konnte wieder aufstehen. Wahrscheinlich hatte sie den mit dem Unfall verbundenen Schock überwunden. Ich war glücklich – unsere gegenseitige Liebe war wieder ein Stück gewachsen. Von nun an ging sie allen Autos weit aus dem Weg, was auch für mich ein sicheres Gefühl bedeutete.

Es gäbe von uns beiden noch viele schöne und abenteuerliche Geschichten zu erzählen, die unsere innige Verbundenheit und gegenseitige Liebe widerspiegeln. Doch das würde an dieser Stelle zu weit führen. Asta ist achtzehn Jahre alt geworden. Als sie zu mir kam, war ich neun Jahre, und als sie mich verließ, war ich siebenundzwanzig Jahre alt. Einmal hat sie – ungewollt – Junge bekommen; es waren sechs und zum Glück auch Schäferhunde. In unserer Nachbarschaft wohnte der Chefarzt vom Mathias-Spital, Dr. Valentin Dumpert, der einen Schäferhund besaß, der Rustan hieß. Aller Wahrscheinlichkeit nach war Rustan der Vater. Leider erlaubten es mir meine Eltern nicht, einen jungen Hund zu behalten. Es fiel mir schwer, sie abzugeben; aber sie kamen alle in gute Hände.

Als im Herbst 1964 mein Vater tödlich mit dem Auto verunglückte, musste ich mein Studium der Psychologie aufgeben, um die Verantwortung, die er getragen hatte, zu übernehmen. Allein schon durch das Studium konnte ich Asta nicht mehr so viel Zeit widmen wie früher – durch meine neue Tätigkeit in Vaters Betrieb noch weniger. Doch sie war alt und schlief viel. Das Laufen fiel ihr schwer, doch freute sie sich unbändig, wenn ich bei ihr war oder sie einfach dabei sein durfte.

Asta bekam Gesäugekrebs und keine Medizin konnte ihr helfen. Es war jämmerlich und herzzerreißend anzusehen, wie sie auf ihren Decken lag und Wasser, Blut und Eiter aus ihren Wunden flossen. Ihre wachen braunen Augen schauten mich hilfesuchend an. Was sollte ich nur tun? Fressen konnte sie nicht mehr, doch war sie begierig, ein mit Traubenzucker geschlagenes rohes Ei zu schlürfen. Als ich Dr. Pielke fragte, ob er Asta nicht einschläfern könnte – ich war fest davon überzeugt, dass es das Beste für sie sei –, verneinte er es und sagte, dass er kein Mörder sei. Damit hatte ich nicht gerechnet und war sehr betroffen. Sollte ich zu einem anderen Tierarzt gehen?

In Emsbüren kannte ich einen Bauern, der gleichzeitig einen Forst verwaltete. Ich rief ihn an und erzählte ihm alles. Ich solle nur kommen, er würde das schon machen, sagte er überzeugt. Am nächsten Tag nahm ich meinen Beifahrersitz aus dem Auto und legte ein Steppbett auf den Boden, darüber eine Decke und ein Tuch. Asta war so abgemagert, dass ich sie allein von ihrem Lager ins Auto tragen konnte. Sie war ruhig und ließ alles mit sich geschehen, weil sie mir vertraute. Sie hatte mir immer vertraut und ich hatte versucht, sie niemals zu enttäuschen. Und was tat ich jetzt?

Ich war auf dem Weg, sie durch Schüsse umbringen zu lassen, weil ich glaubte, ihr dadurch am besten helfen zu können. Als ich in Emsbüren ankam, gab ich Asta ein letztes Mal ein geschlagenes Ei. Dann ging ich in das Haus und beriet mich mit dem Bauern, der bereits auf uns wartete. Seine entschiedene Art bestärkte mich darin, das Rechte zu tun. Wir gingen hinaus. Ich nahm Asta aus dem Auto und trug sie ein Stück weit in den Wald, der an das Haus grenzte. Ich spürte, wie ihr Herz schlug, und sah, wie sie den Kopf hob – ja, sogar ihre Ohren spitzte. Ich flüsterte ihr etwas zu und obwohl ich genau wusste, was ich jetzt tat, wusste ich letztlich nicht, was ich tat. Wie besprochen legte ich sie auf den bestimmten Platz und rannte fort.

Im Laufen konnte ich nicht anders, als mich noch einmal umzuschauen. Asta hatte sich erhoben – was sie schon wochenlang nicht mehr konnte – und wollte mir nachlaufen. Ihre Augen schienen mir auf einmal doppelt so groß. Ich rannte weiter, dann hörte ich die tödlichen Schüsse …

Wir hatten verabredet, dass ich gleich abfuhr. Ich tat es. Zu Hause hatte ich Angst vor aufkommenden Gefühlen und trank – mehr als erlaubt. Mein berufliches Gefordertsein und der Alkohol waren «wunderbare» Mittel, Astas Abschied und ihren Tod zu verdrängen. Wenn sich jedoch anklagende und vorwurfsvolle Gedanken durchsetzten, sagte ich mir, dass es der beste Weg gewesen sei, sie von ihrer sowieso todbringenden Krebskrankheit zu erlösen. Mein Gewissen schwieg.

Asta war meine erste Liebe und fast achtzehn Jahre waren wir zusammen. Wenn ich heute an sie denke, kommen mir die Tränen und ich schäme mich für den so jämmerlichen Abschied, den ich ihr bereitet habe. Ich weiß nicht einmal, wo sie begraben liegt, denn den besagten Bauern habe ich nie wieder besucht. Ich glaubte, die Zeit ginge darüber hin und würde vergessen machen. Auf der groben Ebene des Alltags ist es so, doch auf feineren Ebenen bleiben ungelöste Eindrücke so lange präsent, bis sie erlöst werden. Manchmal – und das ist in den letzten Jahren seltener geworden – erscheint mir Asta in meiner Meditation. Ich sehe sie, wie sie mit allerletzter Kraft aufsteht und meine Nähe sucht; ich sehe ihre wunderschönen bernsteinfarbenen Augen, die mich jetzt anklagen.

Siebenundzwanzig Jahre später, im März 1992, läuft mir in Hannover im Bahnhofsgebäude ein weißer Terrier zu, der seitdem nicht mehr von meiner Seite gegangen ist. Während ich diese Worte schreibe, liegt er neben meinem Stuhl und schläft. Kino hat, seitdem er in mein Leben trat und mich aussuchte, bereits achtzehn Jahre mit mir verbracht. Jetzt ist er alt und blind, muss geführt und gestützt werden. Wenn ich von meinem Platz aufstehe, um mir irgendetwas zu holen – oft ganz spontan ohne an ihn zu denken –, will er mitkommen, schafft es aber nicht, alleine aufzustehen, da er wegen seines hohen Alters keine Kraft in den Hinterläufen mehr hat. Er sitzt dann auf den Hinterbeinen und müht sich ab. Ein tiefes Brummen tut mir seine Hilflosigkeit kund. Ich kehre schleunigst um, helfe ihm auf die Beine und nehme ihn mit. Dies geschieht viele, viele Male am Tag.

Manchmal denke ich dabei an den noch immer nicht überwundenen herzlosen Abschied von Asta. Ich habe mir vorgenommen, so viele Male umzukehren und Kino auf die Beine zu helfen, wie es die Situation erfordert. Ich tue es gern – vielleicht auch aus Liebe zu meiner ersten Liebe, zu Asta, um wieder gut zu machen, was ich bei ihrem Abschied versäumt habe.

Dein Blick
berührt meine Seele

Mein Hund Kino, der mich unter Hunderten von Menschen ausgesucht hat, um bei mir zu bleiben, muss damals ungefähr ein halbes Jahr alt gewesen sein. Ich hatte die russische Regimekritikerin Tatjana Goritschewa, die einige Tage bei mir zu Gast war, zum Zug gebracht. Es war vor der Bahnhofshalle von Hannover, als ich sah, dass ein kleiner weißer Hund aus einem Auto getreten wurde. Seit der Zeit ist er an meiner Seite. Kino muss jetzt ungefähr achtzehn Jahre alt sein – ein astronomisches Alter für diesen Hund, wie mir die Tierärztin Frau Dr. Hartmann sagte. Wunderbare Zeiten durfte ich mit Kino und seiner unwiderruflichen Treue verbringen. Seit gut einem Jahr ist er blind und ganz auf meine Hilfe angewiesen. Seine Augen haben sich hellblau gefärbt, was nicht auf einen Star zurückzuführen ist, sondern auf eine Fettschicht, die sich infolge seines Alters im Auge gebildet hat. Vom Medizinischen her – so sagte man mir – sei da gar nichts mehr zu machen.

Ich bin erstaunt, wie Kino seine Orientierung ganz auf den Geruchssinn umgestellt hat; das Riechen jedoch kann seine Augen nicht ersetzen. Und was hatte er für wunderschöne Augen – bernsteinfarbig, klar und alle Hindernisse durchdringend, wenn er mich anschaute. Und jetzt schaue ich schon über ein Jahr in seine toten Augen …, doch das ist eher äußerlich, wenn ich bedenke, wie seit dieser Behinderung seine Liebe zu mir umso mehr gewachsen ist. Oft denke ich, wie lange wird Kino noch bei mir sein? Bei diesem Gedanken wird mir fast übel, denn eine so lebendige und innige Freundschaft über achtzehn Jahre wird es wohl in meinem Leben nicht mehr geben.

Wenn ich Kinos tote Augen betrachte, fällt mir meine Großmutter ein, die schon seit langer Zeit verstorben ist – sie wurde sechsundneunzig Jahre alt. Am Ende ihres Lebens verdunkelte sich ihr Gesichtssinn mehr und mehr; sie nahm es ohne Widerrede an und glaubte zunächst, die Welt verdunkle sich anstatt ihre Augen. Sie lud mich oft zum Mittagessen ein und freute sich, mit mir über ihre musikalische Vergangenheit zu sprechen. Sie wuchs in Gera auf, wo ihr Vater Hofkapellmeister war. Ihre Liebe zur Musik und in besonderer Weise zu Opern zeigte sich in allem, was sie erzählte. Eines Tages sprach sie von «Den toten Augen», einer Oper von Eugene d'Albert, die sie früher besonders beeindruckt haben muss und an die sie sich in ihrem augenblicklichen Zustand wohl besonders erinnerte. Sie erzählte, dass d'Albert mit seiner Frau Hermine häufig im Hause ihres Vaters zu Gast war und dass «Die toten Augen» nach der Uraufführung an der Hofoper in Dresden auch in Gera aufgeführt wurden. Ich war erstaunt, wie Großmutter sich an Einzelheiten des Librettos erinnern konnte.

«Die Handlung spielt zur Zeit Jesu in Jerusalem. Von ihrer Dienerin, die vom Wasserschöpfen zurückkommt, erfährt die blinde Gattin eines römischen Gesandten von der Wunderkraft Jesu. Sie hat den sehnlichsten Wunsch, nur ein einziges Mal das Antlitz ihres Gatten zu sehen, den sie über alle Maßen liebt und den sie für einen gut aussehenden jungen Mann hält. In Wirklichkeit aber hat er harte unansehnliche Gesichtszüge und sein Körper ist entstellt. Einst war er von der Schönheit der Blinden so beeindruckt, dass er sie zur Frau nahm.

Als der Freund des römischen Gesandten, der die blinde Ehefrau heimlich liebt, den Gesandten zu einer Ratsversammlung abholt, lässt sie sich zu Jesus führen, der an diesem Tag in Jerusalem einzieht. Das Volk jubelt dem Messias zu. Die Blinde ist zutiefst betroffen von der Begegnung mit Jesus und bittet ihn, sie sehend zu machen. Nachdem Jesus sie angeschaut, berührt und geheilt hat, prophezeit er ihr, dass sie noch am gleichen Abend ihre Heilung bereuen werde.

Die Gattin des Gesandten jedoch ignoriert diese Worte, eilt in ihr Haus, betrachtet sich im Spiegel und macht sich schön für ihren geliebten Mann. Als die beiden Männer aus der Stadt zurückkommen, erfahren sie von der wundersamen Blindenheilung. Der römische Gesandte jedoch verbirgt sich vorerst vor seiner Frau, da er befürchtet, sein hässliches und entstelltes Aussehen könnte ihre Liebe zu ihm zerstören. Als sie aus dem Haus tritt, um ihrem Mann entgegenzugehen, sieht sie nur seinen Freund und hält ihn für ihren geliebten Gatten. Sie umarmt ihn und küsst ihn leidenschaftlich. Auch in ihm flammt jetzt die Liebe auf, die er seines Freundes wegen so lange zurückgehalten hat. In rasender Wut und Verzweiflung stürzt der Gesandte auf seinen Freund, reißt ihn zu Boden und erwürgt ihn. Anschließend ergreift er die Flucht.

Von ihrer Dienerin erfährt sie, dass nicht der Freund, sondern der missgestaltete Mörder ihr Gatte ist. In diesem Augenblick wird ihr bewusst, dass sich die Prophezeiung Jesu erfüllt hat. Voll des Entsetzens starrt sie so lange in die Glut der Sonne, bis sie wieder erblindet.»

Wenn ich heute Kino in seine toten Augen schaue, die einst so lebendig und strahlend waren, denke ich manchmal an meine Großmutter und an «Die toten Augen» von d'Albert. Ein tieferer Sinn, den wir wohl niemals deuten können, muss bestimmt auch darin liegen, wenn eines der Geschöpfe Gottes sein Augenlicht verliert.

Vor nicht allzu langer Zeit ereignete sich eine Begegnung, die meine Seele berührt und mich Kino noch weitaus mehr lieben und all die Mühen ertragen lässt, die mit seiner Behinderung verbunden sind. Das Haus, in dem ich wohne, liegt ein wenig abseits von der Straße, die eigentlich nur ein landwirtschaftlich genutzter Weg ist. Als ich den Briefkasten an der Straße leeren wollte, sah ich im Graben neben mir eine schwarze Katze. Sie lag auf der Seite und konnte sich anscheinend nicht bewegen. Ich starrte sie an und konnte es nicht fassen … In diesem Moment hob sie ihren Kopf und schaute mich verzweifelt und hilfesuchend aus übergroßen sonnengelben Augen an. Schnell holte ich einen geflochtenen Weidekorb, in dem zufällig noch Stroh lag, das die darin einstmals empfangenen Geschenke hatte fülliger erscheinen lassen.

Ein sonderbares Gefühl überkam mich, als ich die Katze berührte. Sie öffnete zweimal ihr Maul und weinte bitterlich – so empfand ich es. Sie ließ es sich gefallen, als ich sie in den Korb hob. Dabei sah und fühlte ich, dass ihre beiden Hinterläufe leblos waren. Alles Leben, alle Sehnsucht nach Leben und auch – so kam es mir in diesem Augenblick vor – das ewige Leben strahlte aus ihren großen wunderschönen und klaren Augen. Ihre Stimme verstummte vor Schmerzen, aber ihre Augen sprachen weiter zu mir und sagten, was ich zu tun hatte.

Zwanzig Minuten später fuhr ich auf den Hof der Tierklinik, und als ich den Korb aufheben wollte, sah ich, wie ihre Augen immer noch auf mich gerichtet waren – geöffnete Fenster zur Ewigkeit. Wie lange hatte ich aus unmittelbarer Nähe keine so sehr mein Herz berührenden Tieraugen mehr gesehen. Meine Augen füllten sich mit Tränen …

In der Klinik waren es nur wenige Minuten, die ich warten musste. Frau Dr. Hartmann hob die Katze aus dem Korb und legte sie auf den Untersuchungstisch. «Es ist ein Kater, ein halbes Jahr erst alt; er wurde wahrscheinlich von einem Auto angefahren. Gewöhnlich töten wir Tiere mit einer solch schweren Verletzung wie diese Katze, deren Wirbelsäule gebrochen ist. Soll ich es tun?», fragte sie mich. Und noch einmal schauten die großen sprechenden Augen mich an, und ihr Blick berührte jetzt meine Seele. «Einen Augenblick bitte», antwortete ich, schloss meine Augen und betete. Eine eindeutige Antwort erfüllte mich und ich fragte: «Gibt es eine Chance, dass sie überleben kann?»

Ich saß im Wartezimmer und die Katze mit den schönsten und sprechendsten Augen, die ich je in meinem Leben gesehen und gespürt hatte, wurde untersucht. Dann zeigte mir Frau Dr. Hartmann auf einem großen Computer-Röntgenbild die gebrochene Wirbelsäule mit Blutergüssen um den Bruch. «Wenn sie möchten, versuchen wir, sie zu retten. Es besteht eine Chance, da die Wirbel nicht verschoben sind.» Obwohl sie nicht mehr im Raum anwesend war, verabschiedete ich mich von dem kleinen schwarzen Kater mit Augen, die jetzt größer waren als er selbst.

Mit wehem Herzen und leerem Weidenkorb fuhr ich nach Hause mit der Bitte und dem Trost, in zwei Tagen in der Klinik anzurufen. Ich tat es jedoch schon am darauffolgenden Tag. Die diensthabende Tierärztin sagte mir, dass der kleine Kater noch lebe und infolge der Behandlung seinen linken Hinterlauf bewegen könne. Er habe sogar schon aufrecht gesessen, doch mache ihr Sorge, dass die Arbeit des Magens und der Nieren mehr oder weniger ausfiele. Sie habe einen Katheder gelegt, um das Tier zu entlasten. Ihre letzten Worte waren: «Wenn sich all das in den nächsten Tagen nicht bessert, ist das so kein Katzenleben mehr!»

Was sollte ich dem kleinen schwarzen Kater mit dem weißen Flecken auf der Brust und auch mir wünschen? Ich wusste es nicht ... und dann auf einmal, dass er gesund werden und bei mir wohnen würde. Doch er wurde es nicht. Bei meinem nächsten Anruf erfuhr ich, dass er seine Augen infolge eines Nierenversagens für immer geschlossen hatte.

Von all dem und wie es in meiner Seele aussah, erzählte ich Kino nichts. Aber ab diesem Zeitpunkt begannen auch seine toten Augen in mir wieder zu leuchten, und ich habe ihn noch lieber als zuvor.

5 Der letzte Weg

Letzte Reise mit der Frisia X

Die Thuiner Franziskanerinnen leiten das Pax-Gästehaus auf der Nordseeinsel Juist. Nebenan befindet sich die katholische Gemeindekirche zu den heiligen Schutzengeln. Seitdem ich wieder im Münsterland wohne, habe ich die Insel neu entdeckt, auf der ich als Kind mit meinen Eltern oft die Ferien verbrachte. Ist es so, dass man, wenn man älter wird, sich nach Orten sehnt, die einem als Kind lieb waren? Es kommt hinzu, dass ich keine lange Anfahrt habe. Nur zwei Stunden braucht der Zug von Münster nach Norddeich-Mole, dem An- und Ableger der Frisiaschiffe nach Juist und Norderney. Selbst für einen Kurzurlaub lohnt es sich, an die Nordsee zu fahren: Der Erholungswert ist wegen des Seeklimas enorm hoch. Am liebsten bin ich im Frühjahr oder im Herbst auf der Insel – nicht wegen der Abwesenheit der vielen Menschen, die gern die Hauptsaison und die Sommerferien nutzen, sondern des Wetters und der Sonnenuntergänge wegen. Einsame Spaziergänge am späten Nachmittag am Strand lassen mein Herz vor Freude überströmen: das klare helle Licht, das alle Farben noch intensiver erscheinen lässt, der weite Blick über das endlos erscheinende Meer, die Seevögel – vor allem die kleinen witzigen Strandläufer –, am Horizont Containerschiffe und vor mir die Brandung, sich brechende Wellen, die sanft bis zu meinen Füßen auslaufen, der Wind und die reine Luft, die nach Salz schmeckt, Algen oder Tang. Ich versuche mit mal größeren und mal kleineren Schritten nicht die Muscheln zu zertreten, die das Meer angespült hat; manchmal sind es auch Quallen. Wie schön ist es, stehen zu bleiben, auf das Meer und die untergehende Sonne zu schauen, den Wind zu spüren und die Gedanken und Gefühle kommen und gehen zu lassen.

Unwillkürlich summe ich die Melodie eines Liedes aus den 30-er Jahren, das Zarah Leander mit ihrer tiefen Stimme gesungen hat: «Der Wind hat mir ein Lied erzählt ... Am Meer stand ich abends oft, und ich hab gehofft – auf was?» Dann kommen andere Gedanken: Ist das Wasser wirklich das erste Prinzip aller Dinge? Hat es mit der Sehnsucht des Menschen zu tun, einmal an seinen Ursprung zurückzukehren? Der griechische Mathematiker und Philosoph Thales von Milet, der einige Jahrhunderte vor Christus lebte, versucht mit seiner Idee, das Wasser sei der Ursprung allen Lebens, aller Bewegung und aller Dinge, eine nicht mythologische Erklärung zu geben. Das Wasser erfüllt für ihn den Anspruch, allem zu Grunde zu liegen und jegliche Gestalt annehmen zu können. Wasser benötigt jedes Lebewesen zu seiner Existenz ... Und dann die Symbolik des Wassers im Leben und in der Lehre von Teresa von Avila. Aurelius Augustinus geht am Meer spazieren und denkt über das Geheimnis der Dreifaltigkeit nach. Da sieht er ein Kind, das mit einem kleinen Eimer Wasser aus dem Meer in eine Sandgrube schöpft. «Was machst du da?» fragt Augustinus. «Ich möchte das Meer in meinen Teich schöpfen!» Augustinus lacht: «Das wird dir niemals gelingen!» Da richtet sich das Kind zu ihm auf und sagt: «Ich mache es genauso wie du: Du willst mit deinem kleinen begrenzten Verstand das Geheimnis des dreieinigen Gottes verstehen?»

An einem Spätnachmittag ging ich – mehr träumend als denkend – am Strand in Richtung Kalfamer. Plötzlich sah ich zu meinen Füßen etwas Rotes aufleuchten – es war eine Rose. Und dann waren es auf einmal viele roséfarbene und rote Rosen und zwischen ihnen rosa Nelken: Blumen über Blumen, die das Meer an den Strand gespült hatte. Ich blieb stehen und bewunderte die Blütenpracht, die das abfließende Wasser am Strand zurückließ. Aber dann meine Frage: Woher kamen die Blumen?

Ich hatte früher schon einmal eine Fülle von Apfelsinen, Ananas oder Zwiebeln am Strand liegen sehen und fand die Erklärung: Bei Sturm sind einige Kisten über Bord eines Übersee-Frachtschiffes gegangen und angespült worden. Aber was war die Ursache, dass frische Blumen aus dem Meer kamen? Ich ging weiter und sah immer noch Blumen – verstreut! Dann kam mir plötzlich der Gedanke: Die Blumen stammen von einer Seebestattung. Als ich zurückschaute und jetzt die vielen Blumen sah, wurde mir ein wenig schwindlig und ich erlebte diesen Moment als unwirklich, ja, sogar unheimlich. Ich betete ein Vaterunser für den Verstorbenen …

Die Blumen hatten mein Interesse an einer Seebestattung geweckt, von der ich bisher kaum etwas wusste. Von der Reederei erfuhr ich, dass die Frisia Bestattungsfahrten mit dem kleinsten Schiff ihrer Flotte, der Frisia X, anbietet. «Auf besondere Weise Abschied nehmen: Mit der Seebestattung bieten wir Ihnen die Möglichkeit, in besonderer Weise in einem würdigen Rahmen Abschied von Ihrem Verstorbenen zu nehmen. Wir empfehlen uns als kompetentes Unternehmen, die Seebestattung in der Ausgestaltung den Wünschen der Verstorbenen und ihrer Angehörigen entsprechend durchzuführen.»

Als Priester, der bisher nur Erdbestattungen und kaum eine Feuerbestattung kannte, wurde ich regelrecht neugierig, die näheren Umstände einer Seebestattung zu erfahren. Die An- und Ablegezeiten der Schiffe sind infolge von Ebbe und Flut jeden Tag unterschiedlich. Manchmal ergibt es sich aus den Gezeiten, dass ein Schiff sechs Stunden und mehr im Hafen der Insel liegt und dann noch am selben Tag zurückfährt nach Norddeich. So lange, bis das Wasser wieder aufgelaufen ist, halten sich dann der Kapitän und seine Mannschaft auf Juist auf.

Das Thema Seebestattung hat mich derart stark berührt, dass ich Kontakt mit einem Kapitän aufnahm, der Erfahrungen mit Seebestattungen hat. Es war für mich ein sehr bewegendes Gespräch.

«Ich fahre drei verschiedene Arten von Seebestattungen. Zum einen sind die Hinterbliebenen mit an Bord. Bei der anonymen Bestattung dagegen erhält lediglich die zuständige Behörde eine Dokumentation. Und zum anderen gibt es die stille Seebestattung – ebenso ohne die Teilnahme der Hinterbliebenen. Die Angehörigen erhalten dann aber die Dokumentation der Position in der Seekarte, wo ich die Urne versenke, sowie einen Auszug aus dem Schiffstagebuch.»

Das Wort «Urne» ließ mich besonders aufhorchen und ich fragte, ob jeder Seebestattung eine Einäscherung des Verstorbenen vorausgehen müsse. «Nur in Ausnahmefällen ist es gestattet, einen auf See Verstorbenen ins Meer zu versenken. Dieses Recht steht einem Kapitän zur See zu. In der Regel wird von dieser sogenannten Schiffsbestattung heute selten Gebrauch gemacht. Zu Zeiten der Segelschifffahrt allerdings war es kaum möglich, den Leichnam des auf See Verstorbenen bis zum nächsten Hafen entsprechend aufzubahren. Aus Gründen der Ansteckungsgefahr musste eine Bestattung daher während der Fahrt vorgenommen werden. Früher, also zu Zeiten der Segelschiffe, wurde der Tote eine Nacht lang auf dem Achterdeck aufgebahrt und nach einer kurzen und schlichten Andacht in einem mit Eisen beschwerten Holzsarg am nächsten Tag der See übergeben. Mit dem Aufkommen der Motorschifffahrt änderte sich diese Praxis. Der Leichnam wurde in ein Segeltuch eingenäht und mit den Füßen zur Reling aufgebahrt. Nach der Trauerzeremonie lassen dann – so ist es heute noch – die Mannschaftsmitglieder den Toten, bedeckt mit der Nationalflagge, an Steuerbord über Bord. Immer hat der Kapitän dafür zu sorgen, dass die Bestattung in würdiger Form vorgenommen wird.» Bei diesen seinen Worten erinnerte ich mich an eine Schiffsbestattung, die ich einmal in einem Spielfilm gesehen hatte und von der ich sehr beeindruckt war. Aber jetzt befand ich mich, wenn auch theoretisch, in einer ausgesprochenen Realität.

«Ab wann wurde es möglich, dass auch Nicht-Seeleute – ich meine jetzt ihre Asche – im Meer beigesetzt wurden?»

«Seit 1934 ist es in Deutschland erlaubt, Feuerbestattungen vorzunehmen, die, wie Sie richtig sagen, die Voraussetzung für eine Seebestattung sind. Bei uns gibt es strenge Regeln, die nicht nur die Urne betreffen, sondern auch den Ort, wo sie im Meer versenkt wird. Die Urne muss aus wasserlöslichen Materialien bestehen, denn, was ins Meer versenkt wird, muss sich innerhalb von wenigen Stunden vollständig auflösen. Die meisten Seeurnen bestehen daher aus Salz, Zellulose, Pappmaché oder gepresstem Sandstein. Sie müssen mit Kies oder Sand beschwert werden, damit sie schnell absinken. Das ist die Vorgabe des Deutschen Hydrographischen Institutes.

Speziell eingezeichnete Seegebiete in Seekarten zeigen, wo die Asche des Verstorbenen dem Meer übergeben werden kann. Dies geschieht immer außerhalb der sogenannten Dreimeilenzone, in Gebieten, in denen nicht gefischt oder Wassersport getrieben wird. Die genauen Koordinaten der Position einer Seebestattung werden in das Schiffslogbuch eingetragen. Die Angehörigen erhalten dann – wie ich anfangs schon sagte – eine Seekarte, auf der die Position der Bestattung eingezeichnet ist, und einen Auszug aus dem Logbuch des Beisetzungsschiffes.»

«Bei der Feuer- und Seebestattung», so unterbrach ich den Kapitän, «vergeht für mich nicht nur das Äußere eines Menschen in absehbar kurzer Zeit, sondern ich habe auch den Eindruck, dass sein Wesen damit in unserem Bewusstsein sehr schnell schwindet. Es gibt keine konkrete Vorstellung mehr, die mir den Verstorbenen vergegenwärtigt. Speziell bei der Seebestattung und anonymen Bestattung gibt es keinen Ort mehr, zu dem ich gehen und an dem ich trauern kann – so oft und so lange wie ich es möchte.»

Als ich bemerkte, dass der Kapitän mir zustimmte, indem er sagte, dass er und seine Familie weder eine Feuer-, See- oder anonyme Bestattung wünschten, erzählte ich ihm ein wenig aus meiner Erfahrung.

«Ich halte es schon für sehr wichtig, zumindest einen Ort der Trauer zu haben. Ich kenne Angehörige, die einen geliebten Menschen feuerbestattet haben oder anonym und noch nach Jahren nach einem festen Ort für ihre Trauer suchen. Auf dem Frankfurter Hauptfriedhof vollziehen die Friedhofsgärtner jeden Morgen die gleiche Zeremonie: Sie gehen oder fahren zum großen anonymen Gräberfeld und entfernen dort die Blumen, Teddybären und Briefe, die verzweifelte Angehörige da zurückgelassen haben, wo sie vermuten, dass dort seinerzeit die Beerdigung war.

Ich kann mir gut vorstellen, dass gerade nach einer Seebestattung ähnliche Gefühle bei den Trauernden aufkommen können, es aber keine Möglichkeit mehr für sie gibt, die Stelle zu finden, wo der Verstorbene beigesetzt wurde. Es fehlt einfach eine Anlaufstelle, ein Bezugspunkt, um die Trauer bewältigen zu können. Und es bleibt oft eine innere Leere zurück, die über viele Jahre schmerzhaft sein kann.

Bevor die kostbare Zeit, in der ich mit Ihnen sprechen darf, zu Ende geht, erzählen Sie mir doch noch etwas über die Häufigkeit und den Ablauf einer Seebestattung.»

«Jedes Jahr wollen mehr Bundesbürger, vor allem aus Süddeutschland, auf See beigesetzt werden. Genaue Zahlen für Deutschland kann ich Ihnen allerdings nicht nennen. Ich weiß aber, dass es ungefähr 6000 Seebestattungen im Jahr sind. Wenn die Angehörigen an der Seebestattung teilnehmen, sprechen wir von einer begleitenden, andernfalls von einer stillen Seebestattung. Der Kapitän und die Besatzung nehmen die Bestattung in Uniform vor.

Die Trauernden kommen an Bord. Ich begrüße sie und sage ihnen, dass die Seebeisetzung ungefähr zwei bis drei Stunden dauern wird. Wenn gewünscht, lassen wir Trauermusik spielen. Die Angehörigen können Blumen ins Wasser werfen, aber aus Gründen des Umweltschutzes keine Gebinde und Kränze.»

Ich überlegte einen Augenblick, ob ich den Kapitän unterbrechen sollte, um ihm mein Erlebnis zu erzählen, entschloss mich jedoch, nichts davon zu sagen. Er hatte mir ja bereits die Erklärung für mein «Blumenmeer»-Erlebnis gegeben.

«Wenn wir an die bezeichnete Stelle kommen, bitte ich die Trauergäste an Deck zu kommen und nach einer kurzen Ansprache übergebe ich die Urne dem Meer. Sie wird an Schnüren hinabgelassen. In der Regel werfen jetzt die Angehörigen Schnittblumen an der Stelle ins Wasser, wo die Urne versenkt wurde. Ich schlage traditionsgemäß eine Glocke und setze dann das Schiff wieder in Bewegung, indem ich noch einmal die Stelle der Beisetzung umkreise. Auf der Rückfahrt setzen sich die Gäste wieder an die Tische und nehmen einen kleinen Imbiss zu sich.»

Der Kapitän erzählte mir noch von einer besonderen Art der Seebestattung, die der Hamburger Bestatter Broder Drees anbietet.

«Sie haben so viel Interesse an allem gezeigt, dass ich Ihnen am Schluss noch von einer außergewöhnlichen Seebeisetzung berichten möchte. Der Hamburger Seebestatter bietet Beisetzungen auf der Ostsee an, direkt über der Stelle, wo am 30. Januar 1945 die ‹Wilhelm Gustloff› nach sowjetischem U-Boot-Beschuss mit ungefähr neuntausend Menschen an Bord sank und nun dort als Wrack in 42 Metern Tiefe liegt. Auf der ‹Gustloff› waren viele Frauen und Kinder. Es sind meistens Männer, Ehemänner, die nach ihrem Tode ihren Angehörigen, die in der Ostsee bei diesem Schiffsunglück gestorben sind, nahe sein möchten.

Ich habe einmal einen Bericht gelesen, in dem stand, dass der Volksbund Deutsche Kriegsgräberfürsorge keine Pietätlosigkeit darin sieht, wenn über dem Wrack der ‹Gustloff› beigesetzt wird, da es sich um die Asche von Verstorbenen handelt, die einen familiären Bezug zu diesem Ort haben.»

Für einen Augenblick musste ich die Luft anhalten, doch habe ich mich zu dieser Art von Bestattung nicht geäußert. Ich brauchte einige Tage, um die vielen Eindrücke und Gedanken, die dieses Gespräch in mir ausgelöst hatte, auch nur annähernd zu verarbeiten. Doch ehrlich gesagt, habe ich es bis heute noch nicht recht vollzogen.

Immer, wenn ich das kleinste Schiff der Frisia-Flotte, die Frisia X, das auch als Fährschiff eingesetzt wird, sehe, gehen meine Gedanken mit diesem Schiff auf die hohe See …

Von der befreienden
Kraft des Gedenkens

Nach 1945 und der Überwindung der größten Schmerzen, die der Krieg Deutschland und Millionen von Menschen zugefügt hat, begann ein ungeahnter Aufschwung in fast allen Bereichen. Mein Vater war recht früh aus der russischen Kriegsgefangenschaft entlassen worden und baute den elterlichen Textilbetrieb wieder auf, der zur Hälfte durch Bomben zerstört war. Als es 1950 daran ging, die Handwebstühle langsam durch Frottierwebmaschinen zu ersetzen, plante er eine Fahrt in die Schweiz zur Firma Rüti, die bekannt war durch die Herstellung von hochwertigen Textilmaschinen. Ich war zwölf Jahre alt und besuchte gerade das Gymnasium. Um nicht nur meine Mutter, sondern auch mich mitnehmen zu können, legte er seine Reise so, dass sie in die Osterferien fiel.

Meine Freude war riesengroß, war es doch meine erste weite Reise und dazu noch ins Ausland. Welch ein Traum und wie gewaltig – ich hatte niemals in meinem Leben zuvor Berge gesehen. Und jetzt fuhren wir über sie hinweg oder durch sie hindurch. Oft waren die Bilder wie ein Rausch, der mich erfüllte oder an mir vorbeischwebte. Um uns den Zürichsee zu zeigen, fuhr Vater nicht direkt von Winterthur über Pfäffikon nach Rüti, sondern über Zürich am See entlang über Rapperswil. Von dort ging es dann hoch nach Rüti. Die Firma Rüti ist nach dieser

Stadt benannt, die im Südosten des Kantons Zürich liegt. Die vielen Stunden, in denen Vater sich die neue Technik zur Herstellung von Frottier zeigen ließ und anschließend noch lange verhandelte, um dann zu kaufen, waren für Mutter und mich recht langweilig. Doch Vater sah in die Zukunft und strahlte.

Als Dank für unser geduldiges Warten wollte er uns an den kommenden zwei Tagen den Vierwaldstättersee zeigen. Das Ziel sollte der Bürgenstock sein, den Vater in seiner Jugend mit seinen Eltern besucht hatte. Wir fuhren über Brunnen und Weggis und kamen nach Küssnacht, wo wir im Gasthaus «Engel» übernachteten. Bevor wir am nächsten Tag nach Luzern weiterfuhren, besuchten wir die Gedenkstätte der Königin Astrid. Vater hatte schon unterwegs davon gesprochen, dass wir auch die Stelle am Vierwaldstättersee besuchen würden, wo fünfzehn Jahre zuvor Astrid von Schweden, Königin der Belgier, mit dem Auto tödlich verunglückte. Schon in früheren Jahren musste Vater diese Frau in sein Herz geschlossen und verehrt haben. Sie war so alt wie er selbst. Ihr Schicksal hat ihn zeitlebens bewegt. Fünfzehn Jahre nach unserem Besuch der Astrid-Kapelle in Küssnacht kam Vater auf ähnliche Weise ums Leben.

Damals wunderte ich mich darüber, dass Vater und Mutter sich so viel Zeit nahmen, am Unfallort von Königin Astrid zwischen Luzerner Straße und dem Seeufer zu verweilen. Aus der Gedenkkapelle holten wir uns eine kleine Broschüre und ein Bild der Königin, das sie gekrönt mit ernstem Gesicht und einem weißen Federumhang zeigt; strahlende Augen wie Sterne, sternenförmige Ohrringe und um den Hals eine lange Perlenkette. Ich erinnere mich gut an dieses Bild, da wir es später in das Fotoalbum von unserer Schweizer Reise geklebt haben.

Wir setzten uns am Unfallort, einem Gedenkkreuz neben einem Baum, auf eine kleine Mauer in die Sonne und Vater begann vorzulesen. Nein, eigentlich las er nicht vor, sondern überflog das Geschriebene in der Broschüre und erzählte Mutter und mir mit seinen Worten den Inhalt, der ihn interessierte und von dem er glaubte, dass er auch für uns von Interesse sei. Er sprach so engagiert und betroffen, dass ich das Gefühl hatte, der Unfall sei erst gerade passiert. Mir war es zwischendurch unheimlich, an der Unfallstelle so lange zu verweilen und aus Vaters Mund die genauen Umstände zu hören. Ich erinnere mich, dass Mutter einmal unterbrach und sagte, dass sowohl die Sommerresidenz als auch die Perlenkette der belgischen Königsfamilie kein Glück gebracht hätten.

Einige Zeit nachdem der belgische König Albert I. die Villa Haslihorn bei Luzern erworben hatte, kam er bei einem Kletterunfall ums Leben. Danach übernahm sein Sohn Leopold III. im Jahr 1934 die Regentschaft. Er war seit 1926 mit Prinzessin Astrid von Schweden verheiratet, die ihm drei Kinder schenkte: Josephine Charlotte, Baudouin und Albert. Infolge des tödlichen Unglücks seines Vaters und ein Jahr später des Unglücks seiner Frau verkaufte der König sein Schweizer Anwesen, das kurz darauf abgerissen wurde.

Vater las und erzählte: «Im August 1935 befand sich das belgische Königspaar traditionsgemäß zur Erholung in der Schweiz. Am 29. August hatten sie eine Autofahrt von Luzern aus um den Vierwaldstättersee geplant: König Leopold, Königin Astrid und ihr Chauffeur. Sie fuhren auf der Kantonstraße in Richtung Küssnacht. Entgegen den sonstigen Gewohnheiten lenkte der König den Wagen selbst, seine Frau saß neben ihm, der Chauffeur auf dem Rücksitz. Es muss gegen kurz nach neun Uhr morgens gewesen sein, als der königliche Wagen – ein Packard 120 Convertible Coupé – wenige hundert Meter vor Küssnacht an einem Augenzeugen vorbeifuhr. Dieser sah, wie Königin Astrid eine Autokarte in der Hand hielt und mit der anderen auf den Berg Rigi zeigte, der sich auf der gegenüberliegenden Seeseite erhebt.»

Ganz automatisch schauten Mutter und ich auf den Berg, um dann schnell wieder auf Vater zu schauen – gespannt, wie es weitergehen würde. «Der Klempnergeselle, der sich am Straßenrand befand, sah, wie der König mit den rechtsseitigen Rädern über Begrenzungssteine fuhr, die ungefähr zwanzig Zentimeter hoch waren. Die Geschwindigkeit des Wagens sei etwa fünfzig Kilometer in der Stunde gewesen. Durch die zum See abfallende Böschung änderte sich schnell die Fahrtrichtung des Wagens nach rechts und stieß mit der Beifahrerseite an einen Birnbaum. Im gleichen Augenblick öffnete Königin Astrid die Fahrzeugtür und stürzte auf die Erde, während der beschädigte Wagen weiter die Böschung herunterfuhr, gegen einen zweiten Baum prallte und im Schilf des Sees in ungefähr einem Meter Wassertiefe zum Stehen kam.

Durch den ersten Aufprall am Stamm oder beim Herausfallen erlitt Königin Astrid schwere Kopfverletzungen. Sie blieb in der Nähe des Baumes liegen. Der König und sein Fahrer, der nur leicht am Bein verletzt wurde, konnten sich relativ schnell aus dem Fahrzeug befreien, um der Königin zu Hilfe zu kommen. Trotz seiner Gehirnerschütterung, Schnittwunden und Prellungen der linken Lungenhälfte, bemühte sich der König, seiner sterbenden Frau beizustehen.

Als kurze Zeit nach dem Unfall die Polizei und zwei Ärzte am Unfallort eintrafen, konnten sie nur noch den Tod Königin Astrids feststellen.

Noch am Unfallort empfing die Königin die Sterbesakramente, dann wurde ihr Leichnam nach Küssnacht, später dann zurück nach Haslihorn gebracht und noch am gleichen Abend in einem Zug nach Brüssel übergeführt. Am 3. September 1935 wurde Königin Astrid in der Königsgruft der Liebfrauenkirche zu Laeken, einem Stadtteil von Brüssel, bestattet. Sie war neunundzwanzig Jahre alt.»

Vater machte eine lange Pause und schwieg. Es war mir jetzt noch unheimlicher, an diesem Ort zu sein, von dem ich den Eindruck hatte, der Unfall sei soeben passiert. So liebevoll und bewegt hatte Vater von der Königin gesprochen, dass mir seine Worte und dieser Ort in lebendiger Erinnerung blieben. Er musste Königin Astrid sehr verehrt haben, denn wie konnte er sonst so engagiert von ihr und ihrem Tod sprechen – jetzt, fünfzehn Jahre nach ihrem Unfall!

Und genau fünfzehn Jahre nach unserer gemeinsamen Reise in die Schweiz verunglückte Vater tödlich. Auch er kam mit seinem Wagen von der Straße ab und prallte gegen einen Baum. Schwere Kopfverletzungen führten noch an der Unfallstelle zu seinem Tod.

Ich war erleichtert, als wir damals den Unfallort am Vierwaldstättersee, die Gedenkstätte und die Astrid-Kapelle in Küssnacht verließen und nach Luzern weiterfuhren. Doch im Auto sprachen wir noch darüber, wie es zu diesem Unfall und tragischen Tod kommen konnte. Vater sagte, dass man die genauen Unglücksumstände nicht hätte ermitteln können. Vielleicht sei König Leopold vor dem Unfall durch Gespräche oder Gesten der Königin abgelenkt worden. Ungeklärt sei auch, warum er den Wagen nicht abbremste. Auch die Gründe für das plötzliche Öffnen der Wagentür durch Königin Astrid lägen im Dunkeln.

Vater, der sich als Ingenieur für Maschinen und besonders für Automobile interessierte, machte noch zwei Bemerkungen zum königlichen Wagen der Marke Packard. Er sagte, dass er früher in einem Automagazin gelesen habe, dass die Firma Packard das Modell 120 von 1935, das die belgische Königsfamilie fuhr, zurückgezogen und bei dem Nachfolgemodell nicht mehr die «Selbstmordtüren» des Vorgängers eingebaut habe. Näheres habe er jedoch niemals in Erfahrung bringen können.

«Der königliche Unfallwagen wurde noch am Abend des Unglückstages genau untersucht. Sowohl die kantonale als auch die belgische Motorfahrzeugkontrolle beweisen, dass Bremsen und Steuerung des Fahrzeugs sich in einem einwandfreien Zustand befanden. Auf Wunsch des Königs wurde Mitte September 1935 das Unglücksauto im Vierwaldstättersee an einer tiefen Stelle südlich von Meggenhorn versenkt.»

Gewiss, königliche Gedenkstätten werden über Jahrhunderte bewahrt und von vielen Menschen immer wieder besucht, die sich das Schicksal der dort Verstorbenen in Erinnerung rufen. Oft sind diese Stätten zu einer touristischen Attraktion geworden. Die vielen, meistens recht einfachen Gedenktafeln und Kreuze an Unfallstellen jedoch zeigen, wie wichtig es den Angehörigen und den Menschen ist, die dem plötzlich Verstorbenen nahestehen und in Liebe verbunden sind, die Erinnerung an ihn wachzuhalten. An Straßenrändern, gefährlichen Übergängen, im Gebirge, aber oft auch an Wanderwegen sieht man Kreuze, auf denen der Name des dort Verstorbenen steht – mit der Bitte, seiner im Gebet zu gedenken.

Der Friedhof ist ja der eigentliche Ort unserer Toten in dieser Welt. Wir halten zu ihnen eine besondere Beziehung aufrecht, nicht nur, wenn wir generell für sie beten, sondern auch, wenn wir die Stelle besuchen, wo sie begraben sind. Unwillkürlich lese ich auf dem Weg zum Grab meiner Eltern die Namen anderer Verstorbener, ihr Todes- und Geburtsdatum, denke nach, ob ich den Verstorbenen oder seine Familie gekannt habe und rechne mir aus, wie alt er geworden ist. Bei besonders schön gepflegten, aber auch bei völlig vernachlässigten Gräbern bleibe ich stehen.

Warum nun stellt man Kreuze oder Gedenktafeln für einen plötzlich Verstorbenen zusätzlich an der Stelle auf, wo ihn draußen der Tod ereilt hat? Es gibt in ländlichen Bereichen Straßenkreuzungen oder Kurven, an denen viele Kreuze stehen, auch Blumen und Bilder der dort Verstorbenen. In Städten ist dies nur bedingt möglich, und oft nur bei besonders tragischen Ereignissen. Dann werden für kurze Zeit an der betreffenden Stelle Kerzen entzündet und Blumen niedergelegt.

In einer alten Handschrift aus dem Mittelalter «Ars Moriendi» (Die Kunst, gut zu sterben) fand ich eine Antwort, die mir einleuchtete. Auch andere «Artes Moriendi» des Mittelalters und ihre Nachfolgeschriften bis zur Barockzeit sprechen von einem Entscheidungskampf in der Todesstunde, in der auch Engel am Sterbelager Beistand leisten. Die widergöttlichen Kräfte bieten ihre allerletzten Strategien auf, um die Seele doch noch in ihren Machtbereich zu ziehen. Daher war es den Menschen des Mittelalters äußerst wichtig, vorbereitet zu sterben und nicht durch einen plötzlichen Tod hinweggerafft zu werden. Ein bewusst Sterbender findet einfacher und schneller die Pforte zu einem gewandelten Dasein und ist dem Licht gegenüber offen, das ihm entgegenkommt.

Stirbt nun ein Mensch plötzlich durch einen Unfall oder das Versagen des Herzens, erleidet in den meisten Fällen seine Seele, die sich vom Körper trennen muss, einen gewaltigen Schock, denn sie ist auf so plötzliche Trennung nicht vorbereitet. In dieser Verwirrung kann sie nur schwerlich die helfenden Kräfte und das Licht wahrnehmen, die ihr entgegenkommen, um sie in eine neue Dimension des Seins zu geleiten. Die «Ars Moriendi» sagt, dass die durch einen plötzlichen Tod geschockte Seele zunächst orientierungslos ist und lange an dem irdischen Ort verweilt, wo der Körper von ihr gerissen wurde. Eine solche Seele bedürfe besonders der Unterstützung der Menschen, damit sie zur Ruhe und Besinnung kommt, um den Unfallort verlassen und aufsteigen zu können. Die größte Hilfe zur Bewusstwerdung ihrer göttlichen Bestimmung ist die Ausrichtung auf Gott durch das Gebet, das stellvertretend und fürbittend andere für sie verrichten. Dabei ist es wichtig, den Namen des Verstorbenen mehrmals zu nennen, damit die Seele persönlich angesprochen wird, sich wiederfindet und sich durch das Gebet aufrichten kann.

Die aufgestellten Kreuze, Gedenktafeln und Gedenkstätten möchten den Vorübergehenden oder den Besucher daran erinnern, innezuhalten und durch das äußere oder innere Aussprechen des Namens mit dem Verstorbenen in Kontakt zu treten und für ihn und sein Seelenheil zu beten.

Beim Eintritt in diese Welt braucht der Mensch Hilfe, wenn er die schwere Arbeit des Entgrenzens aus der Geborgenheit des Mutterschoßes vollziehen muss. Genauso bedürfen wir der Begleitung und Unterstützung durch liebe und Gott nahe Menschen, wenn wir das Licht dieser Welt wieder verlassen müssen und in ein neues Leben hineingeboren werden. Diese Begleitung ist ganz besonders wichtig, so sagen die mittelalterlichen Schriften «Artes Moriendi», wenn die menschliche Seele unvorbereitet aus ihrem Körper gerissen wird, damit sie nicht umherirrt, sondern ihre Reise zu ihrer ureigentlichen Bestimmung und zu ihrem letzten Ziel ungehindert antreten kann.

Solche Pferde wollt' ich nicht

Ich muss drei Jahre oder ein wenig älter gewesen sein, als ich plötzlich im Beisein meiner Mutter einen tiefen Schmerz erfuhr, der mir bis heute in der Erinnerung gegenwärtig ist. Es war kein körperlicher Schmerz – den vergisst man schnell -, sondern ein seelischer, den ich bewusst vorher noch nicht erlebt hatte. Ich weiß, dass ich nichts darüber zu Mutter gesagt habe, denn es war etwas Geheimnisvolles, das in mir aufstieg und mich in gewisser Weise in eine Isolation, ja, sogar in Angst versetzte.

Es war im Zweiten Weltkrieg. Vater wurde eingezogen und ich war mit Mutter allein zu Hause. Meine fünf Jahre jüngere Schwester war noch nicht geboren. Wenn Mutter an der Nähmaschine arbeitete, setzte sie mich in gehörigem Abstand mit irgendeinem Spielzeug zu ihren Füßen auf den Teppich. Es war ein grob geflochtener roter Kokosteppich, der sein Flechtmuster auf meinen nackten Knien hinterließ. Ich sah Mutters Füße, wie sie sich auf der Tretschaukel der Nähmaschine flink bewegten, dann zur Ruhe kamen und kurz darauf wieder die Maschine in Gang setzten. So ging es fortwährend weiter, und die Zeit wurde mir lang, denn es gab keine Abwechselung.

Auf einmal – ohne jegliches Wort oder einen äußeren Anlass – sah ich mich in einen Zustand versetzt, der eiskalt war und mir Angst machte. Ein Gedanke, nein, wohl eher eine Stimmung kam mir fast schlagartig ins Bewusstsein: Was wird sein, wenn es Mutter nicht mehr gibt?

Eine Eiseskälte umgab mich und ließ mich erstarren. Es war mir, als fiele ich in einen tiefen dunklen Abgrund ohne Halt. Als ich jedoch zu Mutter aufblickte und sie arbeiten sah, war auf einmal alles wieder gut und wie immer. Ich fühlte mich zutiefst mit ihr verbunden und spürte auch keine Gefahr, dass sie weggehen würde. Als Mutter die Näharbeiten beendet hatte, nahm sie wie immer ein gebogenes Eisen, zur Hälfte war es feuerrot angestrichen, und fuhr damit über den Boden – ohne ihn zu berühren. Alle heruntergefallenen Stecknadeln richteten sich, wie von unsichtbarer Hand geführt, plötzlich auf und sprangen an das Magneteisen. Ich staunte, dass alle Nadeln lebendig wurden, und hatte mein einsames Erlebnis schnell vergessen.

Zwei oder drei Jahre später hörte ich im Radio ein Lied, das ganz plötzlich die gleichen Gefühle der Angst und Trauer in mir auslöste wie damals. Wenn Mutter dabei war, erlaubte sie mir, das Radio anzumachen und den von ihr eingestellten Sender zu hören. Eine große Faszination für mich: «Imperial» war die Marke des Radios mit einem grünen magischen Auge, das sich im Takt der Musik bewegte. Doch jetzt hörte ich gespannt auf den Text und die Melodie eines Liedes, das Mimi Thoma sang. Ich stand gebannt vor dem Lautsprecher des Radios, aus dem versteckt hinter grobem grauen Gewebe die Stimme erklang. Ich war zutiefst bewegt und fühlte mich derart angesprochen, als ob die Sängerin das Lied für mich ganz allein singen würde. Und am Ende kam der Moment, der mir erschreckend das Getrenntsein von Mutter wieder vor Augen führte. Ja, die Worte des Abschieds berührten mich so tief, dass ich weinte. Und auch noch Stunden danach überfiel mich Wehmut und Traurigkeit, wenn ich mir ein Getrenntsein von Mutter vorstellte.

Es war einmal ein kleines Bübchen,
das bettelte so wundersüß:
«Mamatschi, schenk mir ein Pferdchen! –
Ein Pferdchen wär' mein Paradies.»

Darauf bekam der kleine Mann
ein Schimmelpaar aus Marzipan.
Die sieht er an. Er weint und spricht:
«Solche Pferde wollt' ich nicht.»

«Mamatschi, schenk mir ein Pferdchen!
Ein Pferdchen wär' mein Paradies.
Mamatschi, solche Pferde wollt' ich nicht.»

Die Zeit verging. Der Knabe wünschte
vom Weihnachtsmann nichts als ein Pferd.
Da kam das Christkindlein geflogen
und schenkte ihm was er begehrt.
Auf einem Tische stehen stolz
vier Pferde aus lackiertem Holz.
Die sieht er an. Er weint und spricht:
«Solche Pferde wollt' ich nicht.»

«Mamatschi, schenk mir ein Pferdchen!
ein Pferdchen wär' mein Paradies.
Mamatschi, solche Pferde wollt' ich nicht.»

Und es vergingen viele Jahre
und aus dem Knaben ward ein Mann.
Dann eines Tages vor dem Tore,
da hielt ein herrliches Gespann.
Vor einer Prunk-Kalesche standen
vier Pferde – reich geschmückt und schön.

Die holten ihm sein liebes Mütterlein.
Da fiel ihm seine Jugend ein.

«Mamatschi, schenk mir ein Pferdchen!
Ein Pferdchen wär' mein Paradies.
Mamatschi, Trauerpferde wollt' ich nicht.»

Es war mir, als hätte ich ein kleines Geheimnis in meinem Herzen, das nur mir allein gehörte und zu dem ich allein nur Zugang hatte.

Die Wirren des Krieges, unser zerbombtes Haus, die Evakuierung und dann wieder die wohltuenden Nachkriegserlebnisse ließen mich die Todesangst um Mutter vergessen. Sie war ja immer da, und Vater kam aus der Gefangenschaft zurück. Ein neues Leben begann und wir hatten uns lieb.

Als ich später zufällig das Lied «Mamatschi», von Lys Assia gesungen, am Radio hörte, brachen meine Erinnerungen vehement wieder auf, und ich musste mich abwenden, weil ich vor Betroffenheit und Rührung weinte. «Mamatschi» öffnete Tore einer sehr frühen, sensiblen und schmerzhaften Erinnerung, die trotz meines Alters mich immer noch tief berührte und mir den Abschied von Mutter bewusst machte. Ich möchte diese Berührung nicht sentimental nennen, denn dazu ist sie in meiner frühen Kindheit zu wesentlich und elementar gewesen. Und auch noch weitaus später als ich dieses Lied hörte – gesungen von Margot Eskens, Freddy Quinn oder Heintje – hat es eine gewisse Abschieds-Stimmung und Traurigkeit in mir ausgelöst, die nur schwer in Worte für Erwachsene zu kleiden ist.

Als Mutters Lebensweg zu Ende ging – sie war vierundachtzig Jahre alt –, rundete sich ihr Leben in wunderbar erfüllender Weise ab. Meine Schwester und ich wussten sieben Monate vorher Bescheid, was Mutter bei ihrer plötzlich auftretenden schweren Krankheit erwarten würde. So konnten wir abwechselnd ganz für sie da sein und sie sanft und liebevoll – zumindest bemühten wir uns darum – auf das Kommende vorbereiten. Nachdem alles erfüllt war, ist Mutter am 22. April 1994 morgens in tiefer Ruhe und in tiefem Frieden eingeschlafen. Vier Tage lag sie zu Hause in ihrem vertrauten Wohnzimmer. Der Bestatter, ein Freund von uns, holte sie ab und wir begleiteten den Wagen zum Friedhof. Dass wir sie geliebt und nicht allein gelassen haben, gibt mir nach wie vor das Gefühl, dass alles gut war und vor allem, dass Mutter weiter lebt.

Als ich Jahre nach Mutters Abschied am Fernsehen Steven Spielbergs mehrfach mit dem Oscar preisgekrönten Film «Schindlers Liste» sah, hörte ich in einer Szene das alte Lied «Mamatschi, schenk mir ein Pferdchen», gesungen von Mimi Thoma. Sie war 1968 einsam und enttäuscht in Köln gestorben. Doch 25 Jahre nach ihrem Tod hat Spielberg Mimi Thoma wieder entdeckt und sie in seinem Filmdrama «Schindlers Liste» «Mamatschi» singen lassen.

Alex vor der Kirchentür

Ich war Pfarrer im Stiftsdorf Adlum bei Hildesheim und hatte die zusätzliche Aufgabe, in diözesanen Bildungshäusern Exerzitien, Einkehr- und Besinnungstage zu geben. Infolge der vielen Reisen wurde mir das Pfarrhaus, das nur wenige Meter von der Kirche entfernt war, zur Heimat, in der ich mich sehr wohlfühlte. Die Kirche, dem heiligen Georg geweiht, und das Pfarrhaus begrenzten an zwei Seiten den Friedhof. An der Westseite des Friedhofs stand das Organistenhaus und an der Südseite verlief die Ahstedterstraße. An Beerdigungen nahmen in der Regel fast alle Bewohner des Dorfes teil – ebenso war es bei Hochzeiten und allen Festen, denen jedes Mal ein Gottesdienst vorausging.

Bei meinen Hausbesuchen freute ich mich immer ganz besonders, wenn ein Hund zur Familie gehörte. Als Junge hatte ich eine Schäferhündin, die mit mir durch Dick und Dünn ging. Aus beruflichen Gründen war es mir nun nicht mehr möglich, als Pfarrer und gleichzeitig Exerzitienleiter, einen Hund zu halten. Zudem lebte ich im Pfarrhaus allein, und wer sollte den Hund versorgen, wenn ich unterwegs war! Mit dem Pfarrgemeinderats-Vorsitzenden Karl Hartmann hatte ich viel zu besprechen; wir freundeten uns ein wenig an und ich wurde häufig an Sonntagen von der Familie zum Essen eingeladen. Hartmanns hatten einen großen Hof; was mich aber weitaus mehr interessierte als die Ländereien, auf denen Rüben angebaut wurden, war Alex, der Rauhaardackel. Alex war ein schwieriger Hund. Außer den Familienangehörigen mochte er niemanden. Er ließ zwar alle Fremden auf den Hof, doch wenn sie am Tisch saßen, schlich er sich heran und biss ihnen ins Bein. Nachdem ich des Öfteren zu Gast war und ihm etwas Leckeres mitgebracht hatte, verschonte er mich, ließ sich aber nicht von mir streicheln.

Alex war ein prächtiges Tier, urig und wild darauf, auf die Jagd zu gehen. Doch das war ihm nicht vergönnt. Seine Beißereien wurden schlimmer und die Familie beschloss, ihn abzugeben. Da ihn aber niemand haben wollte, blieb keine andere Möglichkeit als ihn zu töten. «Aber nein», sagte ich, «da muss es noch eine andere Lösung geben.» Ich nahm durch Bekannte in meiner Heimat Kontakt auf zu einem Förster im Tecklenburger Land, der für Jagd- und Zuchtzwecke liebend gern Alex haben wollte – umso mehr als ich ihm den Stammbaum am Telefon vorlas. Er war so entgegenkommend, dass er mir versprach, einen jungen, wenn auch Mischlingshund, ausfindig zu machen. Wie ein selbstbewusster Herr oder gar König saß Alex in seiner Holzkiste, als ich ihn mit dem Auto auf dem langen Weg in die Försterei brachte. Der Förster ließ Alex gleich frei laufen und dieser gehorchte ihm sogar. Es war mir, als ob Alex genau hierher gehörte. Später rief ich an, um mich nach ihm zu erkundigen. Der Förster lobte Alex und sagte, dass es ihm gut ginge und er in ihm einen kernigen und robusten Jagdhund gefunden habe.

Wie glücklich war ich, dass Alex nicht wegen der Beißerei sein Leben lassen musste, sondern eine gute Heimat gefunden hatte, wo er sich austoben konnte – ohne Fremden ständig ins Bein beißen zu müssen.

Den Kurzhaar-Dackel-Mischling, den ich als Welpen mitbrachte, nannten wir auch Alex. Die drei Kinder von Hartmann freuten sich, wieder einen Hund zu haben, den man anfassen und mit dem man spielen konnte. Alex war schwarz-braun und hatte eine weiße Schwanzspitze. Er war witzig und lieb. Als er heranwuchs, sah man, dass im Vergleich zu Rassehunden seine Körperproportionen nicht stimmten. Sein Körper war im Verhältnis zu seinen kurzen Dackelbeinen viel zu lang. Doch ihn störte das nicht; er war gesund, liebte den Hof, alle Familienmitglieder und alle Fremden. Zu mir schien er eine ganz besondere Beziehung zu entwickeln. Nachdem er mich mehrmals zum nahe gelegenen Pfarrhaus begleitet hatte, kam er regelmäßig jeden Morgen um die gleiche Zeit, um mich zu besuchen. Er bekam seine Hundestange zu fressen, schnüffelte durch die Wohnung und wollte dann auch wieder gehen. Erstaunlich: Dieser Hund wusste, wohin er ging.

Vor jeder heiligen Messe – sonntags verstärkt – läuteten die Kirchenglocken von St. Georg. Alex hatte das Läuten der Glocken mit mir verbunden – zumindest aber mit einer extra Kaustange. Er kam jedes Mal, wenn die Glocken läuteten, war jedoch maßlos enttäuscht, wenn ich ihn, nachdem er seine Leckerei bekommen hatte, aus der Sakristei nach Hause schickte. Zu gern wäre er wahrscheinlich bei mir geblieben, um dann mit in die Kirche einzumarschieren. Sein Gang mit erhobenem Schwanz hatte immer etwas Hoheitliches.

Zu meiner Zeit gab es in Adlum viele alte Leute und entsprechend viele Beerdigungen, an denen dann das ganze Dorf teilnahm. Ich erinnere mich, dass ich manches Mal zwei, ja, auch drei Beerdigungen in der Woche hatte. Zwischendurch gab es aber auch Wochen, in denen niemand starb. Nach dem Requiem oder Auferstehungsamt wurde der oder die Verstorbene auf dem direkt an die Kirche angrenzenden Friedhof beerdigt. Er sah aus wie eine große gepflegte Parkanlage – im Frühjahr und Sommer prächtig blühend. Jeder im Dorf, der ein Grab hatte, war darauf bedacht, es außerordentlich schön zu bepflanzen. Der Sarg mit dem Verstorbenen war während der heiligen Messe im Altarraum anwesend. Jetzt wurde er unter dem Geläut einer Totenglocke aus der Kirche getragen.

Die Klänge dieser Totenglocke waren ein Ruf an Alex. Er kam, und er kam immer, und bei jedem Wetter nahm er an jeder Beerdigung teil. Zuerst staunten die Trauergäste und scheuchten ihn fort. Doch Alex ließ sich nicht verscheuchen; er blieb heroisch mit erhobenem Schwanz an meiner Seite und wich keinen Millimeter zurück. Dies war endlich eine Liturgie für ihn, an der er teilnehmen konnte, anstatt vor geschlossenen Kirchentüren zu stehen und ausgeschlossen zu sein. Ich musste immer ein wenig schmunzeln, wenn wir auf dem Weg zum Grab sangen: «Zum Paradies mögen Engel dich begleiten» und Alex stolz neben mir her schritt. Am Grab interessierte ihn nichts anderes als das Geschehen selbst. Wenn Familienangehörige vom Hartmannschen Hof bei der Beerdigung anwesend waren, so kümmerte er sich bei dieser «heiligen» Handlung nicht um sie, sondern blieb neben mir am Grab sitzen oder stehen.

Alles, was ich tat, beobachtete er. Ich glaube nicht, dass er in diesen Augenblicken darauf wartete, dass ich eine Kaustange für ihn aus meiner Tasche ziehen würde … Später, ja, später in der Sakristei, wenn ich mich umzog, dann gab es sie oder sogar zwei. Während der Beisetzung war Alex ganz ruhig und artig. Die Trauergemeinde nahm dann auch keinen Anstoß mehr an ihm, denn alle wussten, dass er zu jeder Beerdigung dazugehörte. Und da ich ihn ließ und meine geheime Freude an ihm hatte, ließen ihn auch die anderen. Alex trug kein Halsband, er war frei und ging dahin, wohin er wollte. Manchmal bekam er beim Besprengen des Sarges eine gehörige Portion Weihwasser ab. Dann schüttelte er sich kräftig ohne davonzulaufen. Beim Inzensieren musste er regelmäßig husten, was ihn aber nicht weiter störte; er blieb sitzen oder stehen, denn er wusste genau, dass die Begräbnisfeier noch nicht zu Ende war. Ihm müssen die Gebete oder zumindest meine Stimme gefallen haben, öfter blickte er zu mir auf, als ob er sagen wollte: «Mach weiter so.»

Am Ende der Beisetzung sangen wir meistens das Lied: «Wahrer Gott, wir glauben dir». Das konnten alle auswendig und kräftig mitsingen. Ein Gotteslob nahm nur selten jemand mit auf den Friedhof und bei Regen niemand. Der Gesang war Alex anscheinend zu laut und tat seinen Ohren weh. Oft ging er daher schon eher fort und wartete dann vor der Sakristeitür auf mich – oder war es die Kaustange, die ihn dorthin zog?

Wenn ich bei Hartmanns zum sonntäglichen Mittagessen eingeladen war, saß Alex unter dem Tisch im Esszimmer zu meinen Füßen und wartete, bis ich eine Leckerei aus meiner Tasche nahm und ihm unauffällig gab. Der Hausherr mochte so etwas nicht während des Essens; er sagte jedoch nichts, und ich bildete mir ein, es würde außer Alex niemand bemerken.

Alex war ein Prachtkerl, und es tat mir leid, als ich versetzt wurde, mich von ihm zu verabschieden. Ich glaube sogar, dass ich heimlich von ihm weggegangen bin. Er hatte es auf dem Hof gut, alle mochten ihn, denn er besaß ein freundliches Wesen. Soweit ich weiß, war er immer gesund und ist sehr alt geworden.

Bei späteren Beerdigungen – vor allen in Großstädten, wo der Ablauf genau zeitlich vorgegeben ist – dachte ich oft an die Ruhe und Vornehmheit einer Beerdigung in Adlum. Ich dachte an Alex, der dazugehörte und den Begräbnisritus bestimmt schon auswendig kannte.

Es ist schade, zu sehen, wie wenig Aufmerksamkeit den Tieren gerade im kirchlichen Bereich entgegengebracht wird, obwohl viele im heilsgeschichtlichen Geschehen eine Rolle gespielt haben. Am liebsten hätte ich Alex zur Feier der Liturgie mit in die Kirche genommen. Ich bin sicher, er hätte nicht gestört. Doch für viele Besucher wäre das zu weit gegangen und sie hätten sich daran gestört.

Von Werner Bergengruen gibt es hierzu ein wunderschönes Gedicht: «Der Hund in der Kirche.» Ein kleiner Mischlingshund sucht das siebenjährige Mädchen, das sein Frauchen ist und dem er sich vertraut gemacht hat. Er läuft während der Messe in die Kirche und findet sie in den vorderen Bänken. Beschämt und «von jäher Röte überflutet» trägt sie ihn aus der Kirche.

Da lächelte am Pfeiler fromm der Löwe Hieronymi.
Das Getier der heiligen Geschichten …
Es hoben an zu lächeln
Ochs und Esel und der Fisch des Jonas,
Lucä Stier und des Johannes Adler,
Hund und Hirsch des heiligen Hubertus,
Martins Pferd und des Georgius Streithengst,
Lamm und Taube, endlich die gekrümmte
Schlange unterm Fuß der Gottesmutter.

Aus der Orgel aber stieg verstohlen
silberhell ein winziges Gelächter,
tropfte, perlte, wenigen vernehmlich.
Doch dann schwoll sie auf und rief mit Jauchzen:
«Lobt Ihn, alle Kreatur!»

6 Jenseits des Todes

Christus steigt vom Kreuz

Helmut war liebenswert, und diese Eigenschaft verstärkte sich noch um ein Vielfaches, als er nach dem Tod seiner Mutter ein neues Leben begann. Es war ein Risiko damit verbunden, doch der Herrgott meinte es gut mit ihm, so gut, dass er bei Helmuts Tod vom Kreuz herab stieg und seine Seele direkt in den Himmel holte. Um das jedoch zu verstehen, bedarf es einiger Worte.

Seine Eltern hatten Helmut 1941 – also noch während des Krieges – ins Leben gerufen. Als er das Licht der Welt erblickte, war trotz aller Entbehrungen die Freude über einen gesunden Jungen groß. Ja, er sollte einmal in die Fußstapfen seines Vaters steigen und die elterliche Firma in Münster übernehmen. Bomben zerstörten nicht nur das Wohnhaus, sondern auch große Teile des Betriebes. Da zum Glück niemand der Familie verletzt wurde, grub sich der Schmerz über den Verlust nicht so tief in die Seelen der Eltern. Viel schlimmer wurde es jedoch, als Helmut schwer erkrankte, und zwar an einer Hirnhautentzündung, die auch Meningitis genannt wird. Helmuts Mutter war Krankenschwester und wusste um die Gefährlichkeit dieser Krankheit.

Die akute Entzündung der Hirnhäute wird durch Bakterien oder Viren verursacht. Da die Hirnhäute wichtig für die Arbeit des Gehirns sind – Blutversorgung, Ableitung des Nervenwassers ... – kann es zu vielfältigen Beeinträchtigungen kommen, ja, nicht selten zum Tod. Helmuts Mutter wusste das alles und noch weitaus mehr, vor allem, dass die Meningitis für Kleinkinder am gefährlichsten ist.

Vielleicht darf ich an dieser Stelle eine Zwischenbemerkung machen. Meine Mutter und Helmuts Mutter hatten sich 1936 kennengelernt und angefreundet. Da sich beide Frauen ihr Leben lang häufig trafen und ich oftmals dabei war und Helmuts Mutter lieb gewann, nannte ich sie Mutter Mathilde. Später hat sie sich gewünscht, von mir beerdigt zu werden. Und so geschah es auch. Infolge der Freundschaft der beiden Frauen war ich entweder durch Mutter Mathilde selbst oder durch meine eigene Mutter ein wenig vertraut mit dem Schicksal von Helmuts Familie.

Mutter Mathilde sprach später von den typischen Symptomen der Hirnhautentzündung, die Helmuts Krankheitsbild ausmachten: Nackensteife, hohes Fieber, Berührungsempfindlichkeit, Erbrechen, Ausschlag mit dunkelroten Flecken, Schreckhaftigkeit ... Da es weder Penicillin noch andere Antibiotika gab, wurde Helmut mit den herkömmlichen Mitteln behandelt, die aber bei ihm wegen der Schwere seiner Krankheit nicht anschlugen. Außerdem war der Krieg in vollem Gange und es mangelte an allem. Doch Helmut kam trotz der unzureichenden Behandlung durch. Wie es sich in seinem späteren Leben immer wieder zeigte: Er hatte eine starke und widerstandsfähige Natur, die sich in allen Krisensituationen durchsetzte. Als Kleinkind hatte er in der außerordentlichen Situation des Krieges zwar die Meningitis überwunden, die mit der Hirnhautentzündung verbundenen epileptischen Anfälle jedoch waren geblieben und nahmen im Laufe der Jahre sogar zu.

Als Helmut vier Jahre alt war, wurde seine Schwester geboren. Infolge seiner langsam beginnenden körperlichen und geistigen Behinderung musste sie in allem ihrem Bruder den Vortritt lassen. Der Vater und Mutter Mathilde versuchten alles eben Mögliche, um Helmut auf seinem Entwicklungsweg zu helfen und ihn von den immer stärker werdenden Anfällen zu befreien. Aller Aufwand jedoch bewirkte wenig; die Abstände zwischen den einzelnen Anfällen verringerten sich sogar. Bei einem epileptischen Anfall verlor Helmut das Bewusstsein, er fiel zu Boden, sein ganzer Körper wurde steif, die Atmung setzte zeitweilig aus, Schaum trat vor seinen Mund und er wurde blau. Spontan musste ihm geholfen werden, denn sonst stand sein Leben auf dem Spiel.

Es gab keinen Augenblick, in dem Helmut allein war. Was lag näher, als dass er sich Tag und Nacht in der Nähe von Mutter Mathilde aufhielt, ja, aufhalten musste. Im Laufe der Jahre und Jahrzehnte verschmolzen beide zu einer Einheit. Helmut abzugeben, eventuell in ein Heim für Behinderte, kam absolut nicht infrage. Er sollte es gut haben und sein Leben lang zu Hause bleiben. In den 70-er Jahren bekam Mutter Mathilde eine nicht aufzuhaltende und nicht zu heilende Krankheit, die sie ab 1976 ans Bett fesselte. Helmut war in all den Jahren ihr treuer Begleiter, der nicht von ihrer Seite wich. Auch nachts war er sofort zur Stelle, wenn seine Mutter Hilfe benötigte. Auf die Dauer jedoch führte für Helmut die Krankheit seiner Mutter zu einer nervlichen Überforderung und großen Belastung.

Allzu oft war Mutter Mathilde dem Tode nahe und konnte nur auf schnellstem Weg durch Bluttransfusionen gerettet werden. Hinzu kam ihr eiserner Wille, am Leben zu bleiben, für Helmut am Leben zu bleiben. So hielt sie in ihrer schweren Krankheit, die sie vier Jahre fast völlig lähmte, elf Jahre durch bis sie 1987 starb. Helmut war allein!

Seine Schwester, die jetzt die volle Verantwortung trug, machte sich unendliche Sorgen um Helmut und fragte sich, ob und wie er ohne seine Mutter überhaupt weiter leben könne. Helmut saß eingeschlossen in einem Zimmer, als Mutter Mathilde aus dem Haus getragen wurde, um – im Gegensatz nach den vielen kurzen Krankenhausaufenthalten – nicht mehr nach Hause zurückzukommen. Am Tag der Beerdigung war eine freundliche Begleiterin bei ihm und er spielte friedlich mit ihr. Es war wie ein Wunder: Das verzweifelte Rufen und Suchen nach seiner Mutter, mit der er lebenslänglich so eng verbunden war, blieb aus und trat auch später nicht ein. Als Helmut nach seiner Mutter gefragt wurde – seine Schwester wagte es nach einiger Zeit – sagte er, sie sei bei Vati auf dem Friedhof. Und das sagte er mit einer Selbstverständlichkeit, in aller Ruhe und Gelassenheit.

Nach einigen Monaten sprach ich mit Helmuts Schwester darüber, ob es nicht für ihn das Beste sei, anstatt zu Hause mit einer Betreuerin in einem Haus unter seinesgleichen zu leben. Sie lehnte diesen Gedanken vorerst ab und sagte, dass ihre Mutter darum gebeten habe, Helmut nie in ein Heim zu geben. «Man kann es doch probeweise einmal versuchen – vielleicht fühlt er sich in einem Haus, in dem er auch eine Aufgabe hat, viel wohler als spielend zu Hause. Und außerdem ist der Umgang mit Behinderten, die früher eher in Heime abgeschoben wurden, heute so liebevoll und pädagogisch durchdacht, dass Helmut bestimmt keinen Schaden leiden wird» – gab ich ihr zur Antwort.

Trotz großer Bedenken besuchte die Schwester einige Häuser für Behinderte und hatte beim Ludgerushaus in Münster das gute Gefühl, dass Helmut sich hier eventuell wohlfühlen würde. Sie bekam einen Platz, und Helmut war von dieser Neuerung angetan. 45 Jahre lebte er an der Seite von Mutter Mathilde, fast eins mit ihr – und jetzt begann ein neues Leben für ihn, das er erstaunlicherweise sofort bejahte. Er lebte mit anderen Behinderten in der Gruppe zusammen, alles wurde gemeinsam vollzogen und Helmut machte mit. Das wohl Faszinierendste für Helmut war die Arbeit, die er wahrscheinlich sein Leben lang vermisst hatte. Ihm wurde durch sie das Gefühl gegeben, etwas Wesentliches zu leisten und gebraucht zu werden. Jeden Morgen in der Woche holte ein Bus die Gruppe aus Münster ab und brachte sie nach Tilbeck in die Werkstätten.

An Wochenenden holte ihn seine Schwester häufig nach Hause. Nach einigen Stunden sagte er dann, dass er wieder «nach Hause» müsse, um Morgen mit dem Bus zur Arbeit zu fahren. Er freute sich regelrecht darauf und konnte es kaum abwarten. Helmut machte einen großen Entwicklungsschub durch: Er sprach zusammenhängendere Sätze, war in allem wesentlich aufgeweckter und wacher als früher, seine Freundlichkeit und sein Lachen waren ansteckend, er hatte viele Freunde und Doris, an einem Down-Syndrom erkrankt, war seine Freundin. Seine Heiterkeit schien nicht enden zu wollen … Er freute sich auf den gemeinsamen Urlaub, dann wieder auf seine Arbeit und auf die Wochenenden, an denen er Abwechselung bei seiner Schwester fand. Wenn sie ihn am Sonntagabend wieder ins Ludgerushaus brachte, sagte er regelmäßig: «Das nächste Mal komme ich wieder!» Dass ein Mensch trotz seiner Behinderung und seines Alters so aufblühen und das Leben in seiner Fülle genießen würde, hätte keiner von uns gedacht. Alle hatten ihn lieb, und wohin er kam, verbreitete er Freude und Dankbarkeit.

Zwanzig Jahre lang lebte Helmut dieses Leben ohne traurige Schicksalsschläge, ohne Störungen oder dramatische Ereignisse. Eine Verlegung des Blasenausgangs nahm er in den letzten Jahren seines Lebens tapfer und ohne zu murren wie selbstverständlich an. Durch die epileptischen Anfälle, die er ein Leben lang ertragen musste, waren am Ende sein Gleichgewicht und die Motorik so arg in Mitleidenschaft gezogen und gestört, dass er in einem Rollstuhl gefahren werden musste. Aber auch das, so schien es, störte ihn nicht – seine Menschenfreundlichkeit und Heiterkeit waren ungebrochen.

Als die Gruppe vom Ludgerushaus in einen Neubau, das «Haus Matthäus», nach Roxel umzog, bekam Helmut ein Einzelzimmer, das er freudig annahm – während bei einigen seiner Kollegen die Zimmertür in den ersten Tagen nachts geöffnet bleiben musste. Über dem Kopfende seines Bettes hing ein wunderschön handgeschnitztes Holzkreuz, das seine Eltern früher einmal aus Oberammergau mitgebracht hatten: ein heller Korpus auf dunklen Holzbalken. Viele andere persönliche Dinge konnte er jetzt in seinem Zimmer unterbringen, Bilder, Spielsachen und Kuscheltiere. Trotz der körperlichen und geistigen Behinderung, die durch die Anfälle zugenommen hatte, trotz des Blasenausgangs und der Unfähigkeit, allein zu gehen, war Helmut ein überaus glücklicher Mensch. Kein Arzt hätte vermutet, dass er mit dieser Lebenslast 67 Jahre alt werden würde.

Helmut starb ohne ein langes Krankenlager, ohne zusätzliche Schmerzen, ohne auch nur irgendjemandem eine zusätzliche Arbeit aufzubürden; er schlief ruhig ein, ohne ein Ringen mit dem Tod; er bäumte sich nicht auf, sondern verließ schweigend diese Welt, in der er sich so wohlgefühlt hatte, um dem Ruf aus der jenseitigen Welt zu folgen. Am späten Nachmittag des 4. Februar 2008, man feierte Rosenmontag, bat er darum, sich hinlegen zu dürfen. Eine Betreuerin brachte ihn zu Bett und sorgte dafür, dass alles in Ordnung war. Als sie nach einer halben Stunde nach Helmut schaute, stellte sie erschreckt fest, dass er nicht mehr lebte. Ein sofort gerufener Arzt bestätigte den Tod.

Fast zur gleichen Zeit wurde Helmuts Schwester benachrichtigt, die mich bat, zusammen mit ihr zu Helmut zu fahren. Wir betraten sein Zimmer und stellten erschreckt fest, dass Helmut am Boden lag. Sollte er mit dem Tod gekämpft haben und dabei aus dem Bett gefallen sein? Die Betreuerin beruhigte uns und sagte, dass der Arzt ihn aus dem Bett gehoben habe, um ihn am Boden besser untersuchen zu können. Warum er Helmut aber nicht wieder in sein Bett gelegt hat, bleibt ein Rätsel, denn als wir kamen, war der Notarzt gerade gegangen. Wir beteten zusammen mit der Wohnbereichsleiterin Frau Maria Albrecht und der Betreuerin. Ich kniete nieder, um Helmut näher zu sein. Seine Haltung, vor allem aber sein Gesicht strahlten Frieden aus.

Ich zündete eine Kerze an und stellte sie neben ihn, ebenso ein kleines Standkreuz. Ich holte das Öl für die Krankensalbung aus meiner Tasche und bereitete die Feier des Krankensakramentes vor. Dann spendete ich es Helmut und berührte dabei lange seinen Kopf, seine Stirn und seine Hände. Nach dem Segen am Ende der Krankensalbung beteten wir noch gemeinsam zusätzliche Gebete, die Helmuts Reise begleiten sollten. Während des anschließenden Schweigens bemerkte ich etwas ganz Außergewöhnliches, und da ich es vor lauter Freude nicht für mich behalten konnte, machte ich auch die anderen darauf aufmerksam.

Der Korpus Christi, der am Kreuz über dem Bett von Helmut hing, hatte sich bewegt und sich nach rechts geneigt. Seine durchbohrte linke Hand zeigte genau auf Helmut. Jetzt schauten wir alle auf Ihn – sprachlos. In seiner unendlichen Liebe zu den Menschen und in seinem liebenden Entgegenkommen hatte der Herr seinen geliebten Freund Helmut im Augenblick des Todes nicht allein gelassen, sondern war vom Kreuz herabgestiegen, um Helmut zu berühren und seine Seele direkt in den Himmel zu führen. Wir schwiegen, und wohl in jedem von uns war eine Saite angesprochen und zum Schwingen gebracht, eine Melodie, welche die diesseitige Welt und die Welt des Todes mit der jenseitigen Welt und dem ewigen Leben verbindet.

Leise betete ich: «Herr, wie wunderbar und groß bist du. Der Hilfsbedürftigen und Kleinen, die in Wahrheit groß vor dir sind, erbarmst du dich und führst sie eigenhändig ohne Umwege in dein himmlisches Paradies. Helmut fürchtet kein Unheil, denn du, Herr, bist bei ihm und führst seine Hand. Du warst immer bei ihm, doch so deutlich wie jetzt haben wir es früher nicht gesehen, da unsere Augen auf etwas anderes gerichtet waren als auf dich. Herr, wir danken dir für deine Anwesenheit und das Zeichen deiner Liebe, das uns deine Liebe zu Helmut, zu uns und allen Menschen bewusst macht. Lass uns diesen Augenblick, in dem Helmut von uns gegangen ist, niemals vergessen, denn vom Kreuz her hast du uns gezeigt, wie groß deine Liebe zu Helmut ist und dass du ihn erlöst hast.

Komm auch uns in der Stunde unseres Todes entgegen, nimm uns an die Hand, so wie du Helmuts Hand vom Kreuz her ergriffen hast, und führe auch unsere Seelen in dein himmlisches Reich.»

Helmut und das «blaue Auto»

Es zeugt von außerordentlich starker Natur, dass Helmut, trotz seiner körperlichen und geistigen Behinderung und der vielen epileptischen Anfälle 67 Jahre alt wurde. Er hatte die Gabe, dem Leben immer die heitere und fröhliche Seite abzugewinnen, obwohl er wegen der zunehmenden körperlichen Behinderung die letzten Jahre im Rollstuhl gefahren werden musste, obwohl jeder epileptische Anfall sein geistiges Vermögen von Mal zu Mal mehr einschränkte. Bis zum Schluss fuhr Helmut leidenschaftlich gern mit dem Auto – wahrscheinlich ein Erbe seines Vaters, dem selbst das berufliche Fahren mit dem Auto niemals zu viel wurde. Helmut und die Gruppe der anderen Behinderten wurden an jedem Werktag mit dem Bus von Münster zu den Werkstätten nach Tilbeck gefahren und am späten Nachmittag wieder abgeholt. Wenn seine Schwester ihn besuchte, war immer eine Autofahrt damit verbunden. Voll Stolz sagte er dann: «Das ist auch mein Auto!»

Ein Einblick in Helmuts Leben und Sterben wurde in dem vorherigen Kapitel gegeben «Christus steigt vom Kreuz». Kurz nach seinem Tod waren seine Schwester und ich bei ihm. Nach der Verabschiedung, die in aller Ruhe und Gelassenheit verlief, baten wir die Wohnbereichsleiterin, einen Bestatter zu benachrichtigen, um Helmut abzuholen. Wir alle waren der Überzeugung, dass es nicht gut sei, wegen der anderen Hausbewohner Helmut die Nacht in seinem Zimmer zu lassen. Nach ungefähr einer Stunde – es war schon nach 22 Uhr – kamen zwei schwarz gekleidete Herren und kondolierten. Helmuts Schwester besprach sich mit ihnen und als sie vom Sarg für Helmut sprachen, antwortete seine Schwester spontan: «Das ist sein Auto!» Etwas verwundert nahmen sie es zur Kenntnis. Dann nahm Helmuts Schwester vorsichtig das Kreuz von der Wand und überreichte es den Herren mit der Bitte, es Helmut mit auf den Weg zu geben, ebenso seinen Lieblingsteddybär und ein Bild seiner Eltern. Vor der Tür stand der schwarze Wagen, der jetzt nach Gescher fuhr, wo Helmut bis zur Beerdigung bleiben sollte.

Am nächsten Tag besuchten wir ihn, um gleichzeitig Notwendiges zu besprechen und ein «Auto» für ihn auszusuchen. Als ich als erster den Raum betrat, in dem Helmut lag, blieb ich wie angewurzelt stehen und schaute ihn an. Während ich nach seinem Sterben im Haus Matthäus noch lächelnde Züge in seinem Gesicht entdeckte, erlebte ich jetzt in Helmut eine gereifte und dem Leben souverän gegenüberstehende Persönlichkeit. In seinem Gesicht war rein gar nichts mehr von einer Behinderung zu erkennen. Ein weiser alter Herr, durch Erkenntnis der Wahrheit zum Wahren gelangt, lag vor mir in tiefem Frieden und schlief. Wie wunderbar hat der Tod als großer Bildhauer des Körpers in Helmut seine Arbeit vollendet. Wie wunderbar hat die Berührung mit dem ewigen Leben ihre Spuren im Körper hinterlassen und aus Helmut einen heilen, wenn nicht geheiligten Menschen gemacht. Eine sakrale Zone umgab den Toten, die mir nicht erlaubte, näher zu treten. Ehrfurcht erfüllte mich vor dieser Größe und Erhabenheit, tiefe Ehrfurcht vor dem Geheimnis des Glaubens, das in Helmuts Tod und seiner Wandlung zum ewigen Leben bestand.

Ich trat zurück und nahm das gefühlte Wunder der Auferstehung noch tiefer in mich auf. Helmuts Seele hat seinen Körper verlassen und ihn beim Abschied noch einmal gestreichelt und die schwere Last, die er sein Leben lang durch die Behinderung tragen musste, hinweggenommen. Helmut war in den Stunden nach seinem Sterben zu dem Menschen geworden, der er ohne seine Behinderung hätte sein können. Welch ein Wunder der Wandlung und Auferstehung wurde an dem sichtbar, was Helmut in dieser Welt zurückließ – an seinem Körper, den wir in wenigen Tagen zu Grabe tragen sollten.

In ehrfürchtigem Abstand blieben wir eine ganze Weile schweigend bei ihm. Ganz von selbst begann ich, die ersten beiden Gesätze des glorreichen Rosenkranzes zu beten: «Jesus, der von den Toten auferstanden ist» und «Jesus, der in den Himmel aufgefahren ist». Genauso schweigend wie wir bei ihm gestanden hatten, verabschiedeten wir uns von Helmut, um einen Sarg für ihn auszusuchen. Seine Schwester korrigierte mich und sagte: «Ein Auto!»

Ich hielt mich bei hellen Eichensärgen mittlerer Preisklasse auf, als Helmuts Schwester mich auf einen mittelblau lackierten Holzsarg aufmerksam machte. «Das ist das richtige Auto für Helmut!» – sagte sie mit freudiger Stimme. Ich muss zugeben, dass ich im ersten Augenblick nicht so erfreut war, denn einen so farbig leuchtenden Sarg hatte ich noch nie gesehen. Beim näheren Hinschauen und Überlegen, dass Helmuts Abschied, an dem alle Heimbewohner teilnehmen wollten, kein trauriger, sondern eher ein heiterer werden müsse, konnte ich dieser Wahl zustimmen. Die Beerdigung im Familiengrab auf dem Zentralfriedhof in Münster war für Dienstag, den 12. Februar um

11:00 Uhr angesetzt. Vorher durfte ich zusammen mit allen Behinderten und deren Betreuerinnen und Betreuern im Ludgerushaus die heilige Messe feiern – also da, wo Helmut fast zwanzig Jahre gelebt hatte.

Vorn am Altartisch stand ein großes Bild von ihm. Er trägt darauf einen roten Pullover und schaut dem Betrachter lachend in die Augen. Als ich nach dem Evangelium von Helmut sprach, sah ich, wie einige Hausbewohner weinten. Um die Traurigkeit aufzufangen, fragte ich alle, was sie im Zusammensein mit Helmut an Schönem und Besonderem erlebt hätten. Einige Begebenheiten waren so herzzerreißend, dass jetzt mir die Tränen kamen – Helmut muss mit seinem hellen Wesen überall Freude und Heiterkeit gebracht haben.

Ich war überwältigt, zu sehen und zu hören, mit welcher inneren und äußeren Aufmerksamkeit besonders die Behinderten dem Gottesdienst folgten, die Fürbitten vortrugen, Lieder sangen und beteten. Die nächste Station, an der wir uns alle wiedersahen, war die Trauerhalle des Zentralfriedhofs. Auch Helmut war jetzt zugegen, den wir auf seinem letzten Weg begleiteten. Noch einmal strahlte uns sein freudiges Lachen von seinem Bild entgegen.

«Gütiger Vater, in deine Hände empfehlen wir unseren geliebten Helmut. Dein Sohn Jesus Christus wurde Mensch, um uns zu erlösen und zu befreien. Vom Kreuz neigte er sich herab und gab Helmut die Hand, um seine Seele in das himmlische Reich zu führen. Vater, wir danken dir für all das Gute und all die Freundlichkeiten, die wir durch Helmut erfahren durften. Er war nie bedrückt oder launisch, sondern steckte andere auch dann noch mit seinem Lachen an, wenn er selbst Schmerzen hatte. Nun hast du ihn aus dieser Welt gerufen und gibst ihm Heimat bei dir.

Lass ihn seine geliebten Eltern wiedersehen, den Schäferhund Ilko und alle, die er lieb hatte.

Wir, die zurückbleiben, wollen heute in besonderer Weise für Helmut beten; wir wollen ihn nicht vergessen und dankbar an ihn zurückdenken.

Ewiger Gott, du kommst uns durch den Tod und die Auferstehung deines Sohnes, unseres Herrn Jesus Christus, entgegen. Möge Christus auch uns, besonders, wenn wir an der Schwelle des Todes stehen, seine liebende Hand reichen und uns den Weg zum Himmel führen. Wende uns, Herr, in Güte dein Antlitz zu und bleibe bei uns, bis auch wir mit verklärtem Leib zum unvergänglichen Leben auferstehen. Durch Christus, unseren Herrn. Amen.»

Die Träger hoben Helmuts «blaues Auto» auf einen Wagen und fuhren ihn langsam zur Grabstätte. Wir folgten; drei seiner Freunde trugen Weihwasser, Weihrauch und das Kreuz. Heiter strahlte die Sonne vom wolkenlosen tiefblauen Februarhimmel. Und genauso strahlte die Fülle gelber Rosen auf dem blauen Auto, mit dem Helmut zur letzten irdischen Ruhestätte gefahren wurde. Für mich war es ein Fest, ein Fest der Auferstehung inmitten des Todes. Ich schaute während der Segnung und Verabschiedung am Grab – da ich ihnen gegenüberstand – in frohe und dankbare Gesichter. Ich spürte, wie Helmuts Freunde ganz und gar in der Gegenwart lebten und in ihr präsent waren. Wir alle bildeten eine lebendige Gemeinschaft, in der auch Helmut als Lebender lebendig war und ist. Ein gemeinsames Schlusslied beendete die Begräbnisfeier, doch ich fühlte mich so getragen durch die Gegenwart von Helmuts Freunden, dass ich liebend gern noch länger in diesem Kreis verweilt hätte – ein Kreis gegenseitiger Akzeptanz und Liebe.

Einen Schlusssatz möchte ich noch schreiben, wie er liturgisch nach dieser Feier nicht schöner hätte sein können. Als wir uns nach der Verabschiedung trennten, hörte ich, wie ein Freund aus dem Ludgerushaus sagte: «Helmut fährt jetzt in sein blaues Auto zum Himmel.»

Antlitz des Sterbens

Kevelaer ist ein Marienwallfahrtsort am Niederrhein. Während der drei Jahre, in denen ich dort tätig war, hatte ich nicht nur die Wallfahrts-, sondern auch die Krankenhausseelsorge als Aufgabe. Clemensschwestern betreuten das Marien-Hospital und häufig durfte ich zusammen mit der Schwesterngemeinschaft und einigen Patienten die heilige Messe feiern. Wie viele Kranke in ihren Zimmern den Gottesdienst über das Lautsprecherkissen hörten, konnten wir nie genau feststellen.

Die Stationsschwestern wussten, dass es mir ein großes Anliegen war – wenn gewünscht – Sterbende konsequent zu begleiten. So wurde ich oft gerufen, häufig auch nachts. Ich erinnere mich besonders an eine Frau, deren Sterbeprozess sich lange hinzog. Ich versuchte, so oft wie möglich bei ihr zu sein, denn es gab offensichtlich keine Angehörigen – zumindest keine, die sie besuchten. Den Schwestern gelang es immer, einen Sterbenden in ein Einzelzimmer zu verlegen, so dass sowohl die ärztliche als auch die seelische Betreuung in Ruhe und Gelassenheit stattfinden konnte. Die Menschen, die diesen Weg gehen mussten und noch bei vollem Bewusstsein waren, sprachen in der Regel ihre Dankbarkeit dafür aus.

Wenn ich mich lange bei den Sterbenden aufhielt, musste manch andere Aufgabe unerfüllt und manche Arbeit liegen bleiben. Das brachte mir nicht immer das Wohlwollen meiner Mitbrüder. Aber auch im Rückblick würde ich es wieder so machen, denn es gibt für mich nichts Erfüllenderes, als die Zeit mit einem Sterbenden zu verbringen, um ihm beim Verlassen dieser Welt Hilfe zu leisten.

Die Frau von der ich sprach, hatte chronische Hepatitis. Die letzten Tage vor ihrem Tod war ihr Körper quittengelb. Eine derartig intensive Verfärbung der Haut hatte ich vorher noch niemals gesehen. Sie sah erschreckend aus, doch je öfter ich sie in ihrem Leid besuchte, umso selbstverständlicher wurde für mich auch ihre gelbe Farbe. Da sie aus ihrem Leben kaum etwas erzählte, wusste ich eigentlich nicht recht, wer sie war. Als sie auch auf meine Fragen keine Antwort gab, aber mich inständig bat, bei ihr zu bleiben, begann ich behutsam mit der Sterbebegleitung. Gegen nichts, was ich sagte, betete und tat, hatte sie etwas einzuwenden. Im Gegenteil: Ich spürte, wie sie innerlich mitging und es ihr gut tat.

Die Ärzte konnten nichts mehr zur Gesundung dieser Frau beitragen, so dass ich die meiste Zeit allein mit ihr im Zimmer war. Eines Tages begann sie von sich aus zu beten – mit leiser, kaum vernehmbarer Stimme. Es waren Kindergebete, die sie wohl in früher Jugend auswendig gelernt hatte, und immer wieder das «Ave Maria». Leise stimmte ich mit ein und unterstützte das Gebet. Es schien ihr Mut zu machen, denn sie betete lauter und bewusster. Aus ihren wenigen Äußerungen schien es mir, dass sie die schwere Arbeit geleistet und ihren eigenen Tod angenommen hatte. Doch die Furcht vor dem Alleinsein war geblieben. Daher bat sie mich, lange ihre Hand zu halten und immer bei ihr zu bleiben.

Anzeichen traten auf, dass die tödliche Krankheit siegen würde. Die Kranke wurde frei von Schmerzen, doch ihre Bewegungen wurden spärlicher und sie konnte keine zusammenhängenden Sätze mehr sagen – außer den einfachen Gebeten, die wir immer und immer wiederholten. Ich spürte, dass das Beten ihr gut tat. Mehr noch als bisher begannen jetzt ihre Augen zu sprechen. Der Todesweg, den sie beschritten hatte, führte unaufhaltsam weiter. Als die Schwester ins Zimmer kam, sah sie, dass das Leben zu Ende ging. Sie betete mit mir halblaut und sagte, ich möge sie rufen, wenn ich Beistand und Hilfe benötigte.

Um ihr nahe zu sein, kniete ich neben dem Bett in Augenhöhe mit der Kranken. Auf dem Nachttisch standen ein Kreuz und eine brennende Kerze. Die Frau hieß mit ihrem Vornamen Maria. Ich nannte sie bei ihrem Namen und forderte sie auf, sich an das ihr entgegenkommende Licht zu halten. Langsam verging ihr Gesichtssinn und sie schloss die Augen.

Ich betete frei nach Psalm 23: «Der Herr ist dein Hirte, nichts wird dir fehlen. Er führt dich zum Ruheplatz, den er von Anbeginn für dich bestimmt hat. Musst du auch jetzt noch wandern in finsterer Schlucht, so fürchte dich nicht, denn er, das ewige Licht, Jesus Christus kommt dir entgegen. Er schenkt dir Zuversicht und neues Leben. Er führt dich zurück nach Haus und wohnen darfst du bei ihm in Ewigkeit.»

Kein Kämpfen, kein Röcheln, kein Ringen nach Luft – die Atmung wurde schwächer und setzte dann aus. Eine Ehrfurcht gebietende große Stille breitete sich spürbar um die Sterbende aus. Alle Angst, jegliche Enge und alle Bedrängnis waren einem stillen Frieden gewichen. Ich verabschiedete mich leise betend von Maria und mehr und mehr spürte ich, wie sich ein Stück Ewigkeit fast greifbar in diese Augenblicke des Übergangs senkte. Ich blieb noch eine Weile knien und sah, wie sich die Gesichtszüge völlig entspannten und sich das Gesicht der Toten formte. Und dann geschah etwas ganz Wunderbares, das wie ein neues Leben aussah. In Sekundenschnelle verschwand die gelbe Farbe, die die Frau so unansehnlich gemacht hatte, und eine natürliche Frische trat an ihre Stelle. In neuem Licht erstrahlten ihr Gesicht und ihre Hände, und die Frau mittleren Alters erschien mir auf einmal wie ein junges Mädchen. In dieser Wandlung erlebte ich vom Glauben her die Überwindung allen Leidens und ein Stück Auferstehung, in die Jesus Christus sie jetzt mit hineingenommen hatte.

Eine Sterbebegleitung wirkt immer sehr lange nach in mir. Kein Sterben gleicht dem anderen, und jedes Mal, wenn ich dabei sein durfte, war ich zutiefst beeindruckt. Das Ewige offenbart sich im Sterbenden und wird greifbar und fühlbar für alle, die ihn begleiten. Ich fühlte mich immer besonders gefordert und verantwortlich, wenn der Kranke keine Angehörigen hatte und ich die Sterbebegleitung allein übernehmen musste. All die Worte, Gebete und Bilder gruben sich tief in meine Seele und riefen bereits Erlebtes oder Gelesenes in mir wieder hervor.

So war es in besonderer Weise auch nach der Sterbebegleitung der Frau, die ohne Angehörige im Marien-Hospital in Kevelaer an chronischer Hepatitis starb und im Tod in einen wunderbar gesund aussehenden Menschen verwandelt wurde. In den darauf folgenden Meditationen stiegen Bilder auf und mischten sich mit einer Geschichte, die ich einmal in einem Erzählband gelesen hatte und von der ich beeindruckt war.

Vor bereits eintausend Jahren begann man, in dem schwedischen Bergwerk von Falun Kupfer zu fördern. Die Blütezeit des Bergwerkes war im 17. Jahrhundert, als Falun zwei Drittel des weltweiten Kupferbedarfes lieferte. Als im Jahr 1719 die Bergleute von Falun zwischen zwei Schächten eine Öffnung graben wollten, fanden sie im Vitriolwasser den Leichnam eines jungen Mannes, der ganz mit Kupfervitriol durchdrungen war. Es schien, als ob er erst gerade verstorben sei, so unversehrt und unverändert sah er aus. Niemand kannte den Verstorbenen, doch seine Entdeckung ging wie ein Lauffeuer durch den Ort.

Es meldete sich eine alte Frau und bat darum, den Leichnam des jungen Mannes anschauen zu dürfen. Voll Staunen und Entsetzen erkannte sie ihren Bräutigam wieder. Es war ihr Verlobter, den sie nicht vergessen konnte und um den sie 42 Jahre lang getrauert hatte. Nun stand sie vor seinem Leichnam, der durch Kupfervitriol in der Grube vollständig konserviert worden war. Kurz vor ihrer Hochzeit im Jahr 1677 war es in der Grube zu einem Einsturz gekommen, der den jungen Bergmann von der Außenwelt abschnitt. Alle Rettungsversuche waren umsonst. Da seinerzeit der Abbau ziemlich planlos betrieben wurde, kam es immer wieder zu Einstürzen.

Die inzwischen betagte Braut stand fassungslos bei ihrem jungen Bräutigam und vielleicht erwachten in ihrem Inneren noch einmal die Flammen der jugendlichen Liebe. Auf ihren Wunsch hin brachte man den Leichnam in ihr Haus. Und als am nächsten Tag die Beerdigung stattfand, stellte sie sich für kurze Augenblicke vor, es sei ihr Hochzeitstag.

Dieses Ereignis aus dem Jahr 1719 in Falun wäre bestimmt vergessen, wenn es nicht Dichter aufgegriffen und verarbeitet hätten. So hat das «Bergwerk von Falun» auch Eingang in die deutschsprachige Literatur gefunden. Johann Peter Hebel greift 1810 in seiner Erzählung «Unverhofftes Wiedersehen» dieses Thema auf und beginnt mit der Aussage, dass der Bergmann durch seine schwarze Bergmannskleidung sein Totenkleid immer bei sich habe. Neun Jahre später schreibt E. T. A. Hoffmann seine tragische Liebesgeschichte von Elis und Ulla («Die Bergwerke zu Falun»). Er beschreibt, wie eine realistische Bürgerwelt plötzlich mit Unheimlichem und Unerklärbarem konfrontiert wird. Hugo von Hofmannsthal hatte die Erzählung von Hoffmann gelesen und war so fasziniert, dass er fast in einem Zug 1899 die fünf Akte des Trauerspiels «Das Bergwerk zu Falun» schrieb. Er stellt den Bergmann, der – geheimnisvoll geführt –, in die Tiefe sinkt, in eine innerirdische, alterslose Welt und gleichzeitig in eine menschliche.

Der 52. Geburtstag

Im Iran, im Norden der Provinz Aserbaids, liegt das Dorf Heris. Hier werden aus handgekämmter und pflanzengefärbter Wolle nach alten Vorbildern Teppiche geknüpft, die den Namen des Ortes tragen. Die Heris-Teppiche zeigen harmonische Muster in klaren, aber milden Farben. Man sagt, sie halten länger als ein Menschenleben. Einen solchen Teppich besaßen meine Eltern, die sich beide zeit ihres Lebens für Orientteppiche interessierten. Wenn Vater nicht unter den Teppich ein helles Stück Stoff mit dem Namen genäht hätte, wüsste ich ihn heute nicht mehr.

Vaters ältester Bruder plante, den Geburtstag seiner Frau nicht zu Hause, sondern in der «Gesellschaft Verein» in Rheine zu feiern. Da dort der betreffende Raum mit schwarzen und weißen Fliesen ausgelegt war und relativ kalt wirkte, dachte er an den Teppich, den Heris meiner Eltern. Es ist ein großer Teppich, der durch seine sanften Farben jedem Raum eine angenehme Wärme verleiht. Selbstverständlich gaben ihm meine Eltern den Heris, der dann zum 1. August 1957, dem zweiundfünfzigsten Geburtstag seiner Frau Fanny, auf die kalten Fliesen im «Verein» gelegt wurde.

Franziska Dyckhoff – alle nannten sie Fanny – war nicht nur meine Tante, sondern auch meine Patentante. Jedes Jahr zu meinem Geburtstag und zu Weihnachten bereitete sie mir eine Überraschung, die mit meinem Älterwerden nicht einfacher für sie wurde. Ich erinnere mich an ein wassertaugliches Mahagoni-Holzschiff, das mit einem Schlüssel aufziehbar war. Zu Weihnachten, ich war dem Spielzeugalter bereits entwachsen, bekam ich von ihr ein Säckchen aus netzartigem Geflecht mit Silber- und Gold-Geld-Stücken aus Schokolade. Ich staunte über die Schwere, als ich den Sack in die Hand nahm und sah zwischen den Geldstücken aus Schokolade eine Menge echte silberfarbene Fünfmark-Stücke. Auf dem weihnachtlichen Familienfest bei meinen Großeltern beobachtete sie mich von Weitem und hatte Freude an meiner Freude.

Eine tiefe Beziehung zu ihr entwickelte sich allerdings nicht durch die Geschenke, sondern durch ein mütterlich-liebevolles Verhalten, das ich niemals vergessen werde. Eines Tages – ich besuchte das Gymnasium Dionysianum – wurde ich von meiner Patentante aus dem Unterricht gerufen. Da ihr Haus auf der Grosfeldstraße genau der Schule gegenüber lag, bat sie mich, mit ihr dorthin zu gehen. Wie vor Mathematik- und Lateinarbeiten hatte ich ein ungutes, unruhiges und aufregendes Gefühl im Magen. Behutsam berichtete sie mir von einem Autounfall meiner Eltern. Vater hatte geschäftlich in Krefeld und in Moers zu tun, und Mutter war an diesem Tag mit ihm gefahren. Kurz vor Moers, auf gerader Landstraße, fuhr rechts ein Radfahrer, der plötzlich, ohne anzuzeigen, nach links einbog und die Straße überquerte. Um ihn nicht zu überfahren, riss Vater das Steuerrad nach rechts und fuhr mit relativ hoher Geschwindigkeit gegen einen Baum. Meine Eltern lagen im Krankenhaus von Moers und Tante Fanny sagte, sie wolle mit mir nach Moers fahren, um sie zu besuchen.

Durch ihre behutsame Art gab sie mir einen gewissen inneren Halt, der die Stunden bis zur Abfahrt nicht ganz so schwer machte. Entsetzliche Unfallbilder geisterten durch meine Vorstellung. Ganz Unrecht hatte ich damit nicht. Auf der Fahrt sagte sie, ich müsse mich auf einen ungewohnten Anblick meiner Eltern einstellen und Vaters Auto sei nach dem Unfall völlig ausgebrannt. Ich machte mich auf das Schlimmste gefasst, war aber trotz allem froh, Tante Fanny an meiner Seite zu haben. Als wir das Krankenzimmer betraten, hielt ich mich aus Angst zurück und ging zögernd hinter ihr her, so, als ob sie mir den Weg zu meinen Eltern neu bahnen müsse. Vaters geschwollenes Gesicht – er hatte eine Platzwunde über dem Auge – und Mutters teils in Gips gehüllter Kopf ließen mich meine Eltern kaum erkennen. Ihre Sprache aber war mir vertraut. Beide lagen in dem selben Zimmer und waren somit für sich allein. Als wir dann ausführlicher miteinander sprachen, gewann ich meine Fassung wieder und freute mich, dass Vater und Mutter nach solch einem schweren Unfall am Leben geblieben waren.

Bevor meine Tante mit mir zurückfuhr, bat ich sie darum, mir das verkohlte Autowrack auf dem Hof des Polizeigebäudes von Moers anschauen zu dürfen. Ein wenig widerwillig stimmte sie zu. Auf dem Heimweg sprachen wir nicht viel miteinander – die Eindrücke waren zu gewaltig, und ich staunte und dankte dem Herrgott, dass Vater und Mutter sich vorher aus diesem total verbrannten Auto retten konnten. Wenige Wochen später wurden sie bereits entlassen, denn es hatte sich gezeigt, dass es bei beiden nur äußere Verletzungen waren.

In der Zwischenzeit luden meine Verwandten mich des Öfteren zum Essen ein, und besonders meine Tante sprach wiederholt mit mir über den Unfall und beruhigte mich, indem sie sagte, dass alles gut ausgehen würde. Ich glaubte ihr. Sie war es, die mich bei der Unfallnachricht aufgefangen und mir in der darauf folgenden schweren Zeit beigestanden hatte. Sieben Jahre später – ich war inzwischen neunzehn Jahre alt – feierte sie ihren zweiundfünfzigsten Geburtstag auf unserem Teppich über den kalten Fliesen im «Verein». Da vom Vorabend in den Geburtstag hinein gefeiert wurde, nahm ich nicht teil, denn ich befand mich unmittelbar vor dem Abitur. Am nächsten Morgen in aller Frühe – noch vor der Zeit meines gewöhnlichen Aufstehens – kam Vater in mein Zimmer, setzte sich auf meinen Bettrand und sagte: «Heute Nacht ist etwas Schreckliches geschehen – Tante Fanny ist tot.»

Erschrocken setzte ich mich aufrecht. «Nach dem relativ späten Abendessen beglückwünschten wir sie um Mitternacht mit einem Glas Sekt. Kurz darauf griff sie mit beiden Händen zu ihrem Herzen und fiel zu Boden. Dr. Terrahe, ein Geburtstagsgast, kam ihr sofort zur Hilfe und machte Wiederbelebungsversuche, doch er konnte nur noch ihren Tod feststellen.»

Der Tod hatte noch niemanden aus unserer Familie – ausgenommen meinen Großvater – zu sich geholt. Doch jetzt fühlte ich den Tod, der so plötzlich in meine Familie eingebrochen war, bedenklich nahe und bedrohlich. Die Schule und ihre Forderungen jedoch ließen schnell den Alltag mit seinen Pflichten wieder aufkommen. Nach dem Sechswochen-Seelenamt kam ein großer Findling auf das Grab meiner Tante mit der Aufschrift:

Fanny Dyckhoff, geb. Murdfield
* 7.9.1905   † 1.8.1957

Die Grabstätte wurde mit Heide bepflanzt, denn die Heide war ihr besonders lieb. Wenn sich in meinem Inneren nicht noch etwas ganz Besonderes ereignet hätte, wären all

diese geschilderten Details längst vergessen. Eines Nachts
– ich hatte das Gefühl, wach zu sein – kam Tante Fanny
vom Fußende her an meinem Bett vorbei, langsam, denn
sie hatte Schmerzen beim Gehen. Als sie mein Kopfende
erreichte, schaute sie mich an und sagte: «Bitte bete für
mich, damit ich den vor mir liegenden Weg zu Ende gehen
kann.» Ich redete zu niemandem darüber, denn ich sah
diese Begegnung als mein Geheimnis. Im Gebet spürte
ich wahrhaft eine geistige Verbindung zu ihr, so, wie vielleicht eine echte Patenschaft sein sollte. Eine kurze Zeit
später erschien sie mir noch einmal – jetzt freudig und
heiter wie ein junges Mädchen. Sie sprach nicht zu mir,
sondern ging gelassen und leicht ihren Weg. Ich sah und
erlebte innerlich, dass es ihr gut ging. Durch dieses Erlebnis ist die Verbindung und Verbundenheit zu ihr noch tiefer gewachsen, so dass ich heute noch – über fünfzig Jahre
und mehr nach ihrem Abschied aus dieser Welt – oft an
meine Patentante Fanny denke und sie jetzt bitte, für mich
zu beten, da ich den schweren Weg durch den Tod in das
Leben noch vor mir habe. Es ist tröstlich, Menschen in der
jenseitigen Welt zu wissen, mit denen uns Liebevolles aus
dieser Welt verbindet. Ich bin gewiss, dass nicht nur meine
Eltern, sondern auch meine Patentante, die sie für dieses
Amt schon vor meiner Geburt ausgewählt haben, nach
meinem Tod am Anfang des neuen Lebens stehen, mich
aufrichten und mir den weiteren Weg ins Licht weisen.

Es ist gut und hilfreich, wenn zur verwandtschaftlichen
Verbundenheit und zur liebenden Erinnerung an unsere
Verstorbenen Dinge dieser Welt hinzukommen, die dazu
beitragen, die Toten nicht zu vergessen. An der Wand meines Treppenaufgangs hängen viele Bilder von Verstorbenen aus meiner Familie und Bilder von Menschen, die mir
lieb waren. Jedes Mal, wenn ich hinauf oder herunter gehe,

schaut mich jemand in besonderer Weise an. Ich versuche dann, mit diesem Menschen Kontakt aufzunehmen, spreche ein kurzes Gebet für ihn und bitte ihn, auch für mich zu beten.

Als Mutter starb – sie hatte dreißig Jahre ohne meinen Vater gelebt –, hinterließ sie meiner Schwester und mir ihre Wohnungseinrichtung. Wir konnten nicht alles übernehmen, doch suchten wir uns besondere Erinnerungsstücke aus. Dazu gehörte bei mir der Heris, auf dem meine Patentante gestorben war. Kurz nach ihrem plötzlichen Tod, als der Teppich wieder in unserer Diele lag, fiel es mir schwer, ihn zu betreten. Doch inzwischen habe ich ihn lieb gewonnen, da er für mich zur Familiengeschichte gehört. Ich hoffe, dass ich diesen Teppich einmal an einen mir nahestehenden Menschen weitergeben kann, denn so sagen seine Knüpferinnen und Knüpfer aus Heris: «Dieser Teppich wird länger halten als ein Menschenleben.»

Der dritte Mann

Als der Zweite Weltkrieg zu Ende ging, war ich sieben Jahre alt. Der Russe, der ganz Europa einnehmen wollte – so glaubte ich – war der große Feind und der Amerikaner, der uns befreit hatte, unser Freund. Aus Amerika erhielten wir in dieser von Mangel und Leid geprägten Zeit «Care»-Pakete nicht nur mit essbarem, sondern auch wundersamem Inhalt. Unsere Verwandten dachten auch an uns Kinder und schickten farbig grelle Dinge zum Spielen mit, die aber nicht lange Bestand hatten.

Im Herbst 1949 unternahm mein Vater seine erste große Reise nach dem Krieg. Er flog mit einigen Herren des Textilverbandes nach New York, um dort die internationale Textil-Maschinen-Ausstellung zu besuchen. Diese Tatsache wie auch die entsprechenden Vorbereitungen waren selbst für mich, der ja am Rande stand, recht aufregend. Und dann: War das eine Freude, als Vater zurückkam. Nicht nur das, was er an kleinen Geschenken mitbrachte, war faszinierend, sondern auch all das, was er von Amerika erzählte.

Eines, das – genau betrachtet – wenig mit Amerika zu tun hatte, ging mir unter die Haut, und bis heute habe ich es nicht vergessen. Doch damals kam eben alles Gute und alles Neue aus den USA … Vater erzählte begeistert von dem Film «Der dritte Mann», den er in New York am Broadway gesehen hatte. Für Vater waren immer jedes Detail und der Hintergrund wichtig. Der britische Regisseur Carol Reed hatte gerade diesen in Wien spielenden Nachkriegsfilm am 2. September 1949 in London zur Uraufführung gebracht. Vater nannte begeistert die Namen der Schauspieler, die mir damals nichts sagten: Orson Welles, Paul Hörbiger, Joseph Cotten, Ernst Deutsch, Erich Ponto, Annie Rosar … Dann erzählte er uns mit Spannung die Handlung und begann zunächst von der Riesenreklame an der Kinofassade zu sprechen, die Harry Lime, die Hauptperson des Films, darstellte und die Katze, die an sein Hosenbein kratzte. Durch Lichteffekte wurde dieses Kratzen zu einer permanenten Bewegung, die etwas Unheimliches ausdrückte. Seine Beschreibung war so mitreißend, dass ich mir alles genau vorstellen konnte, vor allem den Inhalt des Films, der auf einer Erzählung von Graham Greene basiert.

Doch eines, das Vater besonders beeindruckte, konnte er spontan nicht vermitteln: Es war die Filmmusik, das Harry-Lime-Thema. Als Carol Reed in Wien nach Drehorten suchte, entdeckte er in einem Biergarten einen Zitherspieler, der ihm außerordentlich gefiel: Anton Karas. Dieser komponierte und spielte die Filmmusik, die für Vater sein Leben lang zu einem Lieblingsthema wurde. Als wir später in Münster waren, um einiges zu besorgen, ging Vater in das Radiogeschäft Eck unter dem Bogen und kaufte die Schallplatte «Der dritte Mann» – gespielt von Anton Karas auf der Zither. Als er sie dann zu Hause auflegte und mehrmals spielte, ging die Melodie mir nicht mehr aus dem Kopf, zumal ich sie auf dem Hintergrund seiner beeindruckenden und spannenden Erzählung des Films hörte.

Dieser Film wurde ein Welterfolg; und nicht zuletzt trug Anton Karas' «Harry-Lime-Thema» zur Berühmtheit des Films bei. Immer, wenn ich später in meinem Leben durch Zufall diese Melodie hörte, musste ich an Vater und an sein beeidruckendes Erlebnis am Broadway denken. Nicht nur er hatte nach den harten und lebensbedrohenden Jahren des Krieges diesen Film ganz tief genossen, sondern auch bei mir hatten seine Erzählung und die Melodie einen solchen Eindruck gemacht, dass ich mehr oder weniger die Melodie mit Vater identifizierte.

Viele Jahre nach Vaters plötzlichem Unfalltod – Mutter hatte diesen Schock immer noch nicht überwunden – wollte ich einen Kursus in Bayern in der Nähe von Oberstdorf besuchen und fragte sie, ob sie mitfahren wolle, um in Oberstdorf ein paar Tage Ferien zu machen. Mutter sagte zu und freute sich auf die Reise. Ich hatte ihr ein Zimmer im Hotel Mohren am Marktplatz reserviert, wo sie sich auch in den Tagen meiner Abwesenheit wohlfühlte. Am Abend vor unserer Abfahrt gingen wir zum Essen in eine urige bayerische Gaststätte. Als wir das Lokal betraten, ich ging vor, um bei der Fülle der Gäste den Weg zu bahnen und nach zwei leeren Plätzen Ausschau zu halten, geschah etwas ganz Sonderbares. Ein Zitherspieler begann, der «dritte Mann» zu spielen. Ich schaute mich um und Mutter an. Wir blieben wie angewurzelt stehen und hörten zu.

Es war mir, als ob in diesem Moment Vater leibhaftig bei uns wäre. Ich sah, wie bewegt Mutter war und dass ihr eine Träne die Wange hinunterlief. Sie sagte nichts und blieb einfach stehen. Vater war für diesen Augenblick zurückgekehrt und ganz nahe bei uns. Die Menschen um uns herum gab es auf einmal nicht mehr und wir tauchten ein in die Welt des Geheimnisvollen. Kann die Erinnerung an einen Verstorbenen, die durch eine Melodie ausgelöst wird, so stark und lebendig sein, dass der Verstorbene gegenwärtig wird?

Später am Tisch hat Mutter mir ihre Eindrücke und Empfindungen erzählt. Sie waren dem ähnlich, was auch ich erlebt, ja, förmlich gesehen habe. Mutter fügte noch etwas hinzu, über das sie bisher nicht gesprochen hatte. Manchmal sähe sie in ihrem stillen Gebet eine Feuerkugel am Horizont und habe gleichzeitig das Gefühl, Vater sei ihr ganz nahe und beschütze sie. Dies seien die glücklichsten Momente, die sie in den letzten Jahren empfunden habe.

Hoffnung auf letzte Verwandlung

Selten habe ich es erlebt, dass Menschen ihre eigene Beerdigung vorbereiten, Texte und Lieder auswählen und so detailliert ihre Wünsche festlegen, dass es letztlich auch für den Priester keine Wahlmöglichkeit mehr ergibt. In den meisten Fällen frage ich bei den Seelsorgegesprächen vor der Beisetzung die Angehörigen, welches Evangelium, welche Gebete, welche Lieder und welche Musik der Verstorbene besonders schätzte und ob er bestimmte letzte Wünsche hatte. Oft ist Ratlosigkeit die Antwort, und ich werde gebeten, die Trauerfeierlichkeiten so zu gestalten, wie ich es für richtig erachte.

Wie hilfreich ist es dagegen, wenn der Verstorbene konkrete Angaben zu seiner Beerdigung gemacht hat. Ich erlebe es dankbar bei älteren Menschen, die ein religiöses Leben gelebt haben, aber auch bei Menschen, die sich zeitweilig oder gar ihr ganzes Leben schwer mit der Religion und ihrem Glauben auseinandergesetzt haben. Gelingt es mir, geäußerte Wünsche umzusetzen und zu erfüllen, spüre ich während der Vorbereitungen und der Trauerfeier eine ganz andere Präsenz des Verstorbenen. Dabei kann ich mich und meine Anliegen wunderbar zurücknehmen, um den Wünschen des Verstorbenen und eventuell auch denen seiner Familie weitaus mehr entgegenzukommen.

Als ich in der Bischöflichen Bildungsstätte «Haus Cassian» im Weserbergland tätig war, konnte ich häufig während der Woche Priestern der umliegenden Gemeinden helfen. So bat man mich oft neben dem Lesen von heiligen Messen auch Beerdigungen zu übernehmen. Bedauerlich war es jedoch, dass ich als fremder Priester die Verstorbenen und ihre Angehörigen nicht persönlich kannte. In einem der Beerdigung vorausgehenden Besuch versuchte ich jedoch, diese Kluft zu überbrücken. Wie dankbar war ich jedes Mal, wenn von Seiten der Familie bestimmte Vorgaben gemacht wurden.

Da meine Kurse vornehmlich am Freitagmittag begannen, konnte ich am Vormittag noch eine Begräbnisfeier übernehmen. Dies war häufig der Fall, wenn der Ortsgeistliche weitere Verpflichtungen hatte. Eine Ordensfrau aus einem süddeutschen Kloster rief mich an und fragte, ob ich ihren Vater auf dem Waldfriedhof Wehl in Hameln beerdigen könne. Ich sagte ihr zu und traf mich mit ihr zu einem Gespräch. Alles war von ihrem Vater, der mit 86 Jahren gestorben war, sorgfältig vorbereitet. Leider konnte ich ihn nur auf einem Foto sehen, denn obwohl er zu Hause gestorben war, hatte man ihn schon drei Tage vor der Beerdigung abgeholt. Der alte Herr war in Schlesien geboren, musste nach dem Krieg in den Westen fliehen, wo er seine Frau heiratete, die schon sehr früh verstarb. Sie hatten zwei Kinder – eben diese Ordenfrau und einen Sohn, den ich in der Friedhofskapelle vor der Beerdigung kennenlernte.

Hinter einem großen roten Vorhang auf einer Bühne stand der Sarg mit einem üppigen Blumengesteck und einigen Kränzen. Die wenigen Menschen verloren sich in der großen Friedhofskapelle. Die sonst so angenehme Kühle war der Sommerhitze gewichen. Ein paar Plätze waren besetzt – ganz vorn vor dem Rednerpult. Ich sah die Ordenfrau mit ihrem Bruder und der Schwägerin und hinter ihnen einige Fremde, vielleicht Nachbarn oder Bekannte. Nähere Verwandte gab es nicht. Ich ging zum Rednerpult und im gleichen Augenblick wurde der rote Vorhang geöffnet. Ich brauchte ein wenig Stille, um diesen vordergründigen Moment anzunehmen. Nach dem Kreuzzeichen und einführenden Worten zum Leben des verstorbenen Vaters trug ich die Lesung vor. Von seinen Kindern wollte niemand diesen Dienst übernehmen, was ich allerdings erst später verstand.

> Lesung aus dem Buch Ijob:
> Da antwortete Ijob und sprach: Doch ich, ich weiß: mein Erlöser lebt, als Letzter erhebt er sich über dem Staub. Ohne meine Haut, die so zerfetzte, und ohne mein Fleisch werde ich Gott schauen. Ihn selber werde ich dann für mich schauen; meine Augen werden ihn sehen, nicht mehr fremd. Danach sehnt sich mein Herz in meiner Brust (Ijob 19,1.25–27).

Beim Evangelium standen alle auf. Meine Erhöhung durch das Rednerpult war mir unangenehm. Ich las den ersten Teil des Nachtragsevangeliums des Johannes. Zum dritten Mal offenbarte sich Jesus, seit er von den Toten auferstanden war. Als der Morgen dämmerte, stand Jesus am Ufer des Sees von Tiberias. Die Jünger, die in dieser Nacht nichts gefangen hatten, erkannten ihn nicht von ihrem Boot aus. Jesus schaut vom Ufer aus in das Lebensschiff eines jeden und fragt: «Meine Kinder, habt ihr nicht etwas zu essen, etwas, von dem man leben kann in der jenseitigen und zukünftigen Welt?»

Während ich versuchte, die Worte auf das Leben des Verstorbenen hin auszulegen, schaute ich seine Kinder an und bemerkte, wie der Sohn ein immer finstereres Gesicht bekam, ja, sogar einen bösen Ausdruck an den Tag legte, während ich den beiden Frauen ansah, dass sie aufmerksam und gespannt zuhörten. Hatte ich etwas falsch gemacht? Das Wort Gottes, das ich in die Auslegung immer wieder mit hineinnahm, gab mir jedoch Sicherheit und die Kraft, Begonnenes zu Ende zu führen. Ich brachte die Hoffnung und die Bitte zum Ausdruck, dass vom Auferstandenen her auch unsere Netze des ewigen Lebens gefüllt werden. Und am Ende sprach ich vom Wunder der letzten großen Verwandlung, vom Wunder der Fülle, an dem ein jeder Einzelne von uns beteiligt ist. Das sich hier offenbarende Geheimnis Jesu ist schenkende Güte Gottes in überwältigender Fülle, denn er möchte jedes Leben zu einem erfüllten Leben führen.

Trotz der aus den Worten des Evangeliums sprechenden Hoffnung für jeden Menschen, heiterten sich die Gesichtszüge des Sohnes nicht auf – im Gegenteil: sie verfinsterten sich umso mehr. Ich sah und empfand, dass es keine Trauer, sondern Bitterkeit oder gar Verbitterung war. Diese Atmosphäre legte sich allerdings schwer auf meine Seele und ich musste regelrecht mit mir kämpfen, dass ich mich nicht selbst als Auslöser und Schuldigen sah.

Der Weg von der Friedhofskapelle bis zum Grab war lang, und ich fühlte mich bei der brennenden Sommerhitze und unter der schwarzen liturgischen Kleidung recht unwohl. Aber es war wohl eher die Seele, welche die erlebte Störung nicht einordnen konnte. Bei der Begräbniszeremonie hielt ich mich innerlich ganz an den Verstorbenen und empfand bei meinem Tun und bei meinen Worten inneren Frieden. Als ich nach dem Schlusssegen den Angehörigen die Hand gab, um mein Mitgefühl für den verstorbenen Vater auszudrücken, hielt sich sein Sohn zurück, ohne mir die Hand zu reichen. Traurig – jedoch nicht über den Tod des alten Herrn – ging ich zum Umziehen zurück in die Sakristei der Friedhofskapelle und fuhr nach Hause.

Noch am gleichen Tag rief mich die Ordensfrau, die Tochter des Verstorbenen an, bedankte sich für die würdige Feier zum Abschied ihres Vaters, für die persönlichen Worte und die Glaubensunterstützung, die sie empfangen habe. Dann sprach sie von ihrem Bruder – für mich das Wesentliche. Aufmerksam und gespannt hörte ich hin. «Sie kennen meinen Bruder nicht, sonst hätten Sie bemerkt und verstanden, wie tief ihn alles getroffen hat. Ich habe Ihnen bei unserem Gespräch eines nicht gesagt: Mein Bruder ist Priester, hat aber geheiratet und kann somit sein Priesteramt nicht mehr ausführen, was ihn – ohne dass er darüber spricht – sehr schmerzt. Er geht auch nicht in die Kirche, um diese Wunde nicht immer neu aufzureißen. Im Grunde ist er sehr unglücklich, gibt es aber seiner Frau zuliebe nicht zu.

Ich möchte nicht wissen, was er heute beim Abschied unseres Vaters innerlich alles an Schmerzen durchgemacht hat. Für Vater, der in Schlesien als gläubiger und frommer Mensch aufwuchs, war es der größte Schock seines Lebens, als er erfuhr, dass sein Priestersohn das Amt aufgeben und heiraten wollte. Diesen Schmerz, von dem er sagte, dass er größer sei als der frühe Verlust unserer Mutter, hat er in seinem ganzen Leben nicht überwunden und nun mit hinübergenommen in die Ewigkeit. Auch während seiner Krankheit und vor seinem Tod hat er mit meinem Bruder nicht mehr darüber gesprochen. Sie sind beide – jeder in seinem eigenen Schmerz – auseinandergegangen.

Ich musste Ihnen das einfach sagen, damit Sie die tieferen Zusammenhänge einsehen und verstehen, warum mein Bruder so aufgewühlt war. Darf ich Sie bitten, für meinen Bruder zu beten, dass er endlich innerlich bei sich selbst ankommt – aber auch für seine Frau, der er das Leben oft sehr schwer macht.»

Vierzig Tage danach

Nach dem plötzlichen Unfalltod meines Vaters zog sich meine Mutter in sich und von anderen Menschen zurück. Es dauerte Jahre bis sie sich dem Leben wieder öffnete. Mutter sprach anfangs nur wenig über sich selbst, doch vertraute sie ihre Gefühle und ihre Gedanken einem umfangreichen Heft an, das sie das Blaue Buch nannte. Weit über hundert Seiten hatte dieses Heft, das in einen mittelblauen Umschlag gebunden war. Äußerst selten öffnete sie für andere ihr Blaues Buch, um eine Passage daraus vorzulesen.

Als es sich dreißig Jahre nach Vaters Tod zeigte, dass auch Mutter diesen Weg gehen musste, waren wir alle sehr betroffen, denn Mutter gehörte zu unserem Leben. Sie war sowohl in ihrer Welt als auch in der meinen so verwurzelt, dass es mir nicht einmal gelang, zu denken, sie sei eines Tages nicht mehr in dieser Welt. Der Schöpfer gab uns allen jedoch sieben Monate Zeit, um uns auf den Abschied vorzubereiten. Mutter regelte noch vieles, was einer Regelung bedurfte; aber auch in ihrem Inneren geschah viel, über das sie nicht sprach. Ja, sie hat doch darüber gesprochen, indem sie es ihrem Blauen Buch anvertraute.

Der Abschied von Mutter war ein erfüllter – ich meine auch für sie selbst, obwohl sie noch gern etwas länger gelebt hätte, um sich an vielen Menschen und dem Schönen in dieser Welt zu erfreuen. Dazu gehörte für sie auch das Autofahren. Einige Tage vor Mutters Tod, sie wurde vierundachtzig Jahre alt, öffnete sie ihre Nachttischlade, holte einen Schlüsselbund hervor, suchte daraus ihren Autoschlüssel und sagte: «Wie schön wäre es doch, wenn ich bald wieder Autofahren dürfte!» In ihrem Herzen allerdings wusste sie genau Bescheid, was sie erwarten würde. Denn fast zur gleichen Zeit hatte sie ihre letzte Eintragung in das Blaue Buch gemacht. Erst ein oder zwei Jahre nach ihrem Abschied konnte ich in ihrem Buch lesen und Mutter dadurch noch wesentlich tiefer und umfassender kennenlernen. Der letzte Satz, den sie geschrieben hat, war ein Gebet.

> Herr, gib mir viel Kraft und guten Mut, das Leben,
> das du mit mir begonnen hast, auch in deinem Sinne
> zu beenden. Jetzt, wo du es von mir zurückforderst,
> möchte ich es schweigend in deine Hände legen.
> Schenke mir den Frieden des Herzens und die
> Gewissheit einer tiefen Geborgenheit in dir.

Vier Tage nach ihrem Tod brachten meine Schwester und ich Mutter zum Friedhof und betteten sie neben Vater zur letzten Ruhe. Sie hatte sich eine stille Beerdigung gewünscht. Vielleicht zwei Stunden oder mehr verweilten wir beide am offenen Grab – in liebender Erinnerung an unsere Mutter, im Gebet, im Schweigen und in der Gewissheit, dass wir am Anfang des wahren Lebens von Mutter stehen. Das wahre und ewige Leben ist unseren menschlichen Augen in dieser Welt noch verborgen, die Augen der Seele jedoch haben die Möglichkeit, wenn sie uns als Gnade geschenkt wird, in die Herrlichkeit Gottes und das ewige Leben der Heiligen und der Verstorbenen Einblick zu nehmen. Und selbst wenn es nur eine Ahnung ist, bedeutet dies eine strömende Quelle, aus der man sein Leben tiefer und wesentlicher gestalten kann.

Vierzig Tage nach ihrem Tod erschien mir Mutter eines Nachts aus der anderen Welt, in der sie nun lebt, zum ersten und bisher zum letzten Mal. Als ich erwachte, erlebte ich, dass das Geschaute wesentlich mehr und reicher war als nur ein Traum. Für mich ist es eine Wirklichkeit, die nicht nur meinen Glauben stärkt, sondern mir beweist, dass Leben nach dem Tod weitergeht, dass die Auseinandersetzungen mit Mutter gut und richtig waren und die Liebe von ihr und zu ihr zeitüberdauernd ist. Selbst auf die Gefahr hin, missverstanden zu werden, möchte ich versuchen, Geschautes und Empfundenes in Worte zu fassen.

Allein, aber in Ruhe und Gelassenheit, ging ich durch eine relativ enge Gasse, die geradlinig verlief. Außer mir befand sich niemand mehr auf diesem Weg. Ich fühlte mich weder ängstlich noch einsam, und das Gehen auf ein innerlich gespürtes Ziel, das sich mir allerdings nicht offenbarte, hatte etwas Selbstverständliches. Auf beiden Seiten der Gasse standen mehrstöckige Häuser, die aneinandergebaut waren. Aus dem Fenster eines dieser Häuser rechts vor mir und einige Stockwerke über mir kam ein überhelles strahlendes Licht, das meine Aufmerksamkeit und Bewunderung sofort auf sich zog. Staunend blieb ich stehen und schaute hinauf. Von diesem wunderbaren Licht beschienen und es gleichzeitig selbst ausstrahlend trat Mutter ans Fenster. Ich erkannte sie sofort an ihrem lieben und gütigen Gesicht, an ihrer rosafarbenen Angorajacke und an ihren hellblonden Haaren. Mit dieser Jacke ist sie eingeschlafen, und wir haben sie auch damit beerdigt. Ich erkannte Mutter deutlich und empfand sogar ihre freundliche Art, die sie allen gegenüber zeigte. Sie lachte, schaute aber nicht aus dem Fenster, sondern schien im Gespräch mit anderen zu sein, die ich aber nicht sah. Etwas, das man Glückseligkeit nennen könnte, ging von Mutter aus, etwas ganz Erhebendes, das mein Herz traf und mich zutiefst berührte. Auch jetzt schaute sie nicht aus dem Fenster und zu mir herab, sondern blieb freudig und lachend im Gespräch auf der Ebene mit den anderen. Es hatte für mich etwas sehr Vertrautes und gleichzeitig Heiteres an sich, ihr zuzuschauen, denn sie schien sehr glücklich zu sein. Verstehen konnte ich von dem, was sie sagte, nichts, aber ich hatte das Gefühl, dass alles Wesentliche zwischen uns ja bereits ausgesprochen war.

Eine grenzenlose Gewissheit, dass es ihr gut geht, erfüllte mich mit Dankbarkeit, und die heitere und lichtvolle Freude, die von Mutter ausging, legte sich für Momente auch auf mein Herz. Bei diesem unvergesslichen Anblick – selbst wenn Mutter keinen direkten Kontakt zu mir aufnahm – spürte ich mich ihr sehr nahe und verbunden. Alles in mir und um mich herum war auf einmal leicht und ließ mich geradewegs meinen Weg ohne jegliche Traurigkeit, sondern gestärkt und zielbewusst weitergehen. Die Gasse war auf einmal nicht mehr so dunkel, sondern hatte etwas von dem so wohltuenden von Mutter ausgehenden Licht angenommen. Es schien eine Morgendämmerung zu sein, der ich entgegenging, als ich meine Schritte ohne jegliche Traurigkeit fortsetzte.

Genau vierzig Tage oder sechs Wochen nach ihrem Abschied aus dieser Welt durfte ich ihr auf diese Weise begegnen und Einblick nehmen in ihr Leben. Danach habe ich Mutter weder gesehen noch hat sie sich bei mir gemeldet. Ich bin aber der festen Überzeugung, dass ihr Leben, das zum Göttlichen aufsteigt, von lichtvollen Kräften und guten Mächten weiterhin begleitet wird, und dass alles, was mit uns und zwischen uns in dieser Welt geschah, sowohl für uns beide als auch für alle Beteiligten, sowohl im Himmel als auch auf der Erde gut und richtig war.

Erst viel später wurde mir der Zeitpunkt dieser Begegnung mit Mutter nach ihrem Tod klar. Es waren sechs Wochen, ja, genau vierzig Tage vergangen. Was hatte es damit auf sich, dass Mutter zur Zeit des Sechswochen-Seelenamtes sich mir so überaus glücklich und zufrieden, über diese Welt erhoben und so lichtvoll zeigte? Sie wollte mir damit sagen: Der Sterbeweg ist bis zum Ende abgeschritten, die Trauer soll nicht mehr sein und der Weg der Seele führt geradewegs aufwärts in das göttliche Licht und in die Herrlichkeit Gottes.

Ich erinnerte mich, in verschiedenen Schriften der «Ars moriendi» aus dem Mittelalter gelesen zu haben, dass die intensivste Zeit zusammen mit dem Toten die vierzig Tage nach seinem Tod sind. Die Begehung dieser vierzig Tage ist dem Verstorbenen noch sehr hilfreich. Gemeint ist, für ihn zu beten, ihn auf dem Friedhof zu besuchen, die Grabstätte mit Blumen zu schmücken und für ihn am Tag der Begräbnis, am siebten und vierzigsten Tag nach seinem Tod die heilige Messe lesen zu lassen und mitzufeiern. Zeitgemäße Ratschläge und Unterstützungen zur Sterbebegleitung und für die Zeit danach gründen sich auf die alten Anweisungen, sagen aber nicht, warum vor allem die Frist von vierzig Tagen eingehalten werden soll. Ist sie überschritten, sollte man nicht mehr täglich den Friedhof besuchen und nicht mehr ständig das Bild des Verstorbenen mit frischen Blumen schmücken, keine Trauerkleidung mehr tragen und die Trauerpost erledigt haben. In diesen vierzig Tagen – so wird weiter empfohlen – soll man alles auflösen, was aufzulösen ist, den Grabstein bestellen und nichts über diesen Tag hinaus verschleppen.

Mit dem vierzigsten Tag aber sollte das Leben der Angehörigen und Trauernden wieder in sein Recht eintreten. Das heißt aber nicht, den Verstorbenen zu vergessen und an ihn nicht mehr zu denken oder nicht mehr für ihn zu beten oder nicht am Jahresgedenktag die heilige Messe für ihn lesen zu lassen.

Die alte Weisheit zur Sterbebegleitung redet immer wieder davon, wie die bewusste Begehung der vierzig Tage von großer Bedeutung ist und der Seele des Verstorbenen zu einem lichtvollen Aufstieg helfen kann – besonders, wenn sie in einen Kampf mit den widergöttlichen Kräften und den Dämonen verstrickt sein sollte. Da mich das einmalige Wiedersehen mit Mutter genau nach vierzig Tagen nicht nur glücklich, sondern auch betroffen gemacht hat, wollte ich detaillierter und genauer wissen, warum und aus welchem Grund gerade diese Zeitspanne so wichtig ist. Doch weder die alten Quellen zur Sterbebegleitung noch die neuere Literatur und Forschung konnten mir bisher eine befriedigende Antwort darauf geben.

Im Altertum, besonders im römischen Reich, war es üblich, am Tag der Beisetzung am Grab des Verstorbenen Mahl zu halten und dieses für eine bestimmte Zeit mehrmals zu wiederholen. Ab dem Jahr 800 haben die Christen diesen Brauch übernommen, aber anstatt ein irdisches Mahl zu haltern, feierten sie das himmlische Mahl, die heilige Messe, am Begräbnistag und am siebten und vierzigsten Tag nach dem Tod.

Diese verschiedenen Fristen entsprechen den apokryphen Vorstellungen über den Weg der Seele, den sie entlang der himmlischen Zollstationen durch Paradies und Hades bis zum vierzigsten Tag gehen muss. Im Alten und Neuen Testament habe ich einige Stellen gefunden, die belegen, dass die Zahl vierzig eine Zahl der Vollkommenheit ist. Wer eine bestimmte Ausnahmesituation vierzig Tage und Nächte auf sich genommen und durchgehalten hat, wird in eine neue Dimension erhoben und darf somit eine größere Gottesnähe erfahren.

- *Nach vierzig Tagen öffnete Noach das Fenster der Arche, das er gemacht hatte, und ließ den Raben hinaus. Der flog aus und ein, bis das Wasser auf der Erde vertrocknet war* (Genesis 8,6–7).
- Josef weinte um seinen verstorbenen Vater Jakob. Dann balsamierten die Ärzte ihn ein. *Darüber vergingen vierzig volle Tage, denn so lange dauerte die Einbalsamierung* (Genesis 50,3).
- *Mose ging mitten in die Wolke hinein und stieg auf den Berg hinauf. Vierzig Tage und vierzig Nächte blieb Mose auf dem Berg* (Exodus 24,18).
- *Da stand er (Elija) auf, aß und trank und wanderte, durch diese Speise gestärkt, vierzig Tage und vierzig Nächte bis zum Gottesberg Horeb* (1 Könige 19,8).
- *Als er* (Jesus) *vierzig Tage und vierzig Nächte gefastet hatte, bekam er Hunger* (Matthäus 4,2) und wurde vom Teufel versucht. Jesus besiegte jedoch die widergöttlichen Mächte und es kamen Engel und dienten ihm. Jesu Verhalten erinnert an Mose, der auch vierzig Tage und vierzig Nächte kein Brot aß und kein Wasser trank, bevor er das Gesetz Gottes empfing und verkündete (vgl. Deuteronomium 9,9; Exodus 34,28).
- *Darauf führte ihn der Geist vierzig Tage lang in der Wüste umher, und dabei wurde Jesus vom Teufel in Versuchung geführt* (Lukas 4,1–2). «Im Geiste» wird Jesus nahrungslos die heiligen «Vierzig Tage» hindurch in der Wüste umhergeführt, um dann gestärkt durch den Heiligen Geist das Reich Gottes in der Öffentlichkeit zu verkünden.

– *Vierzig Tage hindurch ist er* (Jesus) *ihnen* (den Aposteln) *erschienen und hat vom Reich Gottes gesprochen* (Apostelgeschichte 1,3). Jesus erschien seinen Jüngern nicht nur Ostern und am Tag seiner Himmelfahrt, sondern gab während der dazwischenliegenden vierzig Tage viele Beweise, dass er von den Toten auferstanden ist und lebt.

7 Die drei Totenerweckungen im Neuen Testament

Das Neue Testament berichtet, dass Jesus drei Tote erweckt hat: ein Kind, einen Jüngling und einen Mann. Was aufhorchen lässt und zum Nachdenken anregt, ist, dass der Tod in immer reiferem Leben erfahren wird und gleichzeitig die Zeit des Todes bis zur Erweckung eine immer längere ist. Das Kind, eben erst entschlafen, liegt noch in der Kammer als Jesus zu ihm kommt. Der Jüngling wird auf einer Bahre zu Grabe getragen. Jesus begegnet ihm, als der Trauerzug gerade das Stadttor von Nain verlässt. Der Mann (Lazarus) liegt schon vier Tage im Grab, als Jesus ihn mit lauter Stimme erweckt. Der Tod wird von immer reiferem Leben erfahren.

In diesen drei Totenerweckungen wird deutlich, dass Jesus Macht hat über jeden Tod. Im ersten Fall ist der Tod bei einem jungen Menschen gerade eingetreten. Im zweiten Fall ist der Tote schon auf dem Weg in die Erde. Und im dritten Fall geht der Tote schon in Verwesung über, da er schon vier Tage im Grab liegt. Verbirgt sich in dieser Steigerung eine Bedeutung, die auch heute aktuell ist?

Die Auferweckung der Tochter des Jairus (Markus 5,21–43)
Als Synagogenvorsteher leitete Jairus den Synagogengottesdienst. Vorher verteilte er die einzelnen Ämter für diesen heiligen Dienst. Auch war er für die Errichtung und Instandhaltung des Gebäudes verantwortlich. Jairus (Jair) ist ein hebräischer Name und heißt übersetzt «Gott möge erstrahlen». Da seine zwölfjährige Tochter schwer erkrankt war, suchte er Jesus und bat ihn um Hilfe. Doch auf dem Weg zum Haus des Synagogenvorstehers wurde Jesus von einer Frau aufgehalten, die schon viele Jahre an Blutungen litt. Während er noch mit ihr redete, kamen Leute zu Jairus, die ihm berichteten, dass seine Tochter gestorben sei. Sie sagten, es sei jetzt sinnlos geworden, den Meister noch länger zu bemühen. Jesus hatte diese Worte gehört und sagte zu Jairus: «Sei ohne Furcht; glaube nur!» Damit wollte er zum Ausdruck bringen, dass selbst vor der Macht des Todes echter Glaube nicht kapituliert.

Im Haus des Synagogenvorstehers waren viele Leute, die weinten und jammerten. Ihnen sagte Jesus: «Das Kind ist nicht gestorben, es schläft nur.» Bis auf die Eltern schickte er alle fort und betrat den Raum, in dem das Kind lag. Jesus nahm die Hand des Kindes und sprach: «Mädchen, ich sage dir, steh auf!» Sofort erhob es sich und ging umher. Sowohl durch seine Berührung als auch durch sein Wort hat Jesus das Mädchen auferweckt. Jesus nahm in dem Mädchen, obwohl es gestorben war, schon das von ihm hervorgerufene Leben wahr; deshalb sprach er davon, dass es nur schlafe. Im Licht des Glaubens ist der Tod nur ein Schlaf, denn durch die Macht Gottes gibt es immer ein Erwachen. Glaube transzendiert das dem Menschen unmöglich Erscheinende ins «Mögliche» der Allmacht Gottes.

Die Auferweckung eines jungen Mannes in Nain
(Lukas 7,11–17)

Viele Leute aus der Stadt begleiteten die Witwe, die ihren einzigen Sohn zu Grabe trug. Als sie aus dem Stadttor traten, begegnete ihnen Jesus. Er hatte Mitleid mit der Frau und sagte: «Weine nicht!» Damit hielt er den Trauerzug zum Grab auf. Alle waren ergriffen, als sie spürten, dass der Zug des Lebens – Jesus und alle, die ihm gefolgt waren – dem Zug des Todes begegnete. Als Jesus die Bahre, auf der der junge Mann lag, berührte, blieben auch die Träger stehen. Er sagte: «Ich befehle dir, junger Mann: Steh auf!» Im gleichen Augenblick richtete sich der Tote auf und begann zu sprechen. Und Jesus gab den Auferweckten seiner Mutter zurück.

Wo menschliche Hoffnung ihr Ende erreicht hat, da handelt Gott in Jesus Christus, so dass sich der Zug des Lebens mit dem Zug des Todes zu einem einzigen Chor vereinen kann. Jesus hebt die Grenze des Todes auf und schenkt Zukunft auch im Angesicht des Todes. Wenn sein Wort einen Menschen zutiefst getroffen und berührt hat, beginnt für diesen ein neues Leben.

Die Auferweckung des Lazarus (Johannes 11,17–44)

Jesus offenbart seine Herrlichkeit nur da, wo man an ihn glaubt. Die Auferweckung des Lazarus ist das letzte Zeichen im Johannesevangelium. Das erste Zeichen gab er bei der Hochzeit in Kana. Hier bildet der Glaube seiner Mutter Maria die Voraussetzung, um das Zeichen zu verwirklichen. Vor der Auferweckung des Lazarus ließ Jesus durch Marta, eine Schwester des Lazarus, Maria, die andere Schwester, rufen. Als er sah, wie sie und die vielen Menschen, die mit ihr gekommen waren, weinten, war er im Innersten erschüttert. Jesus ging zum Grab, einer

Höhle, die mit einem Stein verschlossen war. Als er sagte, man solle den Stein wegnehmen, wandte Marta ein: «Herr, er riecht schon, denn es ist bereits der vierte Tag, nach dem wir ihn beerdigt haben.» Jesus erwiderte: «Wenn du glaubst, wirst du die Herrlichkeit Gottes sehen!» Bevor Jesus den Verstorbenen in den Blick nahm, wandte er sich im Gebet an seinen Vater, um Kraft zu erbitten, dieses Zeichen als Offenbarungsgeschehen wirken zu können. Dann nahm er all seine Kraft zusammen und rief mit lauter Stimme: «Lazarus, komm heraus!» Da erhob sich der Verstorbene und trat aus der Grabhöhle.

Die Bedeutung dieser drei aufeinander folgenden Totenerweckungen, nach der wir anfangs gefragt haben, entdeckte Augustinus, der große Kirchenlehrer, als Erster. Er sieht in diesen drei Toten drei Bilder des Todes der Seele, die durch eine immer schwerer werdende Sündhaftigkeit gefesselt ist. Der Tod des Mädchens wird mit der Sünde verglichen, die noch im Inneren des Menschen verweilt und noch keinen Ausdruck gefunden hat. Das Herz hat Freude am Bösen gefunden und wendet sich damit auf dieser ersten Stufe von Gott ab. Diese Abwendung ist mit einem Wegsterben von Gott zu vergleichen; der Sünder hört nicht mehr auf Gott und nimmt seine Weisung nicht mehr ernst. In dieser Abwendung vom Urgrund, der Liebe ist, beginnt der «Tod» sich im Inneren des Menschen bereits zu entfalten. Die Verbundenheit mit Gott, in der der Mensch von Natur aus lebt, ist unterbrochen und vom Menschen zerrissen. Er hört nicht mehr auf die leise Stimme Gottes in ihm, sondern will alles selbst bestimmen und in die Hand nehmen.

Auf dieser Stufe ist der Tod noch in der «Kammer», das heißt übertragen, die Sünde wird noch nicht in äußerem

Wirken offenbar. Das Bild dieses «Todes» der Seele ist die gerade verstorbene Tochter des Jairus, die noch im geschlossenen Raum auf ihrem Krankenlager liegt.

Die zweite Stufe des Todes der Seele vor Gott wird repräsentiert im Bild des Jünglings von Nain. Der Mensch trägt nicht nur die Sünde in sich, sondern er geht auch äußerlich – für alle sichtbar – den Weg der Sünde. Augustinus sagt, dass der Tod der Seele vollendeter scheint, wenn ihr Zustand auf offener Straße des Lebens in sündigem Tun sichtbar wird. Das Gottwidrige, das nicht Gottgemäße, das absolut Egoistische, die Lüge, der Betrug, das Leben auf Kosten anderer und vieles mehr wird nach außen sichtbar, da es praktisch vollzogen wird. Jetzt erscheint der Tod bereits auf den Wegen des Lebens. Die Lebensstraße ist gekennzeichnet durch Praktiken, die sich nicht mit dem Willen und den Gesetzen Gottes vereinbaren lassen.

Die dritte und letzte Stufe des Todes der Seele vor Gott spiegelt sich im Bild des Lazarus wider, der schon vier Tage im Grab liegt. Der diesem Tod verfallene Mensch ist in der Gewohnheit der Sünde begraben. Er vollbringt nicht nur widergöttliche Taten, sondern er lehrt sie, damit auch andere diesen Weg gehen. Marta sagt von ihrem verstorbenen Bruder: «Er riecht schon.» Diese Aussage weist darauf hin, dass auf dieser Stufe des Todes der Seele der Mensch durch alles, was er tut und sagt eine solch schlechte Ausstrahlung hat, dass diese wie ein Pesthauch sich verbreitet und andere ansteckt. Auf dieser äußersten Stufe des Todes scheint ein Mensch von Gott nicht mehr erreichbar zu sein. In Wirklichkeit aber hat Gott die Macht über jeden Tod. Dem gerade verstorbenen Mädchen sagt Jesus. «Talita kum!» (Mädchen, ich sage dir, steh auf). Den schon ein wenig länger verstorbenen Jüngling spricht Jesus wesentlich energischer an: «Ich befehle dir, junger Mann: Steh auf!» Und um Lazarus, der schon vier Tage im Grab liegt, zu erwecken, erbittet sich Jesus Kraft, indem er zum Vater betet. Dann ruft er mit lauter Stimme: «Lazarus, komm heraus!»

Damit ist deutlich, worauf die drei Totenerweckungen Jesu hinweisen: Jesus hat die Macht über jeden Tod. Das Liebeswerben Gottes, der Ruf der Gnade, vermag bis in die tiefsten und verborgensten Gräber des Sündentodes durchzudringen. Wir alle sind aufgerufen, zum Helfer der Gnade zu werden. Unser Glaube, unser Bitten und unsere Gebete tragen dazu bei, dass besonders die Seelen, die sich von Gott abgewandt haben, zu neuem und ewigem Leben erweckt werden. Die drei Verstorbenen, die Jesus erweckt, schauen als Erstes im Aufwachen das Antlitz Jesu.

Bei den drei Totenerweckungen fällt weiterhin auf, dass Jesus sich erst auf die Fürbitte eines gläubigen Menschen hin offenbart und handelt. Bei der Tochter des Synagogenvorstehers sind die Bitten des Vaters das auslösende Element; bei dem Jüngling von Nain sind es die Tränen der Mutter und bei Lazarus ist es das gläubige Vertrauen der Geschwister Marta und Maria. Jedes Mal kommt der Ruf, der die Gnade auslöst, aus dem Schoß der Familie. Das eigene Blut hat hier die stärkste Kraft, den Himmel zu bewegen, das für Menschen Unmögliche möglich werden zu lassen.

Hier im Bild ist es die Seele, die sich immer stärker von Gott abgewandt hat und damit als tot vor Gott bezeichnet wird. Ihr ist es kaum mehr möglich, selbst zu bitten, aus eigenen Kräften umzukehren, Gott zu suchen und bei ihm anzuklopfen. Sie hat keine Stimme mehr, die noch die Himmel durchdringen könnte. Daher ist unser stellvertretendes Gebet für diejenigen, die es nicht mehr vermögen, so wichtig.

Durch die barmherzige Liebe unseres Gottes wird uns besuchen das aufstrahlende Licht aus der Höhe, um allen zu leuchten, die in Finsternis sitzen und im Schatten des Todes (Lukas 1,78–79).

Merksätze

Wie es einen Anfang und die Mitte des Lebens gibt, so erwartet uns auch ein irdisches Ende. Um jedoch zu einem guten Ende zu kommen, heißt es, einiges zu bedenken und zu beachten.

*

Vieles, was aus der Balance geraten ist, kommt wieder ins rechte Lot, wenn du an den Tod und deinen eigenen Tod denkst.

*

Im Sterben musst du alles Irdische zurücklassen. Übe dich darin, solange du es noch kannst. Du kennst weder die Stunde, in der du sterben wirst, noch die Art und Weise deines Todes.

*

Du giltst vor Gott (und vielleicht auch vor manchen Menschen) als weise, wenn du rechtzeitig deine Angelegenheiten auf ein letztes Ziel hin ordnest. Das Endziel des Menschen ist Gott. Setze dein Ziel und deine Ruhe auf Jesus Christus.

*

Da wir in dieser Welt niemals ganz zur Ruhe kommen und uns immer wieder dieses oder jenes quält, kann das Ziel des Menschen nicht in der sich ständig verändernden Welt liegen.

*

Richte dein Leben so ein, dass du mehr und mehr in der Gnade Gottes lebst, damit du weder Heute noch Morgen noch am Ende deines irdischen Seins scheiterst.

∞

Die widergöttlichen Mächte, der Teufel, spielen Schach mit dir und warten darauf, dich zu schlagen und in jedem Augenblick schachmatt zu setzen.

∞

Schenke jedem Augenblick deines Lebens Beachtung und gehe sorgfältig und gewissenhaft mit ihm um.

∞

Das Leben ist ein Geschenk Gottes. Beleidige ihn nicht, indem du es ihm unaufgefordert zurückgibst.

∞

Der Tod steht dir immer gegenüber und ist bereit, dir das Leben zu nehmen. Es hilft dir, dich öfter daran zu erinnern, dass du sterben wirst. Die Nichtbeachtung des Todes ist die Ursache dafür, dass du Sünden begehst. Der Gedanke an den Tod dagegen wird dich davor bewahren, in Versuchungen zu unterliegen.

∞

Stirbt jemand in deinem Familien- oder Freundeskreis, biete deine Hilfe an und stehe dem Sterbenden bei – auch über seinen Tod hinaus.

∞

Fürchte dich nicht vor der Todesart, durch die du sterben wirst, sondern schau auf die Güte und Barmherzigkeit des Herrn, der dich beim Erwachen am Ufer des Jenseits erwartet.

∞

Mach dir einen Heiligen oder deinen Schutzengel zum Vertrauten und bete täglich zu ihm. Wenn du in deinem Tod auch geliebte Menschen verlassen musst, so begleitet dich der Heilige oder dein Schutzengel in die für dich vorgesehene neue Welt.

☙

Bist du krank, vielleicht schwer krank, weißt aber nicht, ob du an dieser Krankheit sterben musst, dann versucht der Widersacher dich noch unruhiger zu machen. Er überfällt dich mit immer neuen dunklen Gedanken und Gefühlen, um dich zu Fall und von Gott abzubringen.

☙

Nimm während deiner Krankheit immer wieder Zuflucht zum Gekreuzigten. Richte dich ganz auf ihn aus und bitte ihn, dir in allem, was dich erwartet, beizustehen.

☙

Sei mir gnädig, Herr, ich sieche dahin; heile mich, Herr, denn meine Glieder zerfallen! Herr, wende dich mir zu und errette mich, in deiner Huld bring mir Hilfe! Weicht zurück von mir, all ihr Frevler; denn der Herr hat mein lautes Weinen gehört (Psalm 6,3.5.9).

☙

Bitte darum, dass während deiner Krankheit dir ein Gott naher und geistlicher Mensch so oft wie möglich beisteht, dich besucht, mit dir spricht und betet und dich darauf vorbereitet, Gott einmal gegenüberzustehen.

☙

Bete täglich für die Toten. Sie warten auf dein Gebet, denn aller Wahrscheinlichkeit nach können die meisten von ihnen in ihrem augenblicklichen Zustand für sich selbst nur wenig tun. Möchtest du nicht auch, dass nach deinem Tod für dich gebetet wird?

Während unseres gesamten Lebens reicht uns Gott immer wieder die Hand, lässt uns unser Unrecht einsehen und schenkt uns Möglichkeiten zur Umkehr. Versage dich diesem Angebot nicht, denn du weißt nicht, ob es dir nach deinem Tod in gleicher Weise zukommt. Lass es nicht bis zum Letzten darauf ankommen.

୫

Während des Krankseins werden viele Menschen durch Schmerzen verwirrt und gequält. Der Widersacher nimmt dir allen Mut und versucht, dich festzuhalten. Richte daher immer wieder deinen Blick und dein Herz auf Jesus Christus, deinen Heiland, Erlöser und Retter.

୫

Starke Glaubenszweifel gibt dir der Böse ein und versucht, dich von Gott zu trennen und dein Herz zu verschatten. Überwinde durch dein Gebet und durch die Liebe sehender Menschen die Versuchungen des Teufels.

୫

Bitte rechtzeitig darum, dass während deines Sterbens in deiner Gegenwart aufrichtig gebetet wird. Und wenn du es vermagst: Nimm Zuflucht zum Gekreuzigten, lass dich von seiner Güte und Barmherzigkeit erfüllen und betrachte, wie er sich hat kreuzigen lassen und gestorben ist, um dich zu retten.

୫

Selbst wenn noch nicht vergebene Sünden im Wege stehen, fürchte dich nicht, bitte um Vergebung und rufe den Herrn um sein Erbarmen an. Nimm Zuflucht zu ihm und schaue, wie er voller Güte selbst dem Schächer vergeben hat. Vertraue darauf, dass der Herr auch dir vergibt.

୫

Nimm dir vor – solltest du die Krankheit überwinden und mit dem Leben davonkommen – Gutes zu tun und den Herrn nicht mehr zu beleidigen.

∞

Für einen Sterbenden haben Gebete mehr Wert als alles andere, denn er selbst ist meist nicht mehr imstande zu beten.

∞

Umsonst und ohne irgendeine eigene Leistung haben wir vom Herrn des Himmels und der Erde unser Leben empfangen, jedoch unter der einen Bedingung, dass wir es ihm jeden Augenblick zurückerstatten, wenn er es zurückfordert.

∞

Je stärker der von Liebe und Hoffnung begleitete Glaube ist, umso geringer ist die angstvolle Unruhe vor dem Tod.

∞

Nichts ist für den Menschen so schrecklich, dass es nicht mit der Hilfe Jesu Christi überwunden werden könnte, wenn wir bereit sind, den göttlichen Willen an uns geschehen zu lassen.

∞

Weil er an mir hängt, will ich ihn retten; ich will ihn schützen, denn er kennt meinen Namen. Wenn er mich anruft, dann will ich ihn erhören. Ich bin bei ihm in der Not, befreie ihn und bringe ihn zu Ehren (Psalm 91,14–15).

∞

Ob du es willst oder nicht: Du musst einmal deinen eigenen Tod auf dich nehmen. Vielleicht fällt es dir leichter, das Unumgängliche anzunehmen, wenn du daran denkst, dass dieses Übel allen, auch den Größten, gemeinsam ist. Überlege, wie viel Schicksalsgefährten du hast …

Als Jesus Christus für uns starb, machte er den Tod zur Pforte, die in den Himmel führt. Der Tod, der für viele Menschen große Qual bedeutet, wird durch Christus Zugang zu ewiger Freude.

∾

Trauer zuzulassen, ist lebensnotwendig. Sie erinnert uns zudem an die letzten Dinge, lässt uns den Verstorbenen nicht vergessen und stellt uns unseren eigenen Tod vor Augen.

∾

Ein im Glauben lebender Mensch wird vor dem drohenden leiblichen Tod weniger Angst haben, denn dieser trennt ihn nicht von Gott, sondern bringt ihn Gott näher.

∾

Solange wir gesund sind und uns noch keine Krankheit an das Bett fesselt, sollten wir alle äußeren und inneren Angelegenheiten in Ordnung bringen. Dazu gehört auch der Empfang des Sakramentes der Versöhnung. Wir sollten rechtzeitig das tun, wozu uns eine Krankheit erst spät zwingt.

∾

Die Abfassung eines Testamentes hat nicht zur Folge, dass du früher stirbst, sondern dass du ruhiger und gelassener sterben kannst.

∾

Sorge dafür, dass bei der Aufteilung dessen, was du als Erbe zurücklässt, unter den Erben kein Streit und keine Entzweiung entsteht.

∾

Sollten unangenehme Dinge wie zum Beispiel Rückzahlungen oder Wiedergutmachungen mit dem Erbe verknüpft sein, versuche, deine Erben nicht damit zu belasten,

sondern die Dinge noch bei deiner vollen Gesundheit aus-
zugleichen.

☙

Wichtig ist, rechtzeitig all den Menschen zu verzeihen, von
deren Seite wir Kränkungen erfahren haben.

☙

Zu allen Zeiten beten Menschen, vor einem plötzlichen
Tod bewahrt zu bleiben. So bitten wir in der Allerheiligen-
litanei: *Von einem plötzlichen und unvorhergesehenen Tod
befreie uns, o Herr.*

☙

*Der Mensch kennt seine Zeit nicht. Wie Fische, die ins Un-
glücksnetz geraten sind, wie Vögel, die ins Klappnetz geraten
sind, ebenso verfangen sich die einzelnen Menschen in ihre
Unglückszeit, wenn sie plötzlich über sie herabfällt* (Kohelet
9,12).

☙

Es gibt Menschen, die bei der Vorstellung ihres Todes den
Herrn um einen Tod bitten, der ihren Angehörigen so wenig Aufregung und Beschwerden wie nur möglich bringt.
Dieses Gebet hat seinen Ursprung in tiefer und bezeugen-
der Liebe.

☙

Niemand von uns hat beim Einschlafen die Gewissheit,
wieder aufzuwachen. Der Tod, der Bruder des Schlafes,
kann uns jederzeit überraschen. Daher sollten wir vor dem
Ende des Tages unser Gewissen erforschen, den Herrn um
Vergebung und Barmherzigkeit bitten und die Dinge zu
regeln versuchen, die uns belasten.

☙

*In jenen Tagen wurde Hiskija schwer krank und war dem
Tod nahe. Der Prophet Jesaja, der Sohn des Amoz, kam zu*

266

ihm und sagte: So spricht der Herr: Bestell dein Haus; denn du wirst sterben, du wirst nicht am Leben bleiben (Jesaja 38,1).

∽

Zwei Dinge sind es, die wir beizeiten üben sollten: Das Loslassen, damit der Wille Gottes an uns geschehen kann, und der Empfang der heiligen Kommunion. Das eine hat Jesus uns gelehrt und vorgelebt, das andere vor seinem Leiden für uns eingesetzt als neuen und ewigen Bund mit ihm.

∽

Die Gemeinschaft der gesamten Kirche – so auch die Propheten und Apostel, Maria, die Mutter Gottes, die Engel, die Heiligen und Märtyrer und all die unzähligen Gott in Liebe ergebenen Seelen – beten unablässig für alle, die sich in Gefahr und vor allem in Todesnot befinden.

∽

Setze im Sterben die größte Hoffnung auf Gott. Wie er deinem Leib die Seele gegeben hat, so nimmt er allein deine Seele wieder auf – zu der Zeit, wann er es will. Vertraue auch den Ärzten, «bete» sie jedoch nicht an.

∽

Der Kranke sollte nicht vorschnell Gelübde ablegen für den Fall, dass er wieder gesund wird. Ein vorschnelles Versprechen, das später eventuell nicht eingehalten wird oder eingehalten werden kann, hat vor Gott kein großes Gewicht.

∽

Wenn du Gott ein Gelübde machst, dann zögere nicht, es zu erfüllen. Was du gelobst, erfülle! Es ist besser, wenn du nichts gelobst, als wenn du etwas gelobst und nicht erfüllst (Kohelet 5,3–4).

Die menschliche Vernunft kann uns an diesem Scheideweg von Körper und Seele trügen, das Wort Gottes jedoch nicht, das er in der Heiligen Schrift uns geoffenbart hat und das er dir eingibt. Darauf sollten wir in besonderer Weise hören.

~

Dem Sterbenden sollten aus der Heiligen Schrift die Stellen vorgelesen werden, die von der unermesslichen Barmherzigkeit und Güte Gottes sprechen, von seiner unendlichen Liebe zu den Menschen und der gesamten Schöpfung und von dem, was Jesus Christus für das Heil der Welt gewirkt und gelitten hat.

~

Besonders in der Todesstunde überhäuft Satan den Geist des Menschen mit allem, was Glaube, Hoffnung und Liebe des Sterbenden auslöschen könnte. Er stellt die verpassten Gelegenheiten vor Augen und versucht, ein schlechtes Gewissen einzureden. Er verdreht alles, um Unglauben und Verzweiflung zu erzeugen.

~

Blick doch her, erhöre mich, Herr, mein Gott, erleuchte meine Augen, damit ich nicht entschlafe und sterbe, damit mein Feind nicht sagen kann: «Ich habe ihn überwältigt», damit meine Gegner nicht jubeln, weil ich ihnen erlegen bin (Psalm 13,4–5).

~

Der Empfang des Leibes des Herrn und die Krankensalbung werden den Kranken, der den Tod erwartet, stärken und ihm die Kraft geben, dem Bösen abzusagen. Die Sakramente machen unsere Seele gegen den geistigen Feind unbesiegbar.

Letzte Worte von Sterbenden haben oft eine große Bedeutung für die Hinterbliebenen, da niemand im Angesicht des Todes die Unwahrheit sagt. Wenn die Seele sich vom Leib trennt, erlebt der Sterbende eine Freiheit und Erkenntnis, die all unser begrenztes menschliches Denken und Fühlen übersteigen.

❧

Für einen Kranken, der in dieser Welt keine Aussicht mehr auf Leben hat, ist es schwer, allein zu sterben. Er sollte sich daher beizeiten überlegen, ob er sich an einen ihm vertrauten, lieben und Gott nahen Menschen wendet, der ihn in der Annahme und Bewältigung seines Todes begleitet. Die eigenen Angehörigen haben oft nicht die Ruhe dazu und sind hilflos, da sie eventuell durch die lange Pflege überfordert sind oder ihnen in den meisten Fällen die Erfahrung als Sterbebegleiter fehlt.

Der erfahrene und gläubige Sterbebegleiter wird dem Kranken treu beistehen und ihm viel Zeit schenken, wenn dieser beginnt, mit seinem Schicksal zu hadern und sich gegen den Tod aufzulehnen. Der Begleiter wird versuchen, dem Sterbenden die Todesangst zu nehmen oder gar mit ihm gemeinsam den Weg durch die dunkle Nacht zu gehen. Er wird dem Kranken gut zusprechen und ihm Mut geben, im Glauben standhaft zu bleiben – geduldig, zuversichtlich und beharrlich. Er sollte wissen, dass aus jeder Anfechtung, die dunkle Bereiche des gesamten Lebens gebündelt vor Augen führt, immer wieder Trost und maßlose Hoffnung auf ewiges Leben erwachsen.

So wird der Sterbebegleiter zu einem hilfreichen Engel, der nach jeder Anfechtung durch die widergöttlichen Kräfte an das Bett des Sterbenden tritt und den Kranken seelisch wieder aufrichtet. Ohne die Mitwirkung von Engeln ist die Erlösungs- und Heilsgeschichte nicht vorstellbar. Sie haben die Vollmacht, das Gute und Erlösende zuzulassen und das Dunkle und Unwürdige zurückzuweisen. Engel sind Träger und Vermittler des göttlichen Wortes; sie haben den Auftrag, auf all unseren Wegen, besonders aber auf dem letzten, uns zu behüten und zu führen, uns in der Todesstunde beizustehen, dem Dunklen zu wehren und die Seele in den Himmel zu tragen.

Literaturverzeichnis

Manuel Fernández Álvarez, Johanna die Wahnsinnige, 1479 – 1555. Königin und Gefangene. München 2008.

Ars moriendi. Die Kunst, gut zu leben und gut zu sterben. Herausgegeben, eingeleitet und übersetzt von Jacques Laager. Manesse Bibliothek der Weltliteratur. Zürich 1996.

Ars moriendi. Erwägungen zur Kunst des Sterbens. Herausgegeben von Harald Wagner. Freiburg 1989.

Werner Bergengruen, Der Hund in der Kirche. In: Die heile Welt. Gedichte. Zürich 1950, 117–119.

Peter Breggin, Elektroschock ist keine Therapie. München, Wien, Baltimore 1980.

Johan Brouwer, Johanna die Wahnsinnige. Glanz und Elend einer spanischen Königin. Kreuzlingen-München 2004.

Peter Dyckhoff, Auf dem Weg in die Nachfolge Christi. Freiburg[7] 2010.

Anna Grigorjewna Dostojewskij, Erinnerungen. München – Zürich 1980.

Emile Eche, Ich diente und mein Lohn ist Frieden. Maria Euthymia. Münster[11] 1989.

Gotteslob. Katholisches Gebet- und Gesangbuch. Herausgegeben von den Bischöfen Deutschlands und Österreichs und der Bistümer Bozen-Brixen und Lüttich. Stuttgart 1975.

Johann Peter Hebel, Unerhofftes Wiedersehen. In: Miteinander unterwegs. Herausgegeben von Gerhard Timmer. Gütersloh 1972, 42–44.

E. T. A. Hoffmann, Die Bergwerke zu Falun. In: Das Fräulein von Scuderi. Erzählungen. Berlin-Weimar o. A., 167–203.

Hugo von Hofmannsthal, Das Bergwerk zu Falun. Ein Trauerspiel. Berlin und Frankfurt 1955.

Hugo von Hofmannsthal, Der Tor und der Tod. Insel – Bücherei Nr. 28. Frankfurt und Leipzig 1999.

Anton Karas, Harry Lime Theme (Der dritte Mann). CD 73382 Turicaphon AG. 8616 Riedikon / Zürich 1996.

Gustav Mahler (CD), Kindertotenlieder. Kathleen Ferrier, Alt; Bruno Walter und die Wiener Philharmoniker. Naxos Historical 8.110876.

Zenta Maurina, Dostojewskij. Menschengestalter und Gottsucher. Memmingen 1981.

Friedrich Mauz, Psychiatrische Schriften. Herausgegeben von Prof. Dr. Rainer Tölle. Münster[2] 1986.

P. Wendelin Meyer O. F. M., Schwester Maria Euthymia. Münster[16] 1976.

Johannes Rabeneck SJ, Das Geheimnis des dreipersönlichen Gottes. Freiburg 1949.

Johannes Rabeneck SJ, Einführung in die Evangelien durch Darlegung ihrer Gliederung. Münster 1941.

Johannes Rabeneck SJ, Concordia libri arbitrii. Ona und Madrid 1953.

Friedrich Rückert, Kindertodtenlieder. Mit einer Einleitung neu herausgegeben von Hans Wollschläger. Nördlingen 1988.

Marc Rufer, Biologische Psychiatrie und Elektroschock. In: Widerspruch – Beiträge zur sozialistischen Politik. Zürich, 12. Jg. 1992. Heft 23, 113–124.

Mimi Thoma, Willy Schneider... singen volkstümliche Lieder in Originalaufnahmen von 1935 bis 1943, «Mamatschi» (CD), R. Vollstädt Medienvertrieb, Bremerhaven 2003, Nr. 2702.

Bruno Walter, Thema und Variationen. S. Fischer Verlag, Frankfurt o. A.

Therese Walther, Die «Insulin – Koma – Behandlung». Erfindung und Einführung des ersten modernen psychiatrischen Schockverfahrens. Berlin 2004.

Hans Christoph Worbs, Gustav Mahler. Berlin – Halensee / Wunsiedel Ofr. 1960.

Zum Autor

DR. PETER DYCKHOFF, 1937 im westfälischen Rheine geboren, studierte Psychologie und war viele Jahre als Geschäftsführer eines mittelständischen Unternehmens tätig. Mit vierzig Jahren wagte er den Neuanfang und studierte Theologie an den Universitäten Münster, Innsbruck und Brixen. 1981 zum Priester geweiht, war er als Gemeinde-, Wallfahrts- und Krankenhausseelsorger tätig. Im Bistum Hildesheim übernahm er den Aufbau und die Leitung der bischöflichen Bildungsstätte «Haus Cassian» im Weserbergland. Seit 1999 lebt Peter Dyckhoff in Münster und ist als Referent und Exerzitienleiter in zahlreichen Bildungseinrichtungen tätig. Er ist anerkannter Experte für das christliche Ruhegebet und wurde 2006 über dieses Thema zum Doktor der Theologie promoviert. Seine reichen Erfahrungen als Leiter spiritueller Kurse gibt er als Autor von zahlreichen Büchern und Publikationen zur christlichen Gebets-, Meditations- und Exerzitienpraxis an seine Leserinnen und Leser weiter.

Der Autor ist im Internet erreichbar unter:
www.PeterDyckhoff.de

Peter Dyckhoff im Verlag Herder

Auf dem Weg in die Nachfolge Christi
Geistlich leben nach Thomas von Kempen
352 Seiten | Gebunden mit Leseband |
ISBN 978-3-451-28502-8
Die «Nachfolge Christi» des Thomas von Kempen gehört
nach wie vor zu den zentralen geistlichen Schriften des
Christentums. Peter Dyckhoff hat sie nicht einfach
«übersetzt» sondern auf seine besondere Weise für suchen-
de Menschen unserer Zeit übertragen und erschlossen.
Das Buch liegt bereits in der 7. Auflage vor, und wurde
für eine 17-teilige Fernseh-Sendereihe aufgezeichnet und
ausgestrahlt.

Im Feuer deiner Liebe
Gebete auf dem Weg des Glaubens
240 Seiten | Balacroneinband mit Goldprägung und Lese-
band | ISBN 978-3-451-32502-1
In diesem Gebetbuch zeichnet Peter Dyckhoff den Glau-
bensweg der Seele in vier Schritten nach: von der ersten
Sehnsucht und Begegnung mit Christus über die Nachfolge Christi bis zum Ziel des Einswerdens mit ihm. Auf
diese Weise lädt der bekannte spirituelle Autor ein, sich
ganz persönlich die klassischen Stufen des mystischen
Weges (Läuterung, Erleuchtung, Vereinigung) anzueig-
nen. Sein Buch gibt durch die formulierten Gebete dem
mystischen Gebetsweg eine konkrete, nachvollziehbare
Gestalt.

365 Tage im Licht der Liebe

Geistlich leben nach Johannes vom Kreuz

400 Seiten | Balacroneinband mit Goldprägung und Leseband | ISBN 978-3-451-29358-0

In diesem Jahreslesebuch begleitet Peter Dyckhoff täglich mit einem Impuls des spanischen Mystikers Johannes vom Kreuz. Er erschließt dessen Worte für Menschen von heute, so dass sie in ihrem Alltag zu berührt werden und Ermutigung erfahren, im Vertrauen auf die Güte Gottes ihr Leben auszurichten.

Mit Leib und Seele beten

Die neun Gebetsweisen des Dominikus

144 Seiten | Gebunden mit Leseband | Neun farbige Abbildungen | ISBN 978-3-451-28231-7

Illustrationen und Text einer mittelalterlichen Handschrift über die neun Gebetsweisen des heiligen Dominikus: Peter Dyckhoff erschließt diese einfachen Körpergesten für alle, die nach einer praktisch anwendbaren und zugleich ganzheitlichen Spiritualität suchen.

Henri Nouwen | Peter Dyckhoff

Bilder göttlichen Lebens · *Ikonen schauen und beten*

160 Seiten | Gebunden mit Schutzumschlag | Sieben farbige Abbildungen | ISBN 978-3-451-29652-9

Henri Nouwen hat die Schönheit der ostkirchlichen Kunst zeit seines Lebens so fasziniert, dass er Betrachtungen zu einigen bedeutenden Ikonen geschrieben und veröffentlicht hat: «Bilder göttlichen Lebens». Die Neuausgabe dieses Buches wird eingeleitet von Peter Dyckhoff, der mit Henri Nouwen in einem sehr persönlichen Briefwechsel stand.

Michael Blum | Peter Dyckhoff
Im Licht des Segens · *Heilvolle Betrachtungen*
Mit Farbbildern von Michael Blum | 88 Seiten | Gebunden mit Goldprägung | ISBN 978-3-451-32229-7
Fünfzehn Bilder von Michael Blum, ausgelegt und meditiert von Peter Dyckhoff. Seine Betrachtungen in Gebetsform erschließen die spirituelle Kraft, die von Michael Blums lichtvollen Bildern ausgeht. Bild und Text laden zum Verweilen ein, zum Atemholen der Seele, um sich den heilvollen Kräften zu öffnen.

Walter Kardinal Kasper | Hg. von Peter Dyckhoff
Wer glaubt, zittert nicht · *Ermutigungen zum Leben*
Reihe «Spiritualität aus dem Glauben» · Hg. von George Augustin u. a. im Namen des Kardinal Walter Kasper Instituts
460 Seiten | Leinen mit Leseband und zweifarbiger Prägung | ISBN 978-3-451-32227-3
Peter Dyckhoff hat Texte aus Walter Kaspers zehnjähriger Amtszeit als Bischof von Rottenburg-Stuttgart zu einer beeindruckenden spirituellen Anthologie zusammengestellt. Die Sammlung stellt Walter Kasper als geistlichen Lehrer vor und umfasst alle wichtigen Stationen des Kirchenjahres ebenso wie die großen Gestalten des Glaubens, von Abraham bis Edith Stein. Sie enthält Impulse zum geistlichen Leben ebenso wie zum Umgang mit Krankheit, Alter und Leid.

HERDER

Dritte Auflage 2011

© Verlag Herder GmbH, Freiburg im Breisgau 2010
Alle Rechte vorbehalten
www.herder.de

Bibelzitate folgen der Einheitsübersetzung der Heiligen Schrift
© Katholische Bibelanstalt Stuttgart 1980

Umschlagmotiv:
© fotolia.de / Gerhard Führing

Umschlaggestaltung:
Finken & Bumiller, Stuttgart

Innengestaltung:
Weiß-Freiburg GmbH – Graphik & Buchgestaltung

Herstellung:
fgb · freiburger graphische betriebe
www.fgb.de

Gedruckt auf umweltfreundlichem,
chlorfrei gebleichtem Papier
Printed in Germany

ISBN 978-3-451-33145-9